新世纪网络教育系列教材

教育学原理

齐梅 马林 编著

清华大学出版社

北京

内 容 简 介

本书通过对教育学领域的一般性问题的介绍,旨在帮助老师获得关于教育教学的一般性知识。

本书共分为七章:第一章介绍教育目的;第二章介绍教育制度;第三章介绍课程的含义、演变过程、基本类型、表现形式和编制模式;第四章介绍教学模式的概念、特点、功能、结构以及国内外主要的教学模式;第五章介绍教学过程、教学组织形式和常用的教学方法;第六章介绍学习的概念、学习方式、学习理论等;第七章介绍考试制度的相关概念、原理知识和发展历程。

本书不仅适合作为教育学相关专业全日制院校,以及各类业余形式(如函授教育、网络教育、广播电视教育等)大专生、本科生、研究生的教材,也适合作为教育及教育学相关研究的参考书。

图书在版编目(CIP)数据

教育学原理/齐梅,马林编著.—北京:清华大学出版社,2012.6
(2020.2重印)
(新世纪网络教育系列教材)
ISBN 978-7-302-28397-3

Ⅰ. ①教… Ⅱ. ①齐… ②马… Ⅲ. ①教育学—网络教育—教材
Ⅳ. ①G40

中国版本图书馆 CIP 数据核字(2012)第 055814 号

责任编辑:田在儒
封面设计:李 丹
责任校对:李 梅
责任印制:杨 艳

出版发行:清华大学出版社
    网 址:http://www.tup.com.cn,http://www.wqbook.com
    地 址:北京清华大学学研大厦 A 座 邮 编:100084
    社 总 机:010-62770175   邮 购:010-62786544
    投稿与读者服务:010-62776969,c-service@tup.tsinghua.edu.cn
    质量反馈:010-62772015,zhiliang@tup.tsinghua.edu.cn
    课件下载:http://www.tup.com.cn,010-83470410
印 刷 者:北京富博印刷有限公司
装 订 者:北京市密云县京文制本装订厂
经 销:全国新华书店
开 本:185mm×260mm 印 张:15.75 字 数:315 千字
版 次:2012 年 6 月第 1 版   印 次:2020 年 2 月第 9 次印刷
定 价:37.00 元

产品编号:040694-02

序

PREFACE

21 世纪是一个变革的时代,以多媒体计算机和互联网为主要标志的电子信息通信技术正在引发教育界的一场深刻革命。高等教育正在从精英教育走向大众化、普及化,学校也由封闭走向开放,成为构建面向全民终身学习的学习型社会的中坚力量。

华南师范大学于 2002 年经教育部批准,成为现代远程教育试点高校。学校还是"全国教师教育网络联盟计划"核心成员单位,全国高校现代远程教育协作组成员单位,并被教育部推荐为"国培计划"教师远程培训机构。经过近十年的探索与实践,华南师范大学网络教育学院在高等学历教育、非学历培训、校园开放教育等领域均取得了丰硕成果,并充分彰显"教师教育"、"实验研究"、"教育帮扶"、"区域辐射"四大特色。"华师在线"也已成为国内网络教育品牌之一。

在长期的远程教育实践和研究中,华南师范大学网络教育学院不仅着力于新技术、新媒体的教育应用,而且不断地对传统媒体进行改良和创新。对远程教育印刷教材的执著追求、深入研究和大胆创新就是代表。近年来,我们针对网络教育面向成人的特点,充分发挥印刷教材作为远程学习主要内容载体和联系其他教学媒体纽带的作用,以霍姆伯格有指导的教学会谈理论为指导,设计、开发了具有鲜明远程教育特色的,适合成人学习者使用的《网络学习方法——教你做成功的网络学习者》等教材,受到了学员和专家的广泛好评。

为进一步推广远程教育印刷教材的编写经验,使更多的学员从中受益,我们与清华大学出版社合作,组织专家编写了本套"新世纪网络教育系列教材"。该系列教材选题丰富、体例新颖,非常适合自学,是网络学习的有效补充。

丛书大胆创新,突出"远程特色",以学生为中心、目标为导向、案例为载体,强调针对性、交互性和实用性。与其说这是系列教材,我更倾向于说这是系列"学"材,通过改变传统意义上的"教"与"学"的关系,让学生与"学"材交流、对话,掌握知识,是本丛书的最大特点。丛书在语言风格上,力求生动活泼、通俗易懂;在编写体例上,力求体系清晰、结构严谨;在内容组织上,力求循序渐进、难易适度,满足不同程度学习者的学习需求。

系列教材的编写、出版，汇聚了众多知名专家的广博智慧，更离不开出版社的大力支持。清华大学出版社柴文强副编审为本套丛书的出版作出了巨大贡献，在此特别鸣谢！

许晓艺

于华南师范大学教师新村

新世纪网络教育系列教材编委会

主　任：黄丽雅　　许晓艺

委　员：陈兆平　　张妙华　　潘战生　　乔东林

　　　　　武丽志　　陈小兰　　涂珍梅

前言

FOREWORD

　　教师的质量是基础教育均衡发展的关键性因素,而基础教育均衡发展有助于实现教育公平和社会正义。教师培训是提高教师学历、提升教学质量的重要途径。随着现代教育技术的不断发展,网络教育在教师培训中发挥着越来越重要的作用。本书正是为了适应教师培训的需求以及网络教学的特点而编写的。本书通过对教育学领域存在的一般性问题的介绍,旨在帮助教师获得关于教育教学的一般性知识。本书既注重教育学科自身的逻辑,同时又兼顾教育实践。

　　本书的编写基于以下几点考虑。

　　(1)难度适中。本书内容难度适中,循序渐进。

　　(2)力求全面、精练与实用。本书在内容选择上注重基础性和应用性相结合,选用大量案例,有利于学生更好地理解教学内容,适合学生开展自主学习。

　　(3)语言通俗易懂,深入浅出。本书语言口语化,句子结构简单,力求通俗易懂、生动活泼。

　　(4)形式灵活多样,便于学习者阅读。本书使用黑体字、图标等形式增强教材的可读性,设计了扩展阅读、专题小结、特别提示等,方便学生根据自己的需要进行选择。

　　本书既适合于文本阅读,也适合于教学,尤其适合于网络教学或远程自学。

　　本书的读者对象:中小学教师、大中专学生、本科生、研究生等。

　　本书共分为以下七章。

　　第一章教育目的,主要介绍我国学界普遍使用的教育目的的概念、类型和功能,辨析与教育目的容易混淆的概念;介绍不同流派的教育目的观;阐述新中国成立以来我国教育目的的内容的演变与发展;阐述我国教育目的的具体内容及其理论基础。

　　第二章教育制度,主要阐述教育制度的概念、基本特点以及制约教育制度的基本因素;介绍学制的概念、基本类型和现代学制的改革;介绍我国学校的教育制度。

　　第三章课程,主要阐述课程的含义和课程的演变过程;介绍课程的基本类型及各种课程的优缺点;阐述课程的表现形式、制约课程的主要因素及主要的课程编制模式。

　　第四章主要阐述教学的概念、意义、理论范式及基本任务;介绍教学模式的概念、特点、功能、结构以及国内外主要的教学模式。

　　第五章主要介绍教学过程的概念、基本阶段和基本特点;介绍教学组织形式的类型及功能;介绍我国中小学常用的教学方法。

第六章学习,主要介绍学习的概念、特征以及几种不同的学习方式;阐述作为教育支柱的四种学习的内容;介绍三种不同的学习理论。

第七章考试制度,主要阐述考试的定义、分类和意义;介绍关于考试原理的相关知识;阐述我国古今考试的发展历程。

在书稿撰写的过程中,黄小梅、李叶梅、彭菲菲、马娜、邹志灵、刘瑞瑞、陈玲女、黄李冰、姚卓君等做了大量的资料整理和编辑工作,在此对她们表示衷心的感谢!

本书在编写过程中引用了大量书籍、论文、网络资源等,在此谨向原作者表示诚挚的谢意!

由于编者的水平有限,书中难免存在疏漏,真诚地希望各位专家和广大读者批评指正!

编　者

2012 年 5 月

目 录

CONTENTS

教育：人类知识文化的传承①

教育，作为一个经久不衰的话题，无时无刻不在被人们研究、讨论与完善。教育作为与人类社会共存的社会现象和活动，日益成为社会生活中必不可少的一部分，成为人类生存和发展的重要基础与条件。教育是一种复杂的社会活动，为了深刻理解其内涵，在教育学原理范畴内，需要澄清以下几个问题：什么是教育？教育学与教育学原理分别是什么？教育学原理的学科性质和研究对象是什么？认识清楚这几个问题对理解本书以及理解与教育有关的问题，不无裨益。

一、什么是教育

在讨论这个问题之前要明确一点，就是：教育是社会的一个子系统。

"社会"的概念有广义和狭义之分。狭义的"社会"概念主要指乡村男人们为举行祭祀、节庆等活动而聚集在一起，最早见于《旧唐书·玄宗本纪》中的"村间社会"字样。"社会"的这一结社联欢会的含义沿用至今。例如"民主同盟会"、"学生会"等。现在使用的广义的"社会"概念是由英文词 society 翻译过来的，泛指人类群体。

马克思认为社会即社会关系，它是生产关系的总和。他指出："社会——不管其形式如何——究竟是什么呢？是人们交互作用的产物。"②总之，社会即人类群体，是由彼此联系并按照一定规范进行社会行为的人们构成的群体。

社会是一个大系统。社会系统在结构上表现为五种主要的社会制度，即家庭、宗教、教育、经济和政治。此外，还有一些复杂的正规组织，它们或者包含在制度之中，例如学校组织是教育制度的一部分，或者独

---

① 本绪论主要根据《教育学原理学科科学化问题研究》的观点和内容整理而成。
　参见齐梅．教育学原理学科科学化问题研究［M］．北京：中国社会科学出版
　社，2007
② 马克思恩格斯选集(第四卷)［C］．北京：人民出版社，1972:320

立于制度之外,例如卫生组织、慈善组织、环保组织等。组织有时称为机构或组织机构。制度和组织都是社会的子系统。

社会的这些子系统有机地联系在一起,它们之间相互影响、相互作用,维系着整个社会系统的平衡。这就像一部机器和组成机器的齿轮,只有每个齿轮以及齿轮和齿轮之间都保持和发挥良好的功能,机器才能正常、有效地运转。下面将着重从五种基本的社会制度入手来分析它们各自的社会功能。

其一是家庭关系。血缘家庭婚姻关系是人类区别于动物所特有的社会现象,婚姻家庭关系是一种社会关系,对婚姻家庭制度起决定作用的是社会生产关系。在不同的社会生产关系条件下,婚姻家庭形态各自不同。血缘家庭婚姻制度主要承担人口再生产、组织经济生活和对子女进行教育的职能,其基本功能是社会人口繁衍,即通过生育而实现种族延续,家族特征则通过基因遗传得以承袭。

其二是经济制度。经济制度是人类社会发展的特定阶段所表现出来的占主要地位的生产关系的总和。社会的经济制度是由社会生产力发展的状况所决定的。经济制度构成社会的经济基础,决定着政治制度、法律制度以及社会意识,等等,其基本功能是提供社会物质生活保障。

其三是政治制度。政治制度是指社会政治活动中人们遵循的各类准则或规范。政治制度随着人类社会政治活动的出现而产生,主要功能在于维护共同体的安全和利益,维持一定的公共秩序和分配方式,并对各种政治关系做出具体规定。政治制度的基本功能是负责对社会公共事务进行管理。

其四是宗教制度。古典社会学理论认为宗教和社会是统一体,即宗教就是社会,教团组织就是社会,宗教来源于社会,并且规范社会。人类学从功能主义出发,指出宗教对人的心灵具有安抚作用。美国人类学家克利福德·格尔兹(Clifford Geertz,1926—2006)把功能主义的理论和社会学的理论相结合提出了宗教的定义:宗教是一种象征体系,有一种道德规范力量。总的来说,宗教主要涉及伦理道德、善恶生死以及对是否有来生和彼岸世界的终极关切等方面。

其五是教育制度。教育是随着人类社会的产生而出现并发展的事物。人类社会积累了丰富的文化知识资源,教育的基本功能就是社会知识文化传承,即把上一代从祖先那里继承下来的知识传递给下一代人。无论是儿童在生产劳动现场积累的经验,还是直接从参加身边的社会生活和生产的过程中获得的知识与技能,抑或是通过学校教育获得的知识和技能,都具有实质性价值,这种价值就是儿童的教育过程,也是儿童参与社会文化创造的过程。

了解以上这些内容有助于对教育进行界定,那么如何界定教育,即它的概念是什么呢？

在现实生活中，几乎每个人都上过学，受过不同程度的学校教育，即使离开学校，在家里或在社会上，也受到过父母、亲人、朋友，甚至是陌生人或一些事迹的教育。不仅如此，每一个人也或多或少地教育过别人。由此可以说，教育几乎纯粹是一种实践性活动，每个人从生到死都离不开教育，或多或少都能对与教育有关的事发表意见或评论。既然我们对教育并不陌生，或者更为确切地说是对教育很熟悉，那么在此就要提出一个问题，即：什么是教育？

"什么是教育"这个问题的答案就是对"教育"的概念进行界定。那么，什么是概念，为什么要对概念进行界定呢？概念是反映事物的范围和本质的思维方式。任何反映现实的概念都有确定的内涵和外延，内涵是概念对事物本质的反映，外延是概念对事物范围的反映。

当我们认识和研究存在于人类思维之外的世界时，由于每个人看问题的角度不同，对于相同的事物可能会形成不同的理解，会赋予概念以不同的内容。为了能够在研究者共同体间进行交流，需要在一些基本的认识上达成共识，因而需要借助对概念的阐释和界定来达到对事物理解的共识。

在使用概念的时候，应当遵循两条基本的逻辑要求：一是明确；二是准确。所谓概念要明确，就是在使用某个概念时，必须弄清楚该概念所反映的事物的范围和本质；所谓概念要准确，就是在使用概念做出判断时，必须确切地、恰如其分地反映事物的范围和本质。

清楚了为什么要界定概念之后，就来具体看一看什么是教育，也就是通过抽象概括给"教育"下一个定义。这里的"教育"是一种思维方式，它只存在于思维之中，既不是指古代教育或当代教育、传统教育或现代教育、基础教育或高等教育等制度化教育的具体实践形式，也不是指家庭教育、学校教育或社会教育、品德教育或公民教育、通才教育或专业教育等不同含义的教育范畴。

根据前述关于五种基本社会制度功能的分析，教育的基本功能是社会知识文化传承，得出对教育具体的界定，即教育是人类社会知识文化资源传承的活动。另外，需要做出以下几点说明。

第一，这里的"知识文化"相对于"物质文化"而言，主要包括知识、技能和观点（世界观、人生观、价值观、伦理观和审美观等）等，为了行文简洁，就直接称为"知识"。

第二，教育所传承的知识文化总是社会所珍爱的那部分知识文化，至少是传授者及其所代表的社会集团认为是正面的文化。

第三，"传承"表示双向活动，而且具有批判和发展的含义，不是"授受"，更不是单向活动的传递、传授和传播。

二、作为课程与作为学科的教育学和教育学原理

对教育概念的界定,为更好地理解教育学的概念提供了帮助。我国出版的教育学教材及各类百科全书和词典中,对教育学这一概念的界定是:教育学是以教育现象、教育问题为研究对象,归纳总结人类教育活动的科学理论与实践,探索解决教育活动产生、发展过程中遇到的实际教育问题,从而揭示出一般教育规律的一门社会科学。简言之,教育学是研究教育对象、揭示教育规律的科学。从这一定义可以看出,它强调了教育学的研究对象是"教育现象",目的在于"揭示教育规律",教育学的学科性质是"社会科学",但是就现在已出版的教育学教材的内容来看,这一定义存在着很大的不足,同时也不符合在上文中提到的概念的逻辑要求。

要理解和界定教育学的概念,首先要对教育学的学科归属有一个明确的认识。任何学科在进行元思考时都不可避免地要对自己学科的存在理由及其地位进行辩护,教育学也不例外。需要说明的一点是,本书主要考察作为学科与课程的教育学。对于学科的定义,赫斯特(Hearst)的"知识课程论"认为,"由于各种知识形式都需要在其话语领域内的特殊训练,都需要根据复杂的尺度来制定评判标准,都涉及用特有的方式考察经验问题,因此,我们把它们称为学科。它们是帮助心智形成的训练机制"。[①] 因此,学科可以理解为一种"主要的知识形式"。

在西方教育思想发展过程中,曾经相继出现过许多教育理论著作,诸如昆体良的《雄辩术原理》,系统论述了演说家的培养和教育;奥古斯丁的《忏悔录》集中反映了他在教育,特别是道德教育上的重要观点;蒙田的《论儿童教育》系统而详尽地论述了他在儿童教育方面的思想;洛克的《教育漫话》提出了著名的"白板说";卢梭的《爱弥儿》提出了自然主义教育思想;裴斯泰洛齐的《林哈德与葛笃德》阐述了他的乡村教育思想;福禄培尔的《人的教育》反映了他对于哲学和教育学的基本观点;杜威的《民主主义与教育》提出了"儿童中心说";蒙台梭利的《蒙台梭利方法》提出了儿童之家的理论实践,等等。值得一提的是,1657 年夸美纽斯《大教学论》的出版可以看做是教育学形成一门独立学科的标志;1806 年赫尔巴特的《从教育目的引出的普通教育学》标志着教育学成为一门规范的、系统的知识体系。此处应加注意的是,现代意义上的学科概念大致产生于欧洲的 18 ~ 19 世纪。此时人们倾向于把学科理解为两种意思:一是把学科视为"一个相对稳定、有其自身边界条件的

---

① 张文军.赫斯特知识课程论述评(上)[J].外国教育资料,1999:1

专门"知识范畴;二是把学科看做一个类似于库恩常态科学"范式",有其符合特定内在逻辑一致性的概念、术语及理论和方法规范的体系。这里的"规范的、系统的知识体系"主要指用一系列系统的方法来进行研究所获得的知识体系,即上述关于学科含义中的第二种,并非专指由科学的研究方法所获得的知识系统。

作为学科的教育学原理与作为课程的教育学原理有什么关系呢?

课程是指学校学生所应学习的学科总和及其进程与安排。广义的课程是指学校为实现培养目标而选择的教育内容及其进程的总和,它包括学校所教的各门学科和有目的、有计划的教育活动。狭义的课程是指某一门学科。从狭义的课程角度来看,教育学是一门教学科目。课程在一定程度上影响到学科体系和设置的序列,因此在课程设置时要考虑到各学科之间的联系。作为学科的教育学与作为课程的教育学是统一的,在本质上没有差别,都是知识的体系形态,都具有知识的规训权力。

和作为学科的教育学与作为课程的教育学的关系一样,作为学科的教育学原理与作为课程的教育学原理也是统一的。原理是"具有普遍意义的道理。"①如果说因为教育学不仅不完全符合"社会科学"的规定性,还带有人文学科的性质和特征,不能简单地把教育学归为社会学科或人文学科,那么教育学原理则与之不同,应当属于经验社会科学。许多以"原理"命名的书,诸如哲学原理、经济学原理、数学原理、几何原理、飞行原理,都是从原理的这一本质上来写的。由此可推论出教育学原理的定义,即:教育学原理是对任何教育都适用的、最基本的、对解释任何教育都有意义的道理。② 相对于其他以原理命名的书,教育学原理是个例外。社会科学原理、经济学原理等都是关于事物自身的最原初的道理,并不涉及外部事物,而教育学原理往往都是在讨论教育与外部事物(如生产力、科技、经济、政治、社会等)的关系,并由此引出所谓教育的本质和规律性认识。

三、教育学原理的学科性质

教育学原理作为一门学科与课程,其现实学科地位已得到国务院《授予博士、硕士学位和培养研究生的学科、专业目录》和《学科分类与代码》国家标准(GB/T 13745—1992)双重肯定。1997 年国务院学位委员会办公室和国家教育委员会研究生工作办公室制定了新的《授予博士、硕士学位和培养研究生的学科、专业目录》,教育学科专业分为:教育

① 中国社科院语言所. 现代汉语词典[K]. 北京:商务印书馆,1981:1407
② 齐梅. 教育学原理学科科学化问题研究[M]. 北京:中国社会科学出版社,2007:44

学原理(包括教育学原理、德育原理、教育科学研究法)、课程与教学论(包括教学论和学科教学论)、教育史(包括中国教育史和外国教育史)、比较教育学、学前教育学、高等教育学、成人教育学、职业技术教育学、特殊教育学、教育技术学。《学科分类与代码》国家标准(GB/T 13745—1992)中将教育学划分为 19 个二级学科:教育史(包括中国教育史、外国教育史等)、教育学原理、教学论、德育原理、教育社会学、教育心理学、教育经济学、教育统计学、教育管理学、比较教育学、教育技术学、军事教育学、学前教育学、普通教育学(包括初等教育学、中等教育学等)、高等教育学、成人教育学、职业技术教育学、特殊教育学、教育学其他学科。① 从这些目录和标准可以看出,教育学原理是基础研究学科,是理论的教育学。

杨振宁与钱德拉塞卡(S. Chandrasekhar)都谈到过科学的划分问题。杨振宁谈到科学研究有三种类型和层次,第一是基础研究;第二是发展性研究;第三是应用研究。基础研究是一种纯学术的理论研究;发展性研究是指把理论可行性物化成现实存在的探索过程;应用研究旨在改进发展研究的成果,最大限度满足使用需求。专就自然科学技术来说,三者分别属于长期投资的原理研究、中期投资的发展性研究和短期投资的产品研究。② 而钱德拉塞卡则不愿意谈论理论科学与应用科学的划分,他只是将理论科学划分为基础科学和导出科学(Derived Science)两部分,而且基础科学和导出科学之间很明确地存在一种互补关系。他认为自己和大多数科学家一样,主要就是从事导出研究。"我的工作方法一直是:首先了解一个课题的已知情况;其次检查这些情况是否符合一般人们会关心的严谨性、逻辑条理和完备性的标准;如果不符合这些标准,就着手使之符合。在已有的学术成就上系统化,一直就是我的动机。我敢大胆地说,这的确是非常普遍的情况。无论如何,在我看来只有这样才能正常地进行科学研究,才能获得真正的科学价值。"③

根据以上论述,可以把教育科研也做这样的分类:教育学原理是第一类;教学论、课程论等是第二类;学科教学法、教育技术学等是第三类。

从赫尔巴特开始就认为教育学(复数)应该以心理学、社会学、人类学、传播学和哲学为基础来构建,这种逻辑会带来很大问题。比如说,如果按照这种逻辑,物理学也只能以数学为基础学科,而不是把数学作

---

① 齐梅.教育学原理学科科学化问题研究[M].北京:中国社会科学出版社,2007:50 – 51
② 宁平治.杨振宁科教文选[M].天津:南开大学出版社,2001:24、34、81、172
③ [美]S. 钱德拉塞卡.莎士比亚、牛顿和贝多芬——不同的创造模式[M].杨建邺,王晓明等译.长沙:湖南科学技术出版社,1996:15

为一种工具。以心理学为例，这个学科的历史不足两百年，古老的教育学（Pedagogy）怎么会以它为理论基础呢？教育学要想与其他学科平等对话，就要改变这种自甘二流的学术立场和自卑情结。任何学科都有自己特定的研究对象和所要探究的纯粹的理论问题（即原理理论），教育学也不例外，对教育理论问题的研究就是教育学科的基础研究，不能从其他学科移植过来。教育科学可以从诸如心理学、生物学、人类学和社会学等引入某些研究技术，也可以接受哲学的指导和分析，但不能作为教育学的基础。

要确定教育学原理的学科性质，还要明确教育学原理与教育哲学两者的关系问题。尽管研究生专业目录和学科分类国家标准都没有提到教育哲学，但这个学科是存在的，而且发展很好，并在不断产生新的分支学科。[①]

本书把教育学原理定位为经验社会科学性质的教育科学，因此，说明科学与哲学的边界非常必要。本书仅从现代意义上考察科学与哲学的区别。对这种区别主要有三种不同的理解，总结来说，第一种认为哲学是世界观和方法论，对科学具有指导意义；第二种认为哲学是科学的继续，是作为一阶学科（First-Order Discipline）的科学的二阶学科（Second-Order Subject），这是逻辑经验主义者和语言分析哲学家的理解；第三种认为"哲学不是科学的继续（Continuous），也不是科学的一个组成部分，而是科学之后（Subsequent to Science）的学科，哲学开始于科学停止的地方。"[②]这是实在论的理性论者的理解[③]。三种理解各有各的道理和用途，可以综合起来加以运用。

布列钦卡的"哲学教育理论"意义上的教育哲学是用哲学方法建构的教育学，是把教育现象整体作为学科对象的哲学式的教育学，而这里所说的通常意义上的教育哲学是那些需要价值判断的形而上问题。具体来说，布列钦卡的"哲学教育理论"属于教育学范畴，而这里所说的教育哲学属于哲学范畴。

四、教育学原理学科的研究对象

从历史的角度来考察最近三十年来关于"大教育学"研究对象的代表性论断，主要有以下五种。

（1）我国教育学界普遍认同苏联凯洛夫《教育学》的界定，即科学的教育学是一门社会科学，是研究新生一代的共产主义教育规律性的

---

① 怀特等．分析传统与教育哲学：历史的分析[J]．教育研究，2003（9）：18 – 25
　陆有铨等．中国教育哲学的世纪回顾与展望[J]．教育研究，2003（7）：3 – 10
② 成素梅．科学与哲学的对话[M]．太原：山西科学技术出版社，2003：9
③ Jerrold J. Katz，Realistic Rationalism. Cambridge：The MIT Press，1988：Chapter 6

科学。

（2）"教育学是研究教育现象及其规律的一门科学,诸如教育本质、教育目的、教育制度、教育内容、教育方法、教育管理等,都是教育学所要探讨的问题。"①

（3）"教育学是研究教育现象,揭示教育规律的科学。"②

（4）"教育学所研究的主要是学校教育这一特定的现象,研究在这一现象领域内所特有的矛盾运动规律。"③

（5）"教育学是研究教育中一般问题的科学。"④

这些定义,除了定义（2）外,都存在不同程度的逻辑表述问题。学科研究对象与学科定义是同一个问题,共同规范着学科的研究任务。要界定教育学原理的研究对象,首先要弄明白一个逻辑常识问题,即:学科名称(如"教育学")是一个语词概念,允许循环定义;学科对象域(如"教育")是一个实质概念,不允许循环定义。⑤ 运用这个逻辑常识,可以给"教育学"做以下定义:"教育学是研究教育的科学",或者"教育学是关于教育规律的学问"。但是它的信息量太少,几乎等于什么都没说,所以没有人会满足于这样的界定。如果用定义项替换的方式来替换,先界定教育为"教育是培养人的活动",再用"教育学"来替换"教育",教育学的定义就变成:"教育学是研究培养人的活动的科学",或者"教育学是关于培养人的活动规律的学问"。当然,在这里只是讨论这种方法,一切都取决于如何定义"教育"。

按照这种逻辑,并根据上文中曾给出的关于教育的定义,即教育是人类社会知识文化资源传承的活动,教育学的定义就是研究人类社会如何进行知识文化资源传承的一门学科。教育学原理研究在给定教育目的下人类社会如何传承知识文化资源的科学原理,是教育科学学科群的基础学科或理论基础。这里的"科学"取较为严格意义上实证科学的意义,而非"系统化的知识体系"那种宽泛的意义。

---

① 华中师范学院等. 教育学［M］. 北京:人民教育出版社,1980:1
② 辞海·教育、心理分册［K］. 上海:上海辞书出版社,1980:1
③ 南京师范大学教育系. 教育学［M］. 北京:人民教育出版社,1984:1
④ 孙喜亭. 教育学问题研究概述［M］. 天津:天津教育出版社,1989:13
⑤ 齐梅. 教育学原理学科科学化问题研究［M］. 北京:中国社会科学出版社,
　 2007:57－58

第一章

教育目的

────────────

　　教育是人类社会知识文化资源传承的活动。教育活动由目的、动机和动作构成,具有完整的结构系统,因此人类的教育活动不是无意识、盲目的,而是自觉的、有目的的。也就是说,在进行教育活动之前,人们已经在观念中有了某种预想的结果或理想对象,受教育者通过教育活动,成为符合某种需求的人。教育目的反映了一定社会对受教育者的要求,是教育工作的出发点和最终目标,也是确定教育内容、选择教育方法、检查和评价教育效果的根据。教育目的是随着社会的发展而演变的。

　　此外,教育目的不属于教育学原理学科的范畴,而是属于教育哲学研究和探讨的对象,即教育哲学研究教育目的应当是什么、不应当是什么和如何确立等问题。在教育学原理学科中,只接受现成的教育目的的概念。基于此,本章首先介绍我国学界普遍使用的教育目的的概念、类型和功能,并辨析易与教育目的相混淆的概念;其次介绍不同流派的教育目的观;再次阐述新中国成立以来我国教育目的的内容的演变与发展;最后阐述我国的教育目的具体内容及其理论基础。

 学完本章,你将能够:

　　(1) 了解教育目的的内涵、作用和依据;
　　(2) 了解我国教育目的的演变和发展;
　　(3) 掌握学校实现教育目的的原则;
　　(4) 重点掌握当前我国教育目的的理论基础。

导 读

教育目的是什么呢？它与我们所说的教育目标、教育方针、教学目标有怎样的区别？学完本节，你将对它们之间的关系有个清晰的界定。

第一节

教育目的概述

一、教育目的的定义

有关什么是教育目的，在不同的时代背景下存在多种不同的理解和解释，本书中对于教育目的的理解分为以下广义和狭义两种情况。[①]

广义的教育目的是指人们对受教育者的期望，即人们期望受教育者接受教育后身心各方面产生怎样的积极变化或结果。在一定社会中，凡是参与或关心教育活动的人，如教师、家长、政治家、科学家、艺术家等，对受教育者都会有各自的期望，也就是说都会有各自主张的教育目的，这就是广义的教育目的。

狭义的教育目的是指整个教育工作所要达到的最终结果，是整个教育系统所要培养的人才规格和质量标准。简言之，教育目的所要回答的是"培养什么样的人"的问题，是对理想中的人的素质结构进行总体性的规划和预期。

以上对教育目的的定义主要包含以下几个方面的内容。

（1）教育目的是教育学中的一个基本概念，也是教育实践中的一个基本范畴，是整个教育工作的核心、灵魂、出发点和最终归宿。

（2）不同的教育思想流派首先表现在教育目的的差别上。不同的教育目的，也指导着不同的教育实践。

（3）教育目的的模糊、错误和歧义，必然会使教育实践走错方向，甚至是南辕北辙。

（4）对教育目的的理性反思和重构是每个时代教育的核心话题，是教育学研究中不变的主题。

二、教育目的的概念辨析

教育目的的问题位于教育的核心位置，但是，在教育领域中总是存

[①] 傅道春，李勇，施长君．教育学［M］．黑龙江：哈尔滨工业大学出版社，1999：47

在概念使用混乱的情况,人们往往使用与教育目的的意义类似或相近的词语。如果不对教育目的的含义进行准确界定,不仅会阻碍人们对教育目的的理解,也会阻碍人们制定合适的教育目的,还将影响人们对教育问题的处理方式。从总体上把握教育目的的概念与其他概念的关系,对每个教育者来说是必不可少的。

（一）教育目的与教育目标

教育目的与教育目标这两个范畴之间既有区别,又有内在联系。其主要区别在于:相比教育目的,教育目标是下位概念,是教育目的在各级各类教育系统和各科教学活动中的具体化、操作化和系统化。换句话说,教育目的与教育目标之间存在着层次性和过渡性。上一级教育目的制约和支配着下一级教育目的(目标),同时又通过下一级教育目的(目标)得以具体实现。

（二）教育目的与教育方针

教育目的与教育方针这两个范畴之间也既存在区别,又有联系。最主要的区别在于教育方针是党和国家对各级各类教育工作的总规划,是根据社会政治、经济、文化要求对教育工作规定的方向。教育方针主要包括教育工作的社会性质、根本方向以及教育工作的领导权等内容,其中也包括教育目的,教育目的是教育方针的核心和基本内容。教育方针比教育目的具有更大的强制性、政策性和实践针对性,是教育目的的政策性表达。正确的教育目的观有助于制定有效的教育方针。

（三）教育目的与教学目的

教育目的与教学目的这两个范畴之间同样既有区别,又有联系。教育目的对教育工作的各个方面都具有规范和约束作用,它一般只是指具体的教学活动所追求的预期结果。教育目的是教学目的的上位概念,教学目的是教育目的在教学活动中的进一步具体化,它反映了教育目的的基本要求,受教育目的的制约。教育目的到教学目的的转变意味着从观念设想到行动的转化。

扩展阅读

教育目的还有若干同义词,在不同的领域和问题中对教育目的进行论述和说明时被近似使用。

第一个同义词"培养目的",培养目的之所以成为教育目的的同义词,首先由于培养一词的多义性,以及人们或多或少对"培养"

和"教育"之间区别的模糊认识。

第二个同义词"培养理想",施普朗格尔将其理解为"有关一个人身体、心灵和精神最终状态的理想。它通过设定目的而对有意识的培养努力发生影响"。

第三个同义词"教育理想",纽文惠斯将其视为"必须给教育指明一个特定方向的一种思想或观念上的理想",它区别于那种"一般被认为是可以不断实现或已经实现的"、"具体的"教育目的。

第四个同义词"教育意图",根据特勒格尔的观点,(教育者的)"意图本身就已经被归入教育目的"概念的通常的语言惯用法之中。

第五个同义词"学习目的",它是最近出现的一种表述方式,并且在词义上与通常所说的教育目的的概念或者术语相似,例如"理想"、"榜样"、"理想目的"、"目的形式"、"目的观念"、"教育学的目的设定"、"基本价值"、"人的使命"以及"人的典型形象"等。

（资料来源:沃尔夫冈·布莱岑卡.教育科学的基本概念——分析、批判和建议[M].胡劲松译.上海:华东师范大学出版社,2001:94）

三、教育目的的类型

教育目的作为人们对教育对象应有的素质所做出的预想,取决于社会生活的需要。但是即使在同样时代、同样社会背景下,人们对教育目的的价值取向依然会有不同,不同的人对教育目的的类型的划分也有不同的标准。

（一）教育目的类型的划分

根据不同的标准可以将教育目的划分为以下不同的类型。

（1）根据教育目的的存在形态可以将教育目的划分为"理想的教育目的"（或应然的教育目的）与"现实的教育目的"（或实然的教育目的）。

（2）根据提出教育目的的主体,可以将教育目的划分为"国家教育目的"和"个体教育目的"。

（3）根据教育目的的理论基础,可以将其划分为"宗教本位的教育目的"、"社会本位的教育目的"、"个人本位的教育目的"、"要素主义的教育目的"以及"教育无目的"等。

（4）根据教育目的与教育过程的关系,可以将教育目的划分为"内在目的"与"外在目的"。

（5）根据所规范的教育类型和层次,也可以对教育目的进行划分。按照教育类型可以划分为"职业教育的目的"与"普通教育的目的";按照教育层次可以划分为"特殊教育的目的"、"学前教育的目的"、"基础教育的目的"、"中等教育的目的"、"高等教育的目的"、"成人教育的目的"等。

（6）根据教育目的的历史形态,可以将其划分为"古代教育的目的"、"现代教育的目的"和"后现代教育的目的"。

（二）不同类型教育目的的冲突及其表现

不同的教育目的有着不同的社会基础、理论基础或者教育价值观,因此相互之间存在对立、差异及冲突。

不同类型的教育目的之间往往也有一致性或共性,反映了教育与人类基本生存和发展需要之间的关系,反映了社会主流的、共识的教育价值观。

解决教育目的之间冲突的最好方式是加强不同教育利益群体之间的交流和对话,并建立一个可供选择的教育制度,以满足不同教育利益群体的不同教育需求。

教育制度的选择是以人民基本教育需求的满足为前提条件的,不能牺牲人民的基本教育权益。

四、教育目的的功能

教育活动是一种有目的的活动,只有确定了教育目的,教育活动才能有组织、有计划、有系统地向着预期的方向进行。教育活动的效果很大程度上取决于教育者对教育目的的理解。教育者要按照教育目的对教育活动进行目标导向,以便把受教育者培养成一定社会和时代需要的人。如果教育目的不正确,或者虽有正确的教育目的而教育者不能用来指导教育实践,那么教育活动就会偏离正确的轨道,达不到它所追求的目标。我国学校教育中存在的"应试教育"、"片面追求升学率"现象就是学校教育活动偏离正确教育目的的表现。教育目的的功能主要有以下几个方面。

思 考
教师为什么要明确理解教育目的?

（一）对教育活动的定向功能

（1）对教育社会性质的定向作用,对教育为谁培养人、培养什么样的人进行明确的规定。

（2）对课程选择及其建设的定向作用。

（3）对教师教学方向的定向作用。

教育目的对教育活动的定向功能具体体现为:教育目的为教育对象指明了方向,预定了教育结果,也为教育者明确指明了工作方向和奋斗目标;教育目的无论是对受教育者,还是对教育者都具有目标导向功能,同时对整个教育过程具有支配、指导和导向作用,诸如教育制度的建立、教育内容的选择,以及教育过程所采用的方法和手段,都必须按照教育目的去进行,如果教育工作偏离了教育目的,就达不到预定的教育结果。

（二）对教育活动的调控功能

（1）通过确定价值的方式来进行调控。

（2）通过标准的方式来进行调控。

（3）通过目标的方式来进行调控。

教育目的对教育活动的调控功能具体体现为:教育目的对教育改革、教育规划和教育结构调整具有指导、协调和支配等方面的作用;在具体教育实践中,教育目的对教育过程具体要素的组合,对教育计划的制订、教育内容的选择、教育手段和教育技术的运用,都具有支配、控制和调节作用;另外,教育目的对受教育者的成长和发展也具有控制作用,它可以克服受教育者盲目发展的倾向,抵制各种不符合教育目的要求的活动,使受教育者按照预定培养过程和期望的目标发展。

（三）对教育活动的评价功能

（1）对价值变异情况的判断与评价。

（2）对教育效果进行评价。

教育目的对教育活动的评价功能具体体现为:教育目的是衡量和评价教育质量、规格要求的根本标准;检查和评价教育教学过程质量的优劣,检查教师教育教学质量,评价教师工作质量和效果,检查学生的学习成绩和发展程度,都是以教育目的为根据;教育质量的终结性检查和评价,必须依据教育目的全面有效地进行,不能仅仅以单方面的标准进行评价。

以上三个功能相互联系、综合体现为:定向功能伴随评价功能和调控功能而发挥;调控功能的发挥需要以定向功能和评价功能为依据;评价功能的发挥凭借定向功能。

 专题小结

教育目的分为广义和狭义两种情况,广义的教育目的是指人们对受教育者的期望,即人们期望受教育者接受教育后身心各方面产生怎样的积极变化或结果。狭义的教育目的是指整个教育工作所要达到的最终结果,是整个教育系统所要培养的人才规格和质量标准。教育目的是教育活动的出发点和依据,也是教育活动的归宿。在明确教育方向、制定教育方针、建立教育制度、确定教育内容、选择教育方法、组织教育活动、进行教育评价等方面,教育目的起着决定性的指导作用。教育目的是根据社会发展的需要和人自身发展的需要而制定,因社会制度、民族文化和教育思想的不同而异。

第二节 教育目的的不同流派

一、社会本位论的教育目的观

社会本位论的教育目的观主张教育的目的是为了维持社会的稳定和发展,应当依据社会的要求来确定,教育的根本目的在于使受教育者掌握社会的知识和规范,成为"社会人"。《学记》中就曾谈道:"君子欲化民成俗,其必由学乎?"这便是"社会本位论"的代表。中国古代教育一直以修身为本,但修身的最终目的是"治国平天下"。古希腊哲学家柏拉图在其著作《理想国》中提出,一个完美的、理想的国家必须由三部分人组成,即哲学家、军人和劳动者,教育的目的就是培养和选拔这些人,使其各司其职。教育因此成为社会政治的附庸。

在近现代西方教育史上也出现过社会本位的目的论思想,最具代表性的是教育社会学中的社会功能学派,也称"国家本位论",其主要代表人物有柏拉图(Platon,公元前427—公元前374)、约翰·洛克(John Locke,1632—1704)、涂尔干(Emile Durkheim,1858—1917)、法西斯和军国主义者等。他们将人类个体发展的社会条件无限夸大,认为个人的发展完全取决于社会。涂尔干认为,教育是一个社会事物,学校是社会的缩影,他认为:"任何个人,无论他有多么大的力量,都无法与整个社会相抗衡,社会是绝对不会委曲求全的。"[1]整个社会及其结构就决定了教育能够发挥什么样的功能,在此基础上,社会功能学派认为教育目的只能是社会目的。涂尔干还指出:"对整个社会来说,一个人又算得了什么呢?对整个有机体来说,一个细胞又算得了什么呢?"[2]德国教育

---

① [法]埃米尔·涂尔干. 社会分工论[M]. 渠东译. 北京:生活·读书·新知三联书店,2000:154
② [法]埃米尔·涂尔干. 社会分工论[M]. 渠东译. 北京:生活·读书·新知三联书店,2000:35

导 读

历史上有关教育目的的主张众多,但从其侧重社会发展还是个体发展的视角来看,大致可以分成社会本位论的教育目的观和个人本位论的教育目的观。这两种目的观有其各自的理论依据,但也有其偏颇之处。学完本节,你将对教育目的的流派有大概的了解。

家凯兴斯泰纳(Kerschensteiner Georg,1854—1932)站在社会本位主义立场上指出:"我十分明确地把培养有用的国家公民当成国家国民学校的教育目标,并且是国民教育的根本目标。"①

社会本位主义的教育目的论者认为,教育目的应根据社会要求来确立,教育就是要把学生培养成为社会需要的、维护社会稳定和促进社会进步的人,教育目的就是使个体社会化。衡量教育好坏的最高标准只能是看教育是否致力于为社会稳定和发展服务,是否促进社会的存在和发展。社会本位的教育目的论能够认识到社会对个人、对教育的制约作用,然而却没有认识到有意识的、能动的个体组成了社会,没有个体的生存和发展,便没有社会的存在与发展。社会是个体存在和发展的基本条件,但社会并不是个体存在的终极目的。因此,如果只强调社会对于教育对象的存在作用而忽视教育对象对社会的创造作用,这样的教育目的是片面的。

(一)主要观点

(1)人的本性是其社会性(政治性、经济性或文化性)。

(2)相对于个体来说,国家或社会是绝对的和优先的价值实体,个体只是构成这一绝对价值实体的"材料"或"要素"。

(3)教育目的应该从社会需要出发,个人的使命在于为国家或社会进步事业献身。

教育的最高目的在于使个人成为国家的合格公民,具有基本的政治品格、生产能力和社会生活素质。社会是个人发展的条件,社会需要为个人发展指明了方向。教育目的就是为了维持社会存在与发展,除此之外,没有其他目的,教育成果是通过其对社会的功能来衡量的。

(二)理论基础

社会本位主张国家利益至上(相对于个人利益或其他公共利益而言),提倡实证主义的社会学,认可法西斯主义、军国主义或狭隘的民族主义(相对于他国、其他民族或其他地区的利益而言)。

(三)评价

积极方面:社会本位论脱离了宗教神学,从国家和社会的发展角度来衡量教育的成果,这是一个很大的进步;这种观点促进了教育与教会的分离,摆脱了宗教神学的束缚;在通过教育发展社会事业方面,也有利于动员国家和社会资源来发展教育事业;十分重视教育目的的社会制约性,这点是值得肯定的。

---

① [德]凯兴斯泰纳.工作学校要义[M].刘均译.上海:商务印书馆,1935:12

不足之处:忽视了个体的发展需要,否认了个体在社会和国家生活中的积极能动作用,完全将受教育者当成是等待被加工的"原料",违背了教育的人道主义原则;忽视了个人发展的需要,否定人的价值,从而歪曲了社会需要与个人发展之间的辩证关系,完全否定了教育目的对个体的依存,否认教育目的对受教育者的影响,这点是不可取的。

二、个人本位论的教育目的观

与社会本位论的教育目的观不同,个人本位论的教育目的观认为,教育目的应该根据人的本性和个人的发展需要来确定,个人价值高于社会价值。衡量教育成果的标准是根据个人发展水平来确定的。教育的目的就是使受教育者的本性、本能得到自然的发展。持个人本位目的论的教育学家为数甚多,代表人物有让·雅克·卢梭(Jean Jacques Rousseau,1712—1778)、弗里德里奇·福禄培尔(Friedrich Froebel,1782—1852)、约翰·亨利赫·裴斯泰洛齐(Johann Heinrich Pestalozzi,1746—1827)等。

卢梭是个人本位的教育目的论的代表,强调人的自然属性,指出教育应该培养"自然人"。卢梭认为,人的天性是善良的,在人的心灵中根本没有什么生来就有的邪恶,一切人的堕落都是由于社会的负面影响,故"出自造物主之手的东西都是好的,而一到人的手里,就全变坏了。他要强使一种土地滋生另一种土地上的东西,强使一种树木结出另一种树木的果实;他将气候、风雨、季节搞得混乱不清;他残害他的狗、他的马和他的奴仆;他扰乱一切,毁伤一切东西的本来面目;他喜爱丑陋和奇形怪状的东西;他不愿意事物天然的那个样子,甚至对人也是如此,必须把人像练马场的马那样加以训练;必须把人像花园中的树木那样,照他喜爱的样子弄得歪歪扭扭。"①所以教育首先要培养的是"人","从我的门下出去,我承认,他既不是文官,也不是武人,也不是僧侣;他首先是人:一个人应该怎样做人,他就知道怎样做人,他在紧急关头,而且不论对谁,都能尽到做人的本分。"②为了培养这样的人,教育就要遵循自然的规律,"大自然希望儿童在成人以前就要像儿童的样子,所以要按照你的学生的年龄去对待他。"③卢梭据此认为最好的教育是远离社会的自然教育。最终的理想形象正如他的爱弥儿,在身心方面都得到和谐的发展。"他(爱弥儿)现在已经年过 20,长得体态匀称,身心两健,肌肉结实,手脚灵巧;他富于感情、富于理智,心地十分的仁慈和善良;他有很好的品德,有很好的审美能力,既爱美又乐于善;他摆脱了种种酷烈的欲念的支配和偏见的束缚,他一切都服从于理智的法则,他一

---

① [法]卢梭. 爱弥儿——论教育[M]. 上海:商务印书馆,1978:5
② [法]卢梭. 爱弥儿——论教育[M]. 上海:商务印书馆,1978:13
③ [法]卢梭. 爱弥儿——论教育[M]. 上海:商务印书馆,1978:91

切都倾听友谊的声音;他具有许多有用的本领,而且还通晓几种艺术;他把金钱不放在眼里,他谋生的手段就是他的一双胳臂,不管他到什么地方去,都不愁没有面包。"①

德国教育家、幼儿园之父福禄培尔也认为:"只有对人和人的本性的彻底的、充足的、透彻的认识,根据这种认识加以勤勤恳恳的探索,自然地得出有关养护和教育人所必需的其他一切知识以后……才能使真正的教育开花结果。"②因为相信人的天性是好的,所以个人本位主义的教育思想家都认为教育的根本目的是求得人的天性的自由和全面的发展。瑞士教育家裴斯泰洛齐认为,为人在世,可贵者在于发展,在于发展个人天赋的内在力量,使其经过锻炼,使人能尽其才,能在社会上达到他应有的地位,这就是教育的最终目的。此外,19 世纪与 20 世纪之交的"儿童中心主义"和 20 世纪 60、70 年代的人本主义的教育思想,都属于个人本位论的教育目的观。

个人本位论的教育目的观认为教育目的应使受教育者的本性、本能获得自然发展,教育要为儿童本身的生活需要服务。从儿童本性自然出发与从儿童生活需要出发的目的观是一致的。个人本位论关心个人价值,关心人的身心健康发展和生活的完满幸福。个人本位论的教育目的论具有强烈的人道主义特色,它在理论上的全盛时期是 18、19 世纪。在这一时期,强调人的本性需要和强调个人的自由发展对于反对宗教神学、反对封建专制及其影响下的旧式教育具有重要的进步意义。由于个人本位论的教育目的观倡导个性解放、尊重人的价值,这一目的论在今天仍然对全世界的教育有着重要的影响。但是,如果不将个人的自由发展同一定的社会条件和社会发展的需要结合起来,所谓合乎人性的自由发展就会变成空中楼阁,个人本位论的教育目的观的最大缺陷即在于此。

(一) 主要观点

(1) 人的本性在于其"自然性",教育应该实现自然潜能,从而建立理想的社会和国家。

(2) 人性具有内在的、自我实现的趋向,这种趋向在道德或价值上是"善"的或"向善"的。

(3) 只有每个人的本性都得到充分实现的社会,才是理想的社会;只有确保每个人的本性都得到充分实现的国家,才是善的和正义的国家。

人生来就有健全的本性和本能,教育目的就是使这种本性和本能顺利地得到发展。因此,应该根据个人的发展需要制定教育目的,使教

① [法]卢梭. 爱弥儿——论教育[M]. 上海:商务印书馆,1978:475
② 张焕庭. 西方资产阶级教育论著选[M]. 北京:人民教育出版社,1964:305

育遵循人的自然性,让这种自然性得到充分发展。教育是为了培养人,而不是为了满足社会需要。教育的成果是由个人价值决定,而不是通过社会价值来衡量。

（二）理论基础

这种理论诞生于 18 世纪和 19 世纪的西方资产阶级革命时期,一方面是为了满足资产阶级革命的需要（社会基础）;另一方面也得到了自然主义、功利主义以及新的国家学说的支持（理论基础）。

（三）评价

积极方面:个人本位论尊重人的价值,强调人的价值高于社会的价值;它要求教育遵循人的身心发展规律,满足人的自然发展,肯定个人发展需要,是对人性的一种解放,在一定历史条件下,有过积极作用。

不足之处:将"自然性"与"社会性"、"个性"与"共性"对立起来;将个人的利益凌驾于社会利益和国家利益之上,最终破坏教育的社会基础或前提;掩盖了自身的阶级属性;它主张个人价值高于社会价值,把个人发展看做是教育的唯一目的,只以个体发展需要作为教育目的依据的观点是片面的,忽视了个人和社会的关系。

三、教育无目的论

教育无目的论是在 20 世纪初由美国教育哲学家约翰·杜威（John Dewey）提出的。杜威在其《民主主义与教育》一书中,全面阐释了教育的本质,指出"教育即生长、即生活、即经验的继续不断的改造",提出了"儿童中心主义"和"学校即社会"的观点、"从做中学"的教育原则,从而确定了"活动中心、经验中心、学生中心"的现代教育思想的核心内容。杜威的"教育无目的论"认为:教育目的不存在有"教育过程以外"的目的,教育目的只存在于"教育过程以内";主张儿童的本能、冲动、兴趣所决定的具体教育过程就是教育的目的;将社会、政治需要所决定的教育总目的看做是"教育过程以外"的目的,并指斥其为一种外在的、虚构的目的表现。

杜威指出良好的教育目的应该具备以下几个特征:第一是客观性,所确定的目的必须是现有情况的产物;第二是灵活性,目的必须能够随环境条件的改变而随时调整;第三是非完成性,即良好的教育目的必须确保活动的自由开展。杜威认为,教育的外部目的是固定的、呆板的,不能保证活动的继续进行,因而绝非他所赞同的教育目的。

总之,杜威的"教育无目的论"并非指教育过程中不存在任何目的,而是他用来反对教育的外部目的,借以提倡教育的内在目的的代名词。其实,他并不是主张教育不要目的,而是主张"教育的过程,在它自身以外没有目的;它就是它自己的目的。"①杜威对"教育目的"有关理论的阐释,虽然能提供一定程度的理论和实践指导,展现一个认识教育目的的新视角,但其理论论证的自相矛盾以及实践指导价值的缺乏,足以使我们对其理论的正确性和可行性产生怀疑。

（一）主要观点

（1）人是一个经验系统。

（2）人的发展即是个体经验能力的提高。

（3）学习的目的和报酬是个体经验不断生长的能力。

教育无目的论主张"教育即生活"的无目的教育论,它否定了教育是一种有目的的培养人的活动,认为教育就是社会生活本身,是个人经验的不断增长和积累,教育过程就是教育目的,教育之外再没有什么教育目的。

（二）理论基础

教育无目的论以在"行动"中不断开拓新边疆的美国社会生活和建立在这种生活方式基础上的实用主义哲学或文化为理论基础,认为教育不是把外在的东西强迫儿童或青年去吸收,而是要使人类"与生俱来"的能力得以生长。如果要在教育之外另立任何一个目的,例如给它一个目标和标准,便会剥夺教育过程中的许多意义,并导致我们在处理儿童问题时依赖虚构的和外在的刺激。②

（三）评价

积极方面:认为教育目的仅仅在教育过程之中,除此之外,没有外在强加的教育目的,没有所谓的为社会的发展服务等外在目的。

不足之处:过分重视教育的内在目的而忽略教育的外在目的,过分强调个体对于环境的适应能力而忽略环境对个体的约束和限制,考虑到个体与环境一致的一面,而忽略了个体与环境相冲突的一面。

四、马克思主义教育目的论

马克思关于人的全面发展学说正确揭示了人的发展规律,为制定教育目的提供了一定的方法论指导。马克思认为,全面发展的人应该是智力和体力潜能获得充分、和谐、自由发展的人,是能从一个生产部门转移到另一个生产部门的具有多种职能的人,是道德精神和审美情感丰富、充分、自由、和谐发展的人,是从事自由劳动,把劳动当做享受、

① 赵祥麟,王承绪. 杜威教育论著选[M]. 上海:华东师范大学出版社,1981:154
② 赵祥麟,王承绪. 杜威教育论著选[M]. 上海:华东师范大学出版社,1981:8

创造和第一需要的人。

（一）马克思关于人的全面发展学说

马克思是在科学地考察人类发展史的基础上提出人的全面发展学说的，其基本观点如下。

1. 人的发展与社会生产发展相一致

马克思主义认为物质生产活动是人类最基本的社会实践活动，也是人类自身赖以发展的基础。个人怎样发展，发展到什么程度，不是由个人意愿决定的，而是由生产过程中种种社会条件决定的，取决于社会生产力的发展状况与水平，人的发展与社会生产发展是一致的。因此，人的发展应当以人生活于其中的社会生产力和生产关系为出发点。

2. 现代工业生产要求人的全面发展

马克思主义者在肯定社会分工是社会进步的标志和社会发展的必然的前提下，认为要解决人的发展片面化问题，必须消灭旧的劳动分工而代之以科学的合理分工。随着社会生产力的进一步发展，以科学技术为基础的机器大工业生产打破了过去落后的生产方式，使生产的技术工艺不断更新，生产部门日新月异。现代工业使工人的职能和劳动过程的结合不断随生产技术基础的变革而变革，引起大量资本和大量工人从一个生产部门转到另一个生产部门。现代大工业生产把人的全面发展作为现代生产的普遍规律。大工业的生产特点不仅向劳动者提出全面发展的客观要求，同时也提供了全面发展的可能性，这是因为自然科学和工艺学在工业生产中的运用日益广泛，为生产者掌握生产过程提供了可能性，从而使劳动能力多方面的转换和人的全面发展成为可能。大工业生产也必然为提高劳动生产率、缩短必要的劳动时间创造条件，从而为劳动者提供可以自由支配的闲暇时间，使每个人有充分的时间从事自己爱好的活动，全面发展自己的才能。

3. 教育是实现人的全面发展的重要途径

马克思十分重视教育在人的发展中的作用，认为教育可使年轻人很快就能够熟悉整个生产系统，教育可使他们根据社会的需要或他们自己的爱好，轮流从一个生产部门转到另一个生产部门。因此，教育会使他们摆脱现代分工给每个人造成的片面性。要培养全面发展的人，必须给予全面发展的教育，在资本主义条件下，马克思指出要给予儿童良好的智育、体育和技术教育，并强调指出实现人的全面发展的唯一方法是教育与生产劳动相结合。

（二）关于人的全面发展

1. 人的全面发展的基本含义

马克思主义关于人的全面发展的含义主要包括三个方面：一是人

的体力和智力都得到充分的发展与运用,其他方面的能力在此基础上,也得到充分发展和运用;二是人的体力和智力在充分发展的基础上结合起来,统一起来;三是人的各方面能力的发展逐步向熟练地掌握和运用一切自然与社会发展规律方向前进,人能够成为自由王国里的公民。

2. 全面发展教育的内容

人的全面发展需要全面发展的教育内容,在马克思时代,马克思把全面发展的教育内容规定为以下三个方面。[①]

(1) 智育。

(2) 体育,体育学校和军事训练所教授的内容。

(3) 技术教育。这种教育要使儿童和少年了解生产各个过程的基本原理,同时使他们获得运用各种生产的最简单的工具的技能。

列宁继承和发展了马克思关于人的全面发展的教育思想,对人的全面发展的社会方面和教育方面作了深刻的理论上的论述。

苏霍姆林斯基指出,在列宁的"许多著作里贯穿着这样一条思想主线:只有在所有的人为了大家也为了自身全面的发展而进行劳动和创造的条件下,为了社会所有成员的全面发展的经济基础和社会基础才能建立起来。"[②]

1909 年,列宁在《哲学笔记》中为费尔巴哈《宗教本质讲演录》一书所做的摘要中写道:"人是需要理想的,但需要符合于自然界的人的理想,而不是超自然的理想。"接着引用了费尔巴哈的话:"我们的理想不应当是被阉割的、失去肉体的、抽象的东西,而应当是完整的、实在的、全面的、完善的、有教养的人。"[③]

列宁给苏联社会主义社会提出的任务是:"教育、训练和培养出全面发展的和受到全面训练的人,即会做一切工作的人。"[④]

后来,苏霍姆林斯基、凯洛夫等苏联的教育家们,在各自的著作中又把"人的全面发展"教育的基本内容概括为智育、德育、体育、美育和综合技术教育等方面。

扩展阅读

影响教育目的制定的主要因素

一方面教育目的的确定从提出主体来看,教育目的总是由国家制定,体现人的主观意志,具有主观性。但从另一方面来看,教

---

① 马克思恩格斯全集(第 16 卷)[M]. 北京:人民出版社,1972:218
② 苏霍姆林斯基选集 (第一卷)[M]. 北京:教育科学出版社,2001:86
③ 列宁. 哲学笔记[M]. 北京:人民出版社,1974:69
④ 列宁选集(第四卷)[M]. 北京:人民出版社,1995:159

育目的的确定必须根据社会发展的客观需要,遵循受教育者身心发展的客观规律,具有客观性。不同的时代、不同的国家、不同的社会,发展水平不同,社会需求也就不同,因此教育目的也不同。由此可见,教育目的是依据客观条件,依据社会对受教育者的基本要求而制定的,它由一定的生产方式决定。

(一) 教育目的受一定社会政治、经济制度的制约

教育作为一种比较特殊的社会活动,与政治经济有着密切的关系。社会的政治经济制度决定了教育目的的社会性质,有什么性质的政治经济制度,就有什么性质的教育目的。在阶级社会里,教育目的集中体现了统治阶级的人才标准,它取决于统治阶级的政治利益和经济利益,一定社会所需人才的质量和标准,集中反映在其所制定的教育目的上。我国奴隶社会和封建社会时期,教育目的是统治阶级实施"仁政"和"德治"的工具,采用"明人伦"的教育目的,使受教育者修己以治人,维护统治阶级的利益。资本主义社会的教育目的具有双重性,一方面是把资产阶级子女培养成统治管理人才;另一方面把劳动人民的子女培养成顺从能干的奴仆。从教育史上看,社会阶级不同,各自的政治经济制度不同,便存在有不同的教育目的,因此在阶级社会里,教育目的具有鲜明的阶级性。教育目的是社会政治、经济需要直接制约的结果。

(二) 教育目的受一定社会的生产力发展水平的制约

在社会发展的诸多因素中,生产力的发展起着最终的决定作用,也是人类征服和改造自然获取物质资料的能力。生产力的发展水平体现人类已有的发展程度,又对人的进一步发展提供可能并提出要求。在社会发展中,生产力的发展起着最终的决定作用,从而也是制约教育目的的决定因素。生产力水平的高低,直接决定了社会能够提供给教育的物质条件的多少,同时也决定了一个人在其中受教育的自由时间多少,也就从根本上决定了社会上每一个人发展的可能性的大小。生产力发展的不同时期,教育目的的制定也随之不同。我国奴隶社会、封建社会的生产力水平低,科学技术水平处于萌芽状态,注重政治和伦理的陶冶,教育目的是为国家机构培养各种官吏,即"学而优则仕"。第二次世界大战结束以来的半个多世纪中,科学技术的发展进入了前所未有的高速度状态,教育必然承担起培养具有现代技术水平的新型劳动者的任务,这就使得各国重新研究讨论教育目的的制定,以便更好地为社会的发展培养急需的人才。

(三) 教育目的受人的自身发展的制约

对受教育者特点的认识是提出教育目的的必要条件。教育目的所直接指向的对象是受教育者,人们提出教育目的是希望引起

受教育者的身心发生预期的变化,使受教育者成长为具有一定个性的社会个体。因此,在制定教育目的,特别是规定各级各类学校的培养目标时,人们还应考虑教育对象的年龄特点和身心发展规律。每一个人在接受教育的过程中体现出不同的身心发展规律,在教育目的的制定过程中要遵循其规律,以便对其因材施教,也只有这样才能将教育目的转化为受教育者的个性,为受教育者能动性的发挥与发展提供广阔的空间。如果不考虑受教育者的身心发展规律,势必导致实际教育活动脱离学生身心发展水平,难以有效地促进学生发展。因此,在制定教育目的和培养目标时,必须从实际出发,依据人的身心发展规律,提出不同的要求。

（四）教育目的受民族文化与世界教育发展进程的制约

教育目的还受到国家的历史背景和民族文化传统等因素的影响。东方文化的传统比较重视个人对集体的责任感、义务感,所规定的教育目的比较重视培养满足社会所需要的人才,强调人才对社会和国家的义务与忠诚;而西方文化的传统,比较重视个人,所规定的教育目的往往突出个人的自由发展和自我实现。在世界经济日益朝着区域化和国际化方向发展的今天,国家和民族在信息、交往和利益等方面体现出普遍的相关性,教育国际化已成为每个国家或民族自身发展的重要基础和前提。因此,在制定教育目的时,既要立足教育目的的民族化,又要注重体现教育目的的世界性,要坚持民族性和世界性相结合的价值取向。立足民族,放眼世界,在民族开放中发展创新民族精神,使民族更好地走向世界。

总之,教育目的的确立,既要把握时代、把握社会,还要与受教育者的身心发展特点相适应。

 专题小结

从历史唯物主义与辩证唯物主义的哲学立场上看,社会发展与个人发展之间在社会历史发展的总体上是统一的。判断教育目的是否合理的重要依据,是看其在一定的社会经济条件等许可的范围内是否为受教育者的个性自由和全面发展提供了最大空间。社会本位论和个人本位论的教育目的论都是对这一历史的辩证关系的割裂。统一不是两种教育的简单相加,也不是一个简单的比例关系,而是指两种教育的相互渗透和融合。马克思主义的全面发展不仅是提高社会生产力的方法,而且是造就全面发展的人的唯一方法。

第三节
我国的教育目的

导 读

教育目的是一种与社会理想相联系的教育理想,受社会理想的制约。一个国家在确定教育目的时,除了要考虑生产力和科技发展水平、现有政治经济的需要及年青一代的身心发展规律外,还必须以其政治观点、政治理想作为指导。同时教育目的随着社会的发展而变化,制定的教育目的必须反映生产力和科技发展对人才的需求,要符合社会、政治、经济的需要,要符合受教育者的身心发展规律。

一、新中国成立以来我国教育目的的演变

新中国成立以来,随着社会和国家经济建设的发展,教育事业获得了从未有过的空前发展,教育目的也随社会的变革而变革。新中国成立以来,教育目的的内容变动大致如下。

1949 年 9 月 29 日,中国人民政治协商会议第一届全体会议选举了中央人民政府委员会,宣告了中华人民共和国的成立,并且通过了起临时宪法作用的《中国人民政治协商会议共同纲领》。《中国人民政治协商会议共同纲领》中规定了对全国教育工作有指导作用的教育宗旨:"**人民政府的文化教育工作,应以提高人民文化水平,培养国家建设人才,肃清封建的、买办的、法西斯主义的思想,发展为人民服务的思想为主要任务。**"各级各类学校以此来确定自己的培养目标。这些学校的培养目标从小学到大学依次分别是:小学的培养目标是给儿童以全面的基础教育,使他们成为新民主主义社会热爱祖国和人民的、自觉的、积极的成员;中学的培养目标是促进受教育者身心获得全面的发展,以便为升入高等学校进一步学习或参加社会主义建设工作打好基础;专科学校的培养目标是培养能掌握现代科学和技术成就,全心全意为新民主主义建设服务的专门技术人才;高等学校的培养目标是培养具有高级文化水平,掌握现代科学和技术成就,全心全意为人民服务的高级建设人才。

1957 年 2 月,毛泽东在最高国务会议上提出:"我们的教育方针,应该使受教育者在德育、智育、体育几方面都得到发展,成为有社会主义觉悟的有文化的劳动者。"[①]这一教育方针是在生产资料所有制的社会主义改造基本完成以后提出的,体现了社会主义建设的要求。

1958 年 9 月 19 日,中共中央、国务院在《关于教育工作的指示》中

---

① 中共中央文献编辑委员会. 毛泽东著作选读(下册). 北京:人民出版社,1986:780-781

肯定了 1957 年提出的教育目的，并进一步指出："党的教育工作方针，是教育为无产阶级的政治服务，教育与生产劳动相结合"，"共产主义社会的全面发展的新人，就是既有政治觉悟又有文化的、既能从事脑力劳动又能从事体力劳动的人"。

在 1978 年通过的《中华人民共和国宪法》中再一次重申了毛泽东提出的教育方针的基本思想，指出："我国的教育方针是教育必须为无产阶级政治服务，教育必须同生产劳动相结合，使受教育者在德育、智育、体育几方面都得到发展，成为有社会主义觉悟的有文化的劳动者。"这是符合马克思主义教育原理及我国的基本国情的。

1981 年，在《关于新中国成立以来党的若干历史问题的决议》中，深刻全面地反思了新中国成立以来的教育目的，并在此基础上提出了"坚持德智体全面发展、又红又专、知识分子和工人农民相结合、脑力劳动和体力劳动相结合的教育方针"。在同年 11 月召开的全国第五届人大的政府工作报告中，又进一步对教育目的做了以下表述："使受教育者在德育、智育、体育几方面都得到发展，成为有社会主义觉悟的有文化的劳动者和又红又专的人才，坚持脑力劳动和体力劳动相结合、知识分子和工人农民相结合。"

1982 年，第五次全国人民代表大会通过了修订后的《中华人民共和国宪法》，首次在法律上对教育目的作出规定。《宪法》第 46 条规定："国家培养青年、少年、儿童在品德、智力、体质等方面全面发展。"

1985 年，《中共中央关于教育体制改革的决定》提出："**教育要为国家培养成千上万的各级各类人才，这些人才都应该有理想、有道德、有文化、有纪律，热爱社会主义祖国和社会主义事业，具有为国家富强和人民富裕而艰苦奋斗的献身精神，都应该不断追求新知，具有实事求是、独立思考、勇于创造的科学精神。**"

1986 年《中华人民共和国义务教育法》提出了我国义务教育阶段的教育任务，要求"义务教育必须贯彻国家的教育方针，努力提高教育质量，使儿童、少年在品德、智力、体质等方面全面发展，为提高全民族的素质，培养有理想、有道德、有文化、有纪律的社会主义的建设人才奠定基础"。

1990 年，《中共中央关于制定国民经济和社会发展十年规划和"八五"计划的建议》对我国新时期的教育目的做了规定，随后又在 1993 年颁布的《中国教育改革和发展纲要》中加以重申，即："教育必须为社会主义现代化建设服务，必须与生产劳动相结合，培养德、智、体全面发展的建设者和接班人。"

1993 年 2 月，《中国教育改革和发展纲要》出台，在总结新中国成立四十多年以来教育改革和发展建设经验的基础上，以建设现代化的有中国特色的社会主义理论为指导，提出"教育改革和发展的根本目的是提高民族素质,多出人才,出好人才。各级各类学校要认真贯彻教育必须为社会主义现代化建设服务,必须与生产劳动相结合,培养德、智、体全面发展的建设者和接班人的方针,努力使教育质量在90年代上一个新台阶。”

1995年,八届人大三次会议通过的《中华人民共和国教育法》规定:**"培养德、智、体等方面全面发展的社会主义事业的建设者和接班人。"**

1999年6月,第三次全国教育工作会议召开,提出“素质教育就是全面贯彻党的教育方针,以培养学生的创新精神和实践能力为重点,造就有理想、有道德、有文化、有纪律的,德、智、体等方面全面发展的社会主义事业的建设者和接班人”。

2001年6月,《国务院关于基础教育改革与发展的决定》明确指出:**"要高举邓小平理论伟大旗帜,以邓小平同志'教育要面向现代化,面向世界,面向未来'和江泽民同志'三个代表'重要思想为指导,坚持教育必须为社会主义现代化建设服务、为人民服务,必须与生产劳动和社会实践相结合,培养德、智、体、美等全面发展的社会主义事业的建设者和接班人。"**

2002年,党的“十六大”报告中提出了“坚持教育为社会主义现代化建设服务,为人民服务,与生产劳动和社会实践相结合,培养德、智、体、美等全面发展的社会主义事业的建设者和接班人”的全面建设小康社会的教育方针,是指导全面建设小康社会教育工作的根本指导思想和行动纲领。这一方针体现了鲜明的时代特征,与《中华人民共和国教育法》所规定的国家教育方针在本质上是一致的。

2010年7月,国家中长期教育改革和发展规划纲要(2010—2020)提出:**全面贯彻党的教育方针,坚持以人为本、推进素质教育是教育改革发展的战略主题,是贯彻党的教育方针的时代要求,核心是解决好培养什么人、怎样培养人的重大问题,重点是面向全体学生、促进学生全面发展,着力提高学生服务国家人民的社会责任感、勇于探索的创新精神和善于解决问题的实践能力。**战略目标如下[①]。

坚持德育为先。把社会主义核心价值体系融入国民教育全过程。加强马克思主义中国化的最新成果教育,引导学生形成正确的世界观、人生观、价值观;加强理想信念教育,坚定学生对中国共产党领导、社会主义制度的信念和信心;加强民族精神和时代精神教育,增强学生爱国情感和改革创新精神;加强社会主义荣辱观教育,培养学生团结互助、诚实守信、遵纪守法、艰苦奋斗的良好品质;加强公民意识教育,树立社会主义民主法治、自由平等、公平正义理念,培养社会主义合格公民。

讨 论
实施素质教育与我国教育目的的关系是什么?

---

① 国家中长期教育改革与发展规划纲要.北京:中国法制出版社,2010:3

把德育渗透于教育教学的各个环节,贯穿于学校教育、家庭教育和社会教育的各方面。构建大中小学有效衔接的德育体系,创新德育形式,丰富德育内容,不断提高德育工作的吸引力和感染力,增强德育工作的针对性和实效性。

坚持能力为重。优化知识结构,丰富社会实践,强化能力培养。着力提高学生的学习能力、实践能力、创新能力,教育学生学会知识技能,学会动手动脑,学会生存生活,学会做事做人,促进学生主动适应社会,开创美好未来。

坚持全面发展。全面加强和改进德育、智育、体育、美育。坚持文化知识学习和思想品德修养的统一、理论学习与社会实践的统一、全面发展与个性发展的统一。加强体育,牢固树立健康第一的思想,切实保证体育课和体育锻炼时间,加强心理健康教育,促进学生身心健康、体魄强健、意志坚强;加强美育,培养学生良好的审美情趣和人文素养。重视可持续发展教育、国防教育、安全教育。促进德育、智育、体育、美育有机结合,提高学生综合素质,使学生成为德、智、体、美全面发展的社会主义建设者和接班人。

扩展阅读

全面发展要注意的问题

1. 德、智、体、美诸育之间的关系

教育目的,从内容结构上说,可以理解为进行德育、智育、体育、美育等几个方面的全面教育;如果从受教育者的素质结构来说,是指应求得德、智、体、美几个方面的素质的全面发展。教育对象素质的全面发展需要实现德、智、体、美诸育并举和相互贯通,所以正确处理诸育关系对于教育目的的实现至关重要。一是各育有相对的独立性,应当根据不同的教育内容或领域的特点实施合乎规律的教育,有重点地完成整体教育目标,同时使德、智、体、美诸育相互配合、相互促进。二是现实或真正的教育应是一体的,在实际工作中虽有所分工,但所有从事教育的人都兼有完成德、智、体、美诸育的任务,都应是德育兼智育、美育、体育的工作者,只有这样,全面发展的教育目的才可能真正实现。

2. 全面发展与因材施教的关系

这实际上是我国教育目的的全面发展和个性发展相统一的一个具体要求。全面发展的一个维度是自由发展,全面发展不仅不排斥个性发展,而且以个人合乎本性的自由发展为条件。全面发展不等于平均或平面的发展。不同个体所处环境不同,具有的自身素质和客观条件也不同,因而会形成不同的个性、兴趣和特长。

所以,必须根据每一个学生的特殊性对学生因材施教,在充分发挥每一个人的长处的同时求得他的全面发展。

3. 全面发展与职业定向的关系

在义务教育阶段,个性发展的一个重要意义就在于使有特殊个性和才干的受教育者更有可能适应未来不同社会工作的需要。在义务教育完成以后,各学段的教育则就直接具有职业定向的性质。全面发展的人终究要在一定社会中生活,要满足社会发展的需要,教育就必须为不同的社会岗位培养人才。如果不管不同教育的性质和实际,一味片面强调划一的全面发展,反而会葬送全面发展的教育目的。

(资料来源:黄济,劳凯声,檀传宝. 小学教育学[M]. 人民教育出版社,2007)

二、当前我国中小学教育阶段的培养目标

"培养德、智、体、美全面发展的社会主义事业的建设者和接班人"是我国各级各类学校都必须贯彻实施的总目的,但不同级别、不同类别的学校又有自己的具体培养目标。我国的中小学教育是基础教育,总体任务是培养学生的基本素质,为学生的做人、进一步学习以及提高我国的民族素质打好坚实的基础。它通过小学、初中、高中三个阶段完成,每个阶段的具体目标在课程计划里都做了具体的规定。

(一)小学教育阶段的培养目标

小学教育是基础教育,是各级各类教育的基础,主要在于知识传授和文化普及,是基础科学知识教育阶段,不涉及职业训练和专业教育。小学教育在整个教育体系中处于基础地位,是基础教育中学校教育的开端,也是九年义务教育的起始阶段,在实施义务教育中负有直接的重大责任。

1992 年,国家教育委员会颁布了《九年义务教育全日制小学、初级中学课程计划》,规定了以下小学教育的培养目标。

(1)初步具有爱祖国、爱人民、爱劳动、爱科学、爱社会主义的思想感情,初步养成关心他人、关心集体、认真负责、诚实、勤俭、勇敢正直、合群、活泼向上等良好品德和个性品质,养成讲文明、懂礼貌、守纪律的行为习惯,初步具有自我管理以及分辨是非的能力。

(2)具有阅读、书写、表达、计算的基本知识和基本技能,了解一些生活、自然的社会常识,初步具有基本的观察、思维、动手操作和自学的能力,养成良好的学习习惯。

(3)初步养成锻炼身体和讲究卫生的习惯,具有健康的身体,具有

较广泛的兴趣和健康的审美情趣。

（4）初步学会生活自理，会使用简单的劳动工具，养成爱劳动的习惯。

（二）初中教育阶段的培养目标

初中教育阶段是在小学教育基础上继续实施的中等普通教育。初中教育属于基础教育，也是义务教育。初中主要以传承基础知识，发展基本能力为主。由于初中结束后将要分流，因此初中阶段也相应的进行一部分职业教育，但不设专门的职业学校。初中教育在基础教育中处于承前启后的中心地位，也是义务教育的第二阶段。初中是九年义务教育中具有决定性意义的关键阶段，初中教育的质量最终决定着义务教育的质量。初中教育的培养目标如下。

（1）热爱集体，热爱家长，热爱中国共产党，热爱社会主义祖国；讲究文明，遵纪守法，了解公民的权利、义务及基本的国情、国策。

（2）具有语文、数学、外语和其他文化科学的基础知识，有阅读、表达、计算的能力和初步的实验、自学能力；努力学习，善于提出问题，有良好的学习习惯和学习方法。

（3）具有健康的体质和良好的卫生习惯，有一定的兴趣、爱好和审美能力，初步具有自制、自理能力，有积极进步的精神。

（4）具有正确的劳动态度，养成良好的劳动习惯，掌握简单的劳动技能，初步了解社会职业分工和择业知识。

（三）普通高中教育阶段的培养目标

普通高中教育属于中等普通教育，是在九年义务教育基础上进一步实施的基础教育，旨在提高国民素质。相对于职业教育和专业教育而言，普通高中主要实施普通教育，即以传递人类最普通的科学文化知识和普遍价值为己任。在我国的学龄教育阶段，普通高中教育是介于高等教育与义务教育之间的阶段。在基础教育中，普通高中教育是最高和最后的阶段。培养目标具体表述如下。

（1）初步形成正确的世界观、人生观、价值观。

（2）热爱社会主义祖国，热爱中国共产党，自觉维护国家尊严和利益，继承中华民族的优秀传统，弘扬民族精神，有为民族振兴和社会进步作贡献的强烈愿望。

（3）具有民主与法治意识，遵守国家法律和社会公德，维护社会正义，自觉行使公民的权利，履行公民的义务，对自己的行为负责，并具有强烈的社会责任感。

（4）具有终身学习的愿望和能力，掌握适应时代发展需要的基础知识和基本技能，形成收集、判断和处理信息的能力，具有基本的科学与人文素养、环境意识、创新精神与实践能力。

（5）具有强健的体魄、顽强的意志，形成积极健康的生活方式和审美情趣，初步具有独立生活的能力、职业意识、创业精神和人生规划能力。

（6）正确认识自己，尊重他人，学会交流与合作，具有团队精神，理解文化的多样性，初步具有国际视野和参与国际交往的能力。

三、我国教育目的的基本特征

思 考

我国教育目的的基本特征有哪些？

尽管我国的教育目的在不同时期表述不完全一致，但是这些不同的表述在总体上是一致和统一的。归结起来，具体表现为如下基本特征。

（一）体现了教育的社会主义性质和方向——培养"劳动者"，或培养"社会主义事业的建设者和接班人"

培养"劳动者"，或培养"社会主义事业的建设者和接班人"，明确体现了我国教育的社会主义性质和方向。我国现行教育方针提出的是培养建设者和接班人，在此，不应把"建设者"和"接班人"理解为培养两种人。社会主义事业的建设者和接班人是从不同角度对"劳动者"提出的具体要求。他们都是劳动者，是社会主义劳动者的两种职能。换句话说，就社会主义物质文明和精神文明而言，社会主义劳动者是合格的"建设者"；就社会主义建设事业而言，社会主义劳动者又应当是"接班人"。这是对社会主义劳动者的统一要求，不应把二者分割对立起来看问题，否则就会从根本上违背社会主义教育目的的基本精神。

此外，社会主义教育的理想追求是培养新型劳动者。社会主义的教育目的是培养劳动者，这里的劳动者，既包括以体力劳动为主的劳动者，也包括以脑力劳动为主的劳动者。社会主义的劳动者应当是一种脑力劳动与体力劳动相结合的新型劳动者，把劳动者仅仅理解为体力劳动者是一种片面的理解。

（二）明确了社会主义教育的质量标准——德、智、体等全面发展

马克思主义认为，全面发展是智力和体力的广泛、充分、统一、自由的发展。社会主义的教育目的是培养全面发展的新型劳动者，体现了培养规格的问题，即人才的素质结构和质量标准问题。因此，社会主义教育必须广泛地、充分地发展受教育者的智力和体力，使他们不仅具有现代科学文化知识，能够从事社会主义现代化建设，同时还要具有健康

的体魄和良好的素质。智力和体力是劳动能力的基础,是同自然交往的主要条件。现代社会中人的素质除了德、智、体之外,还包括审美素质和劳动技术素质。

（三）突出了我国教育目的的根本特点——坚持"教育为社会主义现代化建设服务,教育为人民服务"

在不同历史阶段教育目的具有不同的特点,教育目的实际上体现了对教育功能的认识。在历史上,教育目的或者侧重政治需要,或者强调经济建设。目前我们已经发现了片面强调教育单一功能的缺陷,已经认识到文化建设和人的全面发展的重要性。教育为社会主义现代化建设服务,教育为人民服务,是我们发展教育的目的。教育为现代化建设服务有两个方面的含义,一方面指教育要为经济建设服务;另一方面教育也要为文化建设服务,这是教育功能的全面体现。

教育事业要努力适应现代化建设的需要,促进生产力的发展,必须充分体现教育为人民服务的宗旨。教育为人民服务,这是我党对新时期教育的社会功能的科学概括。把教育为人民服务作为党的教育方针,贯彻了"三个代表"的重要思想,体现了"科学发展观"的基本精神,适应了新时代的要求,是对教育方针的进一步丰富和发展。世界范围内科技日新月异,知识经济正在兴起,党的十三届四中全会以来,我国经济持续发展,社会全面进步,实施科教兴国战略,要更多地依靠科技进步和劳动者素质的提高。此外,随着物质条件的明显改善,人们对精神文化的热切需求不断高涨,如何更好地满足社会日益增长的教育需求和愿望,给人民群众提供良好的教育机会,已经成为当前必须从全局上加以重视和解决的重大课题。

（四）指出了培养全面发展的人的根本途径——教育与生产劳动和社会实践相结合

教育与生产劳动和社会实践相结合作为培养全面发展的人的根本途径,是马克思主义教育理论的基本思想。我党在新民主主义革命时期就将"教育与劳动联系起来"写入苏维埃文化教育总方针,强调了教育与生产劳动相结合的重要性。新中国成立后,1958 年中共中央、国务院颁布的《关于教育工作的指示》,进一步明确指出教育要与生产劳动相结合,并使其成为社会主义教育方针的重要组成部分。长期以来,我们始终坚持这一原则,并贯彻于教育实践之中,切实地把党的教育方针落到实处,这一原则在为社会主义建设事业培养人才的过程中起到了重大作用。

社会实践是知识创新和发展的源泉,是认识和检验真理的唯一标准,也是造就高素质的劳动者和专门人才、创新人才的有效途径。因此,我们的教育一方面要与生产劳动相结合;另一方面也要与现实社会和现实生活有机结合。教育与社会实践相结合,深化和拓展了教育与生产劳动相结合的原则,体现了现代社会经济和教育发展的要求,也是落实教育方针和培养人才的有效途径和必由之路。

扩展阅读

国外教育目的概览

1.《学会生存——教育世界的今天和明天》阐述的教育目的

"在人们追求的许多目标中具有一些共同倾向,这种共同倾向指明现代世界的一些主要的目的是一致的。"

第一,走向科学的人道主义。

第二,培养创造性。解决新的复杂的问题需要新的方法,创造性是每个人不可缺少的生存要求。

第三,培养承担社会义务的态度。

第四,培养完人。要克服身心分离、理性和非理性分离的状况,使人在理智、道德、情感等方面都能得到发展。

(资料来源:联合国教科文组织国际教育发展委员会.学会生存——教育世界的今天和明天.上海师范大学外国教育研究所译.上海:上海译文出版社,1979)

2.《教育——财富蕴藏其中》阐述的教育目的

第一,学会认知(掌握认知的手段;理解知识;智力训练)。社会的发展和知识的爆炸要求人不仅要掌握知识,而且要掌握获取知识的方法,能够识别知识的价值,提高智力水平。

第二,学会做事(从资格概念到能力概念)。掌握知识不一定代表有实践能力,社会的发展则要求人既要掌握知识,也要提高做好实际事务的能力。

第三,学会共同生活(认识自己;发现他人;为实现共同目标而努力)。在社会日益多元化的时代,学会共处关系到个人的幸福、家庭和社会的稳定与发展。学会共处要求正确地认识自己,反对自我中心主义,同时要善于发现自己与他人之间的联系,与他人向着共同的目标而齐心协力。

第四,学会生存(自主性;判断力;个体责任感)。在日益多样化、复杂化的社会中,必须要有独立自主的认识和判断能力,并且要学会承担起对他人和社会的责任。

(资料来源:国际21世纪教育委员会向联合国教科文组织提交的报告:教育——财富蕴藏其中.北京:教育科学出版社,1996:76)

3.《世界全民教育宣言》阐述的教育目的

1990 年世界全民教育大会通过的《世界全民教育宣言》中提出了全民教育的目的是"满足每一个人基本学习的需要"。

基本学习需要包括基本的学习手段和基本的学习内容。这些内容和手段是人们为能生存下去、充分发展自己的能力、有尊严地生活和工作、充分参与发展、改善自己的生活质量、做出有见识的决策并能继续学习所需要的。

满足基本学习需要可以使任何社会中的任何个人有能力并有责任去尊重和依赖他们共同的、文化的、语言和精神的遗产，促进他人的教育，推动社会主义事业，保护环境，宽容与自己不同的社会、政治和宗教制度，从而确保人们所普遍接受的人道主义价值观念和人权，并为这个互相依存的世界建立国际和平与团结而努力。

（资料来源：赵中建. 教育的使命. 北京：教育科学出版社，1996：15－16）

4. 在《2000 年的美国教育战略》中，明确要求在 20 世纪结束时实现"国家六大教育目标"，彻底改变美国中小学教育模式，从根本上提高全体美国人的知识和技能水平。"国家六大教育目标"是美国总统与各州州长于 1990 年制定的，其主要内容如下：

第一，所有学龄儿童具有入学读书准备；

第二，中学生毕业率至少应提高到 90%；

第三，美国的学生在学满 4、8、12 年时，应当在相当难度的课程——英语、数学、科学、历史及地理等科目中，学习成绩优秀，考试合格；

第四，美国学生在数学与科学成就方面将是全球第一，名列前茅；

第五，每个成年人都具有文化知识和在国际经济活动中竞争的能力；

第六，每所学校成为无毒品、无暴力场所，还将成为秩序井然而又富有浓厚学习气氛的园地。

《2000 年目标：美国教育法》在《2000 年的美国教育战略》提出的"国家六大教育目标"的基础上，又增加了两个目标，即：教师教育和专业提高；家长参与。此外，1996 年克林顿提出：8 岁以上儿童必须具有读、写、算的能力；12 岁以上青少年必须学会使用互联网；18 岁以上青年必须能够接受高等教育；成年人必须坚持并能够终身学习。

（资料来源：柳海民. 现代教育原理［M］. 北京：人民教育出版社，2006：380）

专题小结

　　我国的教育目的经过多次演变,最终确立为:全面贯彻党的教育方针,坚持以人为本、推进素质教育是教育改革发展的战略主题,是贯彻党的教育方针的时代要求,核心是解决好培养什么人、怎样培养人的重大问题,重点是面向全体学生、促进学生全面发展,着力提高学生服务国家人民的社会责任感、勇于探索的创新精神和善于解决问题的实践能力。在该教育目的的基础上,确定了中小学教育阶段的培养目标。我国教育目的的基本特征是:体现了教育的社会主义性质和方向——培养"劳动者",或培养"社会主义事业的建设者和接班人";明确了社会主义教育的质量标准——德、智、体等全面发展;突出了我国教育目的的根本特点——坚持"教育为社会主义现代化建设服务,教育为人民服务";指出了培养全面发展的人的根本途径——教育与生产劳动和社会实践相结合。

思考与练习

一、填空题

1. 全部教育活动的主题和灵魂、教育的最高理想是_____。

2. 教育目的规定了教育活动所应培养的人才质量和规格,实际上就是规定了教育活动的最大方向,这体现了教育目的的_____。

3. 既是教育工作的出发点,又是教育活动的归宿的是_____。

4. 教育目的是社会需求的集中反映,它集中反映了_____。

5. "古之王者,建国君民,教学为先"体现的教育目的观是_____。

6. 教育目的一般由两部分组成:一是对教育所要培养出的人的身心素质作出规定;二是对教育所要培养出的人的_____作出规定。

7. 社会本位论的教育目的观的代表人物是_____。

8. 马克思主义认为,造就全面发展的人的根本途径是_____。

9. 当代我国教育的主导思想是_____。

10. 培养劳动者是_____。

二、简答题

1. 简述我国当前教育目的的基本精神。

2. 为什么素质教育必须培养具有创新精神和能力的新一代

人才？

三、论述题

结合当前教育改革实际和我国教育目的的规定，试述全面发展与培养学生独立个性的关系，并根据你的认识，谈谈对培养学生独立个性的看法。

第二章

教育制度

教育制度既是反映各国政治制度、经济制度发展需求的晴雨表，又是反映受教育者不同年龄阶段身心发展特征的温度计。如果从教育作为活动的视角来讲，教育制度是国家对教育活动进行宏观调控的机制。国家通过制定教育目的、教育方针和教育政策来规定教育发展的方向，同时通过建立有组织的教育和教学机构体系来确定实施教育活动的场所。教育制度规定着教育活动实施的场所的性质和任务，这些场所包括各级各类教育和教学机构。对于学校教育而言，还规定着各级各类学校的入学条件、修业年限、学校教育的分段及其相互的关系等。本章阐述教育制度的概念、基本特点以及制约教育制度的基本因素，介绍学校教育制度即学制的概念、基本类型和现代学制的改革，以及我国学校的教育制度，帮助大家掌握有关教育制度的基本概念以及教育制度的发展过程。

 学完本章，你将能够：

（1）掌握教育制度、学制、单轨制、双轨制、分支制、义务教育、终身教育等基本概念；

（2）了解教育制度的基本内容和制约教育制度建立的基本因素；

（3）重点掌握学校教育制度的主要类型及其形成与发展变革的过程；

（4）重点掌握我国当代学制几次改革的主要内容；

（5）了解我国教育制度的构成与发展变化的过程；

（6）掌握我国义务教育的特点。

第一节
教育制度的概念

一、教育制度的概念

（一）教育制度

　　教育制度是一个国家或地区的各级各类教育机构、组织体系及其管理规则①。它包括相互联系的两个方面：一是各级各类教育机构与组织体系；二是教育机构与组织体系赖以存在和运行的一套规则②。

　　对教育制度概念的理解有很多种，具有代表性的主要有以下三种。第一，按照《中国大百科全书·教育》卷的解释，教育制度有两种意思：一是指"根据国家的性质制定的教育目的、方针和设施的总称"；二是指"各种教育机构的系统"③。第二，顾明远主编的《教育大辞典》的解释是："一个国家各种教育机构的体系，包括学校制度（学制）和管理学校的教育行政机构体系④。"第三，《中国大百科全书·社会学》卷对教育制度的解释是："一个社会赖以传授知识和文化遗产以及影响个体社会活动和智力增长的正式机构或组织的总格局⑤。"

　　这些解释都认为教育制度是指"一个国家各种教育机构的体系"。《教育大辞典》只是看到了制度的机构层面，而忽视了制度的规则层面，将本来属于教育制度的问题，比如义务教育制度、考试制度、教育人事制度等排除在教育制度之外，显然把教育制度的含义窄化了。而《中国大百科全书·教育》卷对教育制度的第一种解释，将教育制度解释为教育目的、方针和设施，又泛化了教育制度的概念。因此把教育制度的概念定义为"教育制度是一个国家或地区各种教育机构、组织体系及其管

---

① 柳海民．现代教育原理［M］．北京：人民教育出版社，2006：382
② 成有信．教育学原理［M］．广州：广东高等教育出版社，1999：125
③ 中国大百科全书·教育［M］．北京：中国大百科全书出版社，1985：187
④ 顾明远．教育大辞典（第一卷）［M］．上海：上海教育出版社，1990：68
⑤ 中国大百科全书·社会［M］．北京：中国大百科全书出版社，1991：119

理规则的有机整合"会更加全面。

（二）教育体制

制度和体制是紧密联系的两个概念。制度是大家共同遵守的办事规程或行动准则,具有稳定、普遍的权威性。体制是有关制度主体如政治组织、社会团体以及个人行为规范的总和。体制是制度具体的外在表现形式和实施方式。

教育体制是"教育行政管理体制"的简称。教育体制是教育机构与教育规范的结合体与统一体。教育机构指的是各级各类施教机构（学校）和教育行政管理机构（教育部、教育厅等）。教育规范包括:各级各类教育行政管理机构的设置、相互关系以及教育管理机构与学校之间的关系;对各级各类行政机构的职责和权力的规定;教育行政机构和学校的活动准则;教育决策、教育行政、教育督导、教育评估的制度等。

二、教育制度的内容

教育制度发展到现代社会,已经形成了比较完善的教育制度系统。它的主要内容包括学校教育制度、教育管理制度、学校内部管理制度、教育财政制度和其他相关制度。

（一）学校教育制度

学校教育制度,简称学制,它是指一个国家各级各类学校的系统,它规定各级各类学校的性质、任务、入学条件、修业年限以及它们之间的衔接和关系,它反映的是各级各类学校教育内部的结构及其相互关系[1]。（注:本节简单介绍,下一节有详细内容）

（二）教育管理制度

教育管理制度的基本内容是指平衡中央政府、地方政府和学校之间的职责、权力和利益关系[2]。由于各国在政治、经济、社会和文化传统上存在很大的差异,每个国家都形成了具有本国特色的教育宏观管理制度。目前世界各国的教育管理制度基本可以分为三种类型:中央集权型、地方分权型、中央集权与地方分权相结合型。侧重中央集权的国家有法国、泰国、韩国等;侧重地方分权的国家有美国、加拿大等;实行中央集权与地方分权相结合的国家有日本、英国等。

1. 中央集权制

中央集权制是指中央政府直接领导和管理教育事业的制度,地方

---

① 王道俊,王汉澜. 教育学[M]. 北京:人民教育出版社,2006:130
② 唐斌. 教育学教程[M]. 苏州:苏州大学出版社,2007:172

办学的一切举措都必须依据中央所制定的法律、政策和规章施行。在这种模式下,地方政府和学校在教育管理方面受到很多限制,中央政府处于绝对领导地位,学校和地方政府与中央是依附关系。法国是中央集权制的代表国家,该国中央政府设教育部,全国分为 27 个学区,大学区总长是大学区的首长,并且直接由总统任命,代表中央教育部部长行使权力,管理本学区内各级各类教育;在大学区下按省份设初等学区,省一级教育行政首长是大学区的督学,代表大学区总长行使职权。在中央、学区和省级三层管理体制中,中央是核心,而学区和省级教育管理机关只是协助中央管理和处理具体事务。这种教育管理制度的优势在于:有利于教育的目的、方针和政策得到统一,使国家的整体利益得到实现;有利于国家对教育进行宏观的把握和规划;有利于消除教育机会不均等现象,保持各地区教育的平衡发展。其弊端在于:一是地方政府和教育机关缺乏办学和管理的自主权,从而限制了办学的积极性,并且容易产生依赖心理;二是不能根据当地经济社会发展的需要作出相应调整;三是各种机构臃肿,管理成本很高,并且中间环节过多,降低了行政效率。

2. 地方分权制

地方分权制是指地方政府或教育行政机关在其管辖区拥有独立的处事的权力,拥有制定当地教育发展规划、分配教育资源、制定地方教育法规等权力,而中央政府不得加以干涉。这种模式以美国为代表。在美国,政府在很长的历史时期内没有设立中央教育部。直到 1979 年 10 月,美国才设立联邦教育部,各州教育行政当局分别为州教育委员会、州教育厅厅长和教育厅;州教育委员会是制定政策的行政机关;教育厅厅长是执行委员会制定的政策的首席长官,并监督指导教育厅;教育厅是办事机构。各州在州以下的地区教育行政单位设置上不统一,但一般设有基层学区与中间学区两种。基层学区属于最基层的教育行政单位,中间学区介于州和基层学区之间,不直接管理学校。联邦教育部没有实权,其职能主要是促进全国教育的机会平等,分配教育经费以促进全国教育的进步,提供咨询和信息。美国的教育权力重心也不在州,而在学区,由学区负责人制定教育规划,编制教育预算,开征教育税,管理教职人员,维修和管理校舍,购置教材、教具,等等。正因为如此,美国 50 个州的教育系统很少雷同,大部分具有自己的特点。这种管理制度的长处在于:有利于调动地方政府办学的积极性;教育能够为当地经济社会发展服务,有利于调动社会、集体、个人的办学积极性和创造性;同时,还有利于建立相对灵活的学校办学机制,形成特色学校。但也存在不少弊端:一是国家难以从整体上把握,国家重点需要的建设人才难以得到保障;二是削弱了国家在宏观上对教育的协调、控制、评价、督导等;三是缺乏统一的教育目标和标准,难以保证教育质量,扩大教育机会的不均等现象。

3. 中央与地方合作制

中央与地方合作制是指中央和地方的教育行政机构分工合作管理教育的制度,各自行使不同的职责,其中,中央政府发挥宏观协调的职能,地方政府和学校行使决策权力。这种合作制介于中央集权制与地方分权制之间。英国是这种教育体制的典型,该国教育事务由中央的教育和科学部门与地方的教育行政当局共同管理。地方教育设有教育行政机构,有议会、教育委员、教育局等。议会是管理地方教育的最高权力机关,也是地方教育行政当局,行使本区初等、中等和继续教育以及其他教育行政的权力。教育委员会是由议会议员和有经验的熟悉当地教育情况的人士组成,行使议会的职能。教育委员会设教育局局长和办事机构教育局,教育局局长由议会任命,具体负责教育行政事务。中央的教育和科学部不直接管理学校,而是通过给地方拨发教育经费和向国会提出教育法案、发布命令等手段对地方当局和私立学校实施指导。地方当局有权制定教育政策,学校也可自由决定课程。实行中央与地方合作制有利于调动中央和地方两个方面的积极性,其前提是中央与地方的管理权力配合恰当,职责明确,协调一致。

扩展阅读

我国教育管理模式的变革过程

我国在新中国成立后期很长的一段时间内,主要实行教育管理的中央集权制模式。新中国成立伊始,我们面临着社会主义教育管理体制的全新任务。根据当时的政治经济体制,在总结历史传统和老解放区的经验、参照20世纪50年代苏联教育行政体制的基础上,我国的教育管理体制建立起来。这种集中统一、以条为主的权力结构模式基本上适应了当时生产关系变革和社会发展的需要,但这种权力结构从一开始建立就面临着如何处理中央与地方、政府与学校的关系问题。

1958年中央根据当时经济、政治发展情况,以及教育行政体制中存在的问题,发布了《关于教育事业管理权下放问题的规定》,提出了分散管理,增加地方党委、政府管理教育的权限。这是我国教育行政权力下放的第一次尝试,对于调动地方办学的积极性,适应社会及当地经济发展需要起到了积极的作用。但由于权力下放过猛,又缺乏必要的法律、法规和行政规章制度的约束、规范,中央的宏观调控没有落到实处,结果出现了乱定指标、乱下命令、滥用权力的局面,致使教育质量普遍下降。

1963年,中央根据教育管理权限下放后出现的问题,发布了

《关于加强高等学校统一领导,分级管理的规定》以及《全日制中学暂行工作条例》等文件,实行教育事业集中统一领导和规范化的管理。这次对权力分配进行了调整,使教育事业得到稳步发展,教育质量不断提高。但这种权力分配形式并未取得实质性进展,基本上又回到了1958年以前的模式,且在某些方面有更加集中统一的趋势。"文革"结束后,中央又重申了"统一领导,分级管理"的方针。

随着经济体制、政治体制的改革,教育管理体制中的集权与分权问题重新被提出,基本的趋势是简政放权,发挥地方办教育的积极性。1985年公布的《中共中央关于教育体制改革的决定》明确指出:在加强中央宏观调控的同时,要"把发展基础教育的责任交给地方",要"扩大高等学校的办学自主权"。1993年,中共中央、国务院发布的《中国教育改革和发展纲要》再一次重申了在教育领域逐步推行简政放权的基本方针。1995年3月颁布的《中华人民共和国教育法》,以法律的形式进一步强调:"国务院和地方各级政府依据分级管理、分工负责的原则,领导和管理教育工作","中等及以下教育在国务院领导下,由地方人民政府管理","高等教育由国务院和省、自治区、直辖市人民政府管理"。可见,集权与分权问题是我国教育体制改革中最为引人注目的问题。

(资料来源:唐斌.教育学教程[M].苏州:苏州大学出版社,2007:175 - 176)

(三) 学校内部管理制度

学校管理是随着近代学校的产生与发展而日益形成的相对独立的职能。学校管理的目的是要最大限度地发挥学校的人力、财力、物力的作用,利用学校的有限资源,领导学校的全体师生,有效地实现学校教学目标。学校内部管理制度包括专职的管理人员、专门的管理机构以及相应的管理制度。纵观世界各国,学校内部管理制度一般包括普通中小学的管理制度和高等学校的管理制度。

1. 普通中小学的管理制度

普通中小学的管理制度大体相似,一般都是实行学校校长负责制,并建立各种管理机构,如校务委员会、管理委员会等进行管理。美国、英国、法国等实行校长个人负责制,校长是管理学校的核心人物,对内负责主持全校工作,对外代表学校。英国中小学的校长权限较大,除了主持学校教育教学的全部工作外,还有权决定学校的课程、教学大纲和教科书。校长的任命程序也不相同,例如,法国由大学区总长任命;英国由地方教育当局任命;中国由上级行政部门委派;美国由学校委员会选聘;德国由教师代表会议选举,等等。

各国中小学一般都设立各种管理机构。英国在小学设立管理委员会,在中学设立董事会。管理委员会或董事会由家长委员会、教师委员会和其他地方教育当局的代表、地方社团的代表组成。管理委员会和董事会都是中小学的管理机构,他们有权任命教师,但无权解聘教师,解聘权在地方教育当局。美国中小学管理机构是学校委员会,而德国中小学管理机构是教师代表会议。

各国中小学也都设立审议咨询机构。如法国设有教师委员会、教学委员会、班级委员会等,而日本则建立教员委员会议,对学校工作进行审议和咨询。此外,很多国家都建有校外督学制,对学校的教育教学等各方面工作进行监督。

扩展阅读

我国中小学管理制度

目前,我国中小学管理制度正在改革中,各校的具体情况也不尽相同。中小学校长按规定是学校行政的主要负责人,执行国家规定的教育方针政策和教育计划,负责组织和领导全体教职员工努力完成教学任务。从学校行政职责和主要活动的角度,可以把学校管理活动自上而下划分为以下三个层级。

第一层级的管理活动是由学校校长负责的对学校工作全局性的管理,主要任务有:制订学校在一段时间内的发展规划和近期学校诸方面的具体计划,制订学校主要的规章制度,主持日常校部行政工作,沟通与协调各部门之间的工作,检查工作计划的贯彻情况,检查与分析教学与学校其他实践活动的质量,处理校内重大突发事件以及与上级领导、其他相关的学校、社会团体乃至学生家长进行联系与沟通。这些任务关系到整个学校发展方向的总体面貌,也与学校教师、职工的工作直接相关。为了保证校长重大决策的科学性和民主性,防止个人独断专行,有些学校采取了聘请校长顾问或制定校务委员会和职工代表大会等参与决策的制度。

第二层级的管理活动是由学校教导处(教务处)和总务处的管理人员承担。教导处主要管理学校实践活动,一般分为两大方面:一是以管理教学工作为主,包括实验室、图书馆等教学设施的建设与管理;二是管理班主任和学生的政治思想教育等方面的工作,改善学生在校的生活条件以及满足教育实践活动开展所必需的物质方面的条件。这一层级是决定学校管理活动的实际质量高低的关键层级。

第三层级的管理活动是在学校教职工基层行政组织中开展的。对教师来说,就是教研组和年级的活动,每个教师分别以两种身份隶属于不同的组织:以学科教师的身份隶属于教研组;以某一年级任课教师的身份隶属于年级组。它们所进行的管理活动主要是:提高学校活动质量,开展教学、教育研究,协调学科教学间、班级与班级间各项工作,帮助青年教师成长和教师间的相互学习,加强教师集体对学生的影响力,等等。由此可见,一个在学校教学中不担任任何行政职务的教师,他所从事的活动既是独立的,又是与学校所有的管理活动在不同层级上发生联系的。教师从这些管理系统中获得各种指导、帮助与支持,同时,他自己的工作又必须考虑到学校整体的要求,应把自己的工作纳入学校整体系统中去,并善于运用学校系统中一切有利于自己工作和学生成长的因素。另外,积极参与并对学校的管理工作和制度提出意见和建议,是教师的权利和义务。

（资料来源:唐斌. 教育学教程[M]. 苏州:苏州大学出版社,2007:177 - 179)

2. 高等学校的管理制度

各国高等学校一般实行**校长个人负责和集体管理相结合**的管理制度。美国、德国、日本、英国等国的高等学校实行校长个人负责和学校管理机构相结合的管理制度,即以校长为中心的"共同体"制度。

扩展阅读

美国的教育行政制度

美国实行教育事业管理责任制度,以州为主体,其负有主要责任,地方承担具体责任,而联邦具有广泛影响作用。

（一）联邦教育行政

美国联邦教育行政管理机构是内阁级的联邦教育部,由原教育总署升格而成。联邦教育部下设 14 个职能机构。教育部还设有若干顾问委员会,各顾问委员会的主要职责是向教育部提供制定、实施、检评、修改有关教育计划决策的建议,并且每年要向部长和国会提交年度报告、总结和建议汇编。

（二）州教育行政

州政府的教育责权来自于州宪法,也是来自于州立法机关和法院。州政府与联邦教育部没有直接的隶属关系。州教育委员会是州教育决策机关,它的职责是:对全州公立学校系统进行监督;依据有关法令确定州教育政策;在某些州还指派州教育专员,根据专员的推荐确定人员任免;批准由专员制定的预算;提供教育咨询服务和教育资料;就本州的教育问题向州长和立法机关提出建议等。州教育厅是州教育委员会的执行机构,设厅长一人,副厅长若干人。

（三）地方教育行政

学区是美国管理学校的最基本的教育行政单位,包括基层学区和中间学区两种。

（四）高等教育行政

原则上各州拥有领导和管理高等教育的职权,但由于各州高等学校的类型、性质和传统不同,决定了各州高等教育立法和州介入高等教育的程度也不同。首先,高等学校的多样化决定了管理体制的多样化。从本州高校的实际出发,确立本州高校管理体制,不拘泥于某一种模式。其次,从州立大学系统到各个私立大学都实行董事会领导下的校长负责制。最后,董事会的成员大部分是教育界以外的各界人士,如企业家、律师、医生、家庭妇女、退休人员、州政府官员和学生代表等,从而使教育更好地适应社会各方面的需要。这些是美国高等教育的共同特点。至于联邦政府,虽然不负有领导全国高等教育事业的责任,但它通过多种途径,对高等教育的发展施加重大影响。

（资料来源:百度文库《美国现行的教育制度》[EB]. http://wenku. baidu. com/view/499c26c30c22590102029d98. html,2010-11-16）

三、制约教育制度建立的基本因素

任何国家教育制度的建立都要受到客观因素和主观因素的制约,但基本上都从本国的实际出发,为本国服务。由于各国的现实情况不尽相同,所以各国的教育制度存在不少差异,但大体来讲,基本有以下四个制约因素。

（一）社会生产力和科技发展水平

纵观世界各国学制的发展,都与社会生产力和科技的发展状况密切相关,学校教育制度的建立必须符合社会生产和科技的发展需求。古代教育的现象如学校范围狭小、学校类型单一、教育结构不完备等,是因为当时生产力水平低下,生产劳动过程很简单,而且以体力劳动为主,在一定程度上限制了教育的发展。随着生产力和科技的发展,社会对劳动者提出了更高的要求,要求劳动者接受更好的教育,掌握熟练的技术。例如,在18世纪70年代以后,出现机器大生产,传统的手工业被机器生产所代替,资产阶级为了适应工业革命的要求,培养大量熟练的技术工人,开始实行义务教育,增设各种职业学校。工业革命所带来的经济繁荣,使政府有可能把发展教育的设想变成现实,所以,西方发达资本主义国家的现代教育制度几乎都是在 19 世纪末资本主义兴盛时期发展起来的。进入 20 世纪以后,尤其是最近几十年,一些资本主义国家不断地进行教育改革,调整学校教育制度,提倡教育机会均等,延长义务教育年限,加强职业技术教育,提倡终身教育等,这一切都是为了适应社会经济发展和科学技术发展的要求。由此可见,教育与社会经济和科技的发展相适应,成为各国现代教育制度产生和发展的最根本原因。

(二)社会政治、经济制度

现代学校教育与社会政治和经济制度有着紧密的联系。社会政治、经济制度对教育制度的制约是通过国家政权来实现的。教育结构的确立与调整,教育制度的颁布与实施都是国家政权机关的职能,而各国的各项决策是以适应本国政治、经济制度为根本准则的。在 18 世纪法国大革命前,欧洲大陆君主专制国家是由地主、贵族、僧侣统治的,他们按照等级设置学校,不同等级的人只能按照其社会地位进入不同的等级学校,这种等级森严的学校教育制度是为了维护封建地主阶级统治而建立的。资产阶级在取得统治地位以后把等级学校变成了阶级学校。这是一个历史的进步,有了一些教育平等的味道,即不论出身贵贱,只要交纳学费就可以入学,并可以通过互相衔接的学校系统进入上层社会。但是新学制的学习年限长,而且要交纳昂贵的学费,贫困的劳动人民子弟还是只能望而却步。19 世纪 70 年代以后,欧美工业生产发展很快,各国之间展开了激烈的市场竞争,各国都把教育作为经济上竞争、军事上对抗的重要手段,于是提出了普及义务教育的口号,这在客观上为劳动人民子弟接受教育提供了机会。可见,古代学制结构单一是由其中心任务——培养统治阶级继承人所决定的,而现代趋于完备的教育制度也是与现代社会的政治、经济制度相适应的产物。

(三)各国历史条件和文化传统

任何一个国家教育制度的建立与发展都不能忽视对外国教育制度有益经验的借鉴,而各国的教育制度又总是根植于本国的历史文化土壤之中,即使从外国引进,也会多多少少地根据本国国情加以改造。由于各国的历史条件、文化传统、教育传统的不同,教育制度各具特色。例如,我国教育史上第一个完整的学制——壬寅学制,虽然是基本照抄日本的学制,但还是加入了一点"中国特色":一是该学制没有规定女子受教育的地位;二是将各界学堂卒业者分别授予附生、贡生、举人、进士等出身,使之带上了科举制的烙印。日本在 19 世纪 70 年代颁布的第一个学制,仿效的则是实行中央集权制的法国的学校系统,由于这种做法不符合日本的文化传统,因而引起了国民的不满,到处发生捣毁学校事件,使学制改革计划无法实施,推行几年后不得不废除。

(四)学生的身心发展规律

学生是学校教育的对象,所以学校教育制度的制定必须考虑学生身心发展规律,这是教育制度确立的一个重要依据。制定教育制度,确定儿童的入学年龄和修业年限,确定各级各类学校的分段和衔接,规定升级升学制度中的某些弹性限度等,都要考虑到学生身心发展的要求。

 专题小结

教育制度是一个国家各种教育机构及其教育规范体系的有机结合,是一种教育组织体系与教育保障体系有机结合的制度系统。教育体制是教育行政管理体制的简称。教育制度包括学校教育制度、教育管理制度和学校内部管理制度等。教育管理制度目的在于平衡中央政府、地方政府和学校之间的职责、权力和利益关系。目前世界各国主要存在三种教育管理制度:中央集权制、地方分权制和中央与地方合作制。普通中小学的管理制度一般都是实行校长负责制,高等学校的管理制度则实行校长个人负责和集体管理相结合的管理体制。教育制度的建立主要受社会生产力和科技发展水平,社会政治、经济制度,学生身心发展的规律及各国历史条件、文化传统的制约。

第二节
学校教育制度

一、学校教育制度的概念

学校教育制度简称学制,是指一个国家各级各类学校的系统,它规定了各级各类学校的性质、任务、入学条件、修业年限以及彼此之间的关系。[①]学制是整个教育制度的核心组成部分,是教育制度的主体。从一定意义上讲,学制的完善程度代表着一个国家整个教育事业的发展

① 王道俊,王汉澜. 教育学[M]. 北京:人民教育出版社,2006:130

导 读

学校是教育制度实现其机能的专门机构,学校的出现是人类社会教育制度上的一个转折点。在学校出现以前,社会只有"非定型的教育"。那么,什么是学校教育制度?学校教育制度分哪几种类型?学校教育制度是否在形成后就不会有所改变呢?学习本节后,大家会对这几个问题有一个清晰的认识。

水平,因此,当今世界各国总是将学制的改革与完善当做整个教育事业的核心。

二、学制的基本类型

学校制度和学制的关系是什么？

学校产生以后,人们为建立起一个较为完备的学校教育制度而不断进行尝试。中国古代和古希腊的学者以及近代捷克教育家夸美纽斯在设计学制时,都是按照人的身心发展水平,把学校划分成不同的层次,建立一个由小学到大学的、由低到高的纵向学制体系。工业革命以来,社会分工日益复杂,单一的纵向学制模式已经不能适应现代社会多样化的要求,人们开始培养不同规格的人才,在同一层次的教育中设置不同类型的学校。这样,在世界范围内便出现了"双轨制"、"单轨制"和"分支制"等学制形态。

（一）双轨制

思 考

双轨制形成的背景是什么？

"双轨制"是指为统治阶级子弟开设的学校和为劳动人民子弟开设的学校系统分开,互不沟通,同时并存的学制形态。在这种形态下,儿童所入学校系统是由其所处的阶级地位决定的。入学后,由于不同系统的学校之间学费相差悬殊,开设的课程和学习的内容不同以及阶级歧视等原因,这两类学校的学生不能互相转学。儿童进入不同的学校系统就决定了其毕业以后不同的就业方向、政治地位和经济待遇。这种学制产生于18世纪后半期封建贵族势力比较强大的西欧各国,于19世纪后半期正式成型。18世纪后半期正值殖民封建主义社会向资本主义社会过渡时期,新兴资产阶级由于向封建势力妥协,取得学校教育特权后,继续维护封建贵族享受教育的特权,中高等教育仍是封建贵族的势力范围,劳动人民被排除在外。但是,由于产业革命对劳动者提出接受一定教育的客观要求,资产阶级为了获得更大的物质利益,西欧各国开始向劳动人民普及初等义务教育。广大的劳动人民首次被赋予接受初等学校教育的机会,这在当时不能不说是一个进步。劳动者子弟在小学接受初步的读、写、算和宗教教育,之后部分学生可以进入高等小学进一步学习,为资产阶级培养具有初步文化知识的体力劳动者。高小毕业以后极少数学生可望进入师范学校或各类职业学校,为小学培养师资或为工厂培养初级技术人员。统治阶级子弟在家庭或预备学校接受初等教育后进入偏重治人之术的中学或大学,为资产阶级培养企业管理人才和政治统治人才。

"双轨制"从其产生的历史背景来看是学制的阶级属性的具体体现,具有稳定和再生产社会阶级的职能,能有效地维护当时统治阶级的利益。20世纪以来,特别是"二战"以来,生产和科技的发展对劳动者的素质提出了更高的要求。随着教育民主化运动的兴起、义务教育年限的延长、教育普及程度和大学开放程度的提高,"双轨制"已逐渐向"单轨制"、"分支制"转化。

(二) 单轨制

单轨制是一个自下而上的体制,即小学、中学,而后可以升入大学,其特点是一个系列,多种分段。单轨制最早出现于美国,后来被世界上许多国家所接纳。该学制最初建立的时候就注意各级各类教育在结构上相互衔接、上下沟通,以保证各阶级的子女都可以进入同样的学校,接受相同的教育。单轨制有利于教育逐级普及,对现代生产和现代科技的发展影响深刻。

"单轨制"发展到今天,似乎已经无法有效地培养多规格的人才来适应经济的要求。在改革的探索过程中,"单轨制"有逐渐向"分支制"转化的趋势,以此来增加这种学制的灵活性和多样性。

扩展阅读

美国单轨制的起源与发展

美国最初采用的是英国式的双轨制。19世纪20、30年代,美国开始了由殖民地经济向独立自主经济转化的产业革命。随着工商业资产阶级实力逐渐雄厚,他们积极开展资产阶级民主运动,加上不断壮大的工人阶级为自己争取各方面利益的积极斗争,美国这个很少有特权统治的国家,开始逐步舍弃政治、经济、文化教育中的特权成分,在教育上曾经提出过这样的口号:"受教育应该是每个公民的权利。"为了保障这个权利,就需要建立一种由税收来维持,由政府主管的公立学校,使人人在公立学校就读。于是,这一时期美国开展了轰轰烈烈的"公立学校运动"。迅速发展起来的群众性小学和中学这一轨淹没了体现统治阶级特权的另一轨,形成了美国资本主义学校教育制度的雏形。1852—1919年,美国各州相继颁布义务教育法,迅速普及了初等义务教育。南北战争以后,由于工农业实现机械化和电气化,对劳动者的教育程度提出了进一步的要求,各州普遍重视开设公立中学,中学教育开始被确认为初等学校教育的延续。

公立中学的主要职能被认为是为学生做职业准备,这与欧洲中等学校以向高校输送新生为主要职能,并存在着鄙视职业教育的保守传统迥然不同。但随着工商业越来越大的发展,只有普通中学已经不能满足社会需求。19世纪70年代起,美国相继设立了工业、农业、商业等中等专业技术学校。进入20世纪后,美国各州基本上完成了初中阶段的义务教育，"二战"后延长至高中，1976 年高中入学率达到 96.5%。美国高等教育在南北战争后讲求实用的原则，努力切合工商业发展的需要，广泛兴办工、农学院，培养发展工农业所需之专业人才。同时，高等学校与中学衔接，向全体公民开放，1979 年全美高校（包括社区学院）学生占适龄青年总数的 50%。美国各州教育自治，各层次教育年限各州并不统一，但其主体学制是"六三三四"制。

美国教育历来宣扬民主和机会均等，但实际上仍具有严重的阶级差别和民族歧视，美国黑人和土著居民与白人的教育权利存在明显的不平等。美国中等学校的每个年级都要分为学术、普通和职业三组。进入职业组的学生大多是劳动群众的子女，毕业后主要当工人和雇员。一些水平高、设备好的重点中学和大学学费高昂，一般劳动群众子女不易进入。但是，美国的"单轨制"比英国教育史上出现的"双轨制"有进步之处，颇为西方国家称道，"二战"后日本也引入了美国的学制。

（资料来源：石欧. 教育学教程. 长沙：湖南教育出版社，2002：123）

（三）分支制

"分支制"是"双轨制"和"单轨制"之间的一种学制。这种学制类型在基础教育阶段是共同的，儿童在接受了共同的基础教育后再分流，一部分人继续接受普通教育，另一部分人接受职业教育后就业，也就是说在基础教育阶段实行单轨，而在基础教育之后的各阶段实行双轨。分支制是在 20 世纪 20 年代后开始出现的，最早出现在苏联。沙皇俄国采用的是欧洲的双轨制，十月革命以后，建立了单轨的社会主义统一劳动学校系统。后来在其发展过程中，又恢复了沙俄时代文科中学的某些传统和职业学校单设的做法，于是就形成了这种兼有单轨制和双轨制特点的分支制。分支制不同于双轨制，因为它一开始并不分轨，而且职业学校的毕业生也有权利进入对口的高等学校学习。毕业后，少数优秀生可直接升入对口的高等学校学习，其余的工作三年后也可以升学。同时，分支制又有别于单轨制，因为它进入中学阶段又形成分叉。这种学制的中学，上通高等学校，下达初等学校，左至中等专业学校，右达中等职业技术学校。

"分支制"既有美国单轨制的群众性和普及性，又有西欧双轨制的学术性，同时也能较好地解决中等教育面临的升学和就业矛盾，比单轨制更具灵活性和多样性。许多经济发达国家在高中阶段分流，有些国家在初中阶段分流，个别发展中国家还在高等小学阶段分流。

思　考

我国现在采取什么学制？

特别提示

由于分支制有效地避免了双轨制和单轨制的缺点，因而成为现在世界上许多国家采纳的学制。

三、现代学制的改革

现代学制在形成后的近几百年里,不论从纵向学校阶段还是从横向学校阶段来分析,都发生了重大变化。

（一）纵向方面,双轨制在向分支制和单轨制方向发展

直到 20 世纪初,西欧仍沿用双轨制,一轨只有小学,一轨则只有中学和大学,后来随着义务教育的上延、教育机会均等原则的实施,双轨制开始从小学与中等教育衔接。直到 20 世纪初,初等教育还是专门为劳动人民子女而设立,而资产阶级和社会中上层人士的子女是在家庭中或是在中学预备班里接受义务教育的。第一次世界大战以后,欧洲劳动人民和进步人士提出废除等级性的双轨制,倡导教育民主化运动。德国首先实行了统一的小学,英国在 1944 年以后,也实行了单一的小学教育。经过半个世纪的努力,小学教育的完全普及和教育水平的提高,使得初等教育的两轨终于合并。第二次世界大战以后,西欧各国的普及教育逐步延长到 10 年左右,已到了中学的第一阶段。欧洲的中学在过去本来是不分段的,现在则是分段的。同是接受义务教育,有的在高学术水平的完全中学的第一阶段中进行,有的则在新发展起来的低学术水平的初级中学里进行,机会很不均等。于是,英、法、德等国采用了综合中学的形式,把初中的两轨并在一起。其中,英国发展最快,20 世纪80 年代初其综合中学的学生数已经超过学生总数的 90%。这样,西欧双轨制事实上已变成分支制了,即小学单轨、其后多轨。

（二）横向方面,现代学制在每个教育阶段都发生了变化

1. 幼儿教育阶段

在当代,很多国家已经把幼儿教育列入学制系统,这是现代学制在当前的一个重要发展,也是现代学制向终身教育制度方向发展的重要标志之一。近年来,发达国家幼儿教育有了迅速的发展,有的国家（如法国）已达到普及的水平,4～5 岁儿童的入园率已达到 100%。与此相关,幼儿教育机构也发生了一系列的重要变化:一是幼儿教育的结束期有提前的趋势,提前到 6 岁或者 5 岁;二是加强小学和幼儿教育的联系,有的国家则把幼儿教育的高班和小学教育的低年级相结合。

2. 小学教育阶段

近数十年来,发达国家的教育已普及到了初中、高中,小学已经成了普通文化基础教育的初级阶段。同时,青少年青春期的提前,对儿童和少年智力潜力的新认识,教学科学水平的提高和小学教师水平的提高,促使发达国家小学教育的结构有了一系列的变化:第一,有的国家

过去有高小、初小之分，现在则形成了统一的小学教育阶段；第二，小学入学年龄有提前的趋势，有的国家把小学入学年龄提前到 6 岁甚至更小；第三，小学年限的缩短，小学年限缩短到 5 年(法国)、4 年(德国)，甚至 3 年(20 世纪 70、80 年代前的苏联)；第四，小学和初中直接衔接，取消升初中的入学考试，如英国取消"11 岁考试"，法国取消"六年级入学考试"等。

3. 初中教育阶段

初中教育阶段在很多国家是逐渐延长的。当代初中阶段已经成了科学基础教育的阶段，对今后职业教育和进一步的科学教育有重要的作用，因而导致了初中阶段教育结构的下列变化：一是初中年限的延长；二是把初中阶段看做普通教育的中间阶段；三是取消了小学与中学阶段的考试，加强初中结束的结业考试。初中教育阶段已被看做基础教育阶段，而后再进行分流，并进行进一步的科学文化知识教育和职业教育。

4. 高中教育阶段

高中教育阶段是群众性学校发展到一定阶段的产物。西欧双轨制的中学过去没有严格的初中、高中之分；美国的"六三三"单轨制把中学分为两个阶段才有了高中；十月革命以后，苏联的学制中有了高中；最后是欧洲双轨制的中学在变革中也分为两段，随之才有了高中。第二次世界大战以后，欧洲的普及教育已经到了初中阶段，前段和群众性的初中合并，共同完成普及义务教育的任务，后段即变成了高中。从此，三种类型的学制尽管学习年限有差别，但是基本任务却是完全一样的，因而基本上形成了一种类型。高中教育阶段学制的多类型，即高中教育阶段结构的多样化，是现代学制在当代发展中的一个重要特点。

5. 职业技术教育结构的变化

由于大生产对工人提出了进行职业技术训练的要求，普通学校就分化出职业学校。职业学校的出现标志着古代学徒制向现代教育的转变。现代职业教育最初是在小学进行的，随着大生产和科学技术的发展，依次出现在初中、高中和初级学院阶段进行的职业教育中。近年来，职业技术教育发展的一个重要变化就是它的广泛程度越来越高，例如，美国高中职业科缩小而社区学院职业教育的比重却在增大；日本相当于短期大学的"专门学校"的数量远远超过相当于高中程度的"专修学校"的数量。在当代，职业教育必须建立在高科技基础之上，这样，培养出来的人才才更适合社会的需要。

6. 高等教育阶段

19 世纪和 20 世纪初的高等学校是文化与科学的金字塔。当时大学和生产技术的联系还不是十分紧密，主要是进行 3～4 年的本科教育,其他层次或者没有,或者比例甚小。其后,特别是第二次世界大战以后,高等教育有了重大发展,并与生产技术的联系日益密切。现代社会、现代生产和现代科学技术要求高等学校培养各级各类高级人才,推动了高等教育结构的变化:一是多层次化,过去只有本科一个层次,而现在则有多个层次,如大专、本科、硕士、博士;二是多类型化,过去高等学校及其科系和专业类型比较简单,而现代与此同时,高等学校的院校、科系、专业类型十分繁多。与此同时,高等学校与社会生产、科学技术、社会生活各个方面的联系也越来越密切。

7. 成人教育阶段

现代生产和现代科学技术的迅速发展所伴随的知识"爆炸"与知识"老化",使得人们终生享用在青少年时期所接受的教育的时代已成为过去。无论受过多高水平教育的人,都必须随时补充自己的知识,以保持自身的发展和科学技术的发展同步,因而,成人教育构成了对过去青少年从小学到大学、从普通到职业技术教育学制的补充,这是现代学制的一个重要发展。

(三)学校教育走向终身教育

现代教育已从脱离生产和相对脱离社会生活的古代教育中分离出来,重新回到与生产和社会生活密切联系的轨道上来,而且随着现代社会的发展,教育和其他社会生活过程的联系也越来越密切。现代教育的未来发展有重新融合于生产和社会生活之中的势头。学制从简单的古代学校教育系统到比较完善的现代学制(现代学校教育系统),再到以现代学校教育系统为主体的、包括幼儿园系统和成人教育系统在内的现代教育制度,而后将到达终身教育制度,这是未来教育社会和学习社会的教育制度。

(四)终身教育

终身教育是指人的一生应该是一个不断学习的过程,永远和接受教育联系在一起[①]。终身教育的思潮最早形成于 20 世纪 60 年代。1965 年,法国成人教育家保罗·郎格朗的《终身教育导论》一书出版,书中提出终身教育的理念,其对改革传统的教育制度具有重大意义。根据终身教育的理念,我们必须把教育理解为一个终身存在的连续体。"封闭的教育体系应该变成开放的教育体系。我们应该特别注意促进学前儿童教育。在这项工作中,我们应该挑选和培植家庭与社区联合这个最积极的形式。一切可利用的手段,包括常规和非常规的手段,都应该用来发展基础教育。普通教育与技术教育应该协调一致。品德与

---

① 王道俊,王汉澜. 教育学[M]. 北京:人民教育出版社,2006:141

智力的训练应该和谐配合。教育与工作应该密切结合。技术应该既是内容，又是方法，而始终出现于教育过程之中。我们应该把训练活动组织起来，使它便于人们在职时重新受训，使它适应人们在各种专业之间的流动转换，使它能够产生从国民经济和受训者相互信任的观点看来都是最大可能的收获。我们应该避免狭隘的和过早的专业化。高等院校应该多样化。大学应该成为对成人和青年人开放的、具有多种目的的机构，一方面为了使学生专业化和从事科学研究；另一方面也为了使学生按时升级和继续接受训练。复制和交流教育材料的新技术应以更快的步伐加以采用，而技术一般应被看做改进教学方法的资源和促使教育活动更加民主化的手段①。"

以上有关终身教育的理论观点和策略，被四十年来各国的教育变革趋势所证实。然而，迄今为止，还没有一个国家的教育体制是完全照此设计的。事实上，不论是从人的身心发育上，还是从知识传承的需要上来看，都的确存在着一个学龄期。学龄期之后，教育似乎就应该结束了，以后需要的是继续学习和重新训练，而这两者与教育的内涵并非完全一致。

 扩展阅读

终身教育

终身教育概念看来是进入 21 世纪的一把钥匙。它超越了启蒙教育和继续教育之间的传统区别。它响应迅速变革之世界挑战，但是这种看法并不新奇，因为先前一些有关教育的报告已强调过返回学校以接受个人生活和职业生活中出现的新生事物这种需要。这种需要现在依然存在，甚至变得更加强烈。每个人如果不学会学习，这种需要是无法得到满足的……

（资料来源：联合国教科文组织．中文科．教育——财富蕴藏其中［M］．北京：教育科学出版社，1996：8－10）

专题小结

学校教育制度简称为学制，是指一个国家各级各类学校的系统，它规定了各级各类学校的性质、任务、入学条件、修业年限以及彼此之间的关系。学制从其产生和发展过程来看可以分为三种模式：双轨制、单轨制和分支制。三种学制各有各的特点。现在世界大多数国家都实行分支制。现代学制在形成后的几百年里，发生了重大的变化。纵向方

---

① 联合国教科文组织．学会生存［M］．北京：教育科学出版社，1996：276－277

面,双轨制在向分支制和单轨制方向发展。横向方面,现代学制在幼儿教育、小学教育、初中教育、高中教育、职业技术教育、高等教育以及成人教育阶段都发生了变化;学校教育走向终身教育;有关终身教育的理论观点和策略,被四十年来各国的教育变革趋势所证实。然而,迄今为止,还没有一个国家的教育体制是完全照此设计的。事实上,不论是从人的身心发育上还是从知识传承的需要上来看,都的确存在着一个学龄期。学龄期之后,教育似乎就应该结束了,以后需要的是继续学习和重新训练,而这两者与教育的内涵并非完全一致。

第三节

我国的学校教育制度

导 读

我国的学校教育制度有怎样的形成与发展过程?我国现行的教育制度是什么?本节试从我国学校教育制度的形成和发展的历史的角度来探讨我国的学校教育制度。

一、我国现代学校制度的形成

在我国,四千多年前的夏朝就已经产生了学校的雏形,但现代意义上的学校则产生于鸦片战争之后,现代教育制度的形成也晚于西方国家。尽管如此,由于有外国教育制度的先例作参照,中国从现代学校的建立到现代学校制度的形成历时很短。

在鸦片战争后,中国逐渐沦为半殖民地半封建社会。清朝统治者深感旧制度已经不能维持其统治,因此进行各项变法,对教育事业也进行改革,掀起了学习西方的浪潮。以林则徐、龚自珍、魏源为代表的地主阶级改革派喊出了学习西方的先声。19世纪60年代兴起了洋务运动,以李鸿章、张之洞、左宗棠为首的洋务派,仿照西方,先后在全国一些地方办起了新式学堂,这些学堂大致可以分为外国语学堂、军事学堂和科学技术学堂。1862年京师同文馆正式开学,这是洋务派最早创办的外国语学堂,也是最早采用西方教学制度进行教学的现代学校。与专门传授“四书”、“五经”的旧式学堂相比,这些新式学堂第一次把西学付诸实践,增添了外国语、自然科学、实用技术等学科课程,培养了我国第一批新式人才。新式学堂是西方教育制度在中国实践的先声,为中国现代教育制度的建立奠定了基础。甲午战争之后,西学东渐的思潮蔓延在中国大地,对封建主义的教育提出了新的挑战。这一时期,无论是在教育思想、教育制度、教育政策,还是在教育内容和教育方法等方面,都有了一定的发展,突出的表现是"壬寅学制"、"癸卯学制"、"壬子癸丑学制"和"壬戌学制"的先后确立。

(一)壬寅学制

1902 年,清政府管学大臣张百熙主持拟定了一系列学制系统文件,包括《京师大学堂章程》、《考选入学章程》、《高等学堂章程》、《中学堂章程》、《小学堂章程》和《蒙学堂章程》共六个文件,统称《钦定学堂章程》,该年为壬寅年,所以又称"壬寅学制"。这是我国教育史上第一个比较完整的学制体系,标志着近代学制的开端。这个学制,纵的方面分为三段七级,全学程为 20 年:第一阶段为初等教育,该学制设有蒙学堂(4 年)、寻常小学堂(3 年)、高等小学堂(3 年);第二阶段为中等教育,设中学堂(4 年);第三阶段为高等教育,设高等学堂或大学预科(3 年)、大学堂(3 年)、大学院(年限不定)。横的方面,该学制设有简易实业学堂,与高等小学堂平行;中等实业学堂、师范学堂与中学堂平行;仕学馆、师范馆与高等学堂平行。

由于清政府内部的权力之争及学制自身的不足,"壬寅学制"尚未来得及实施就被"癸卯学制"所代替。

(二)癸卯学制

1904 年,清政府又颁布了一个由张百熙、张之洞、荣庆拟定的新学制——《奏定学堂章程》,也称"癸卯学制"。这是一个比较完整的并在全国实行的第一个学制。它的颁布,标志着封建传统学制的结束,是实行新的学制的开端。

这一学制规定,在学校课程中需既有读经课,又有一定数量的西学课程。该学制还规定了各级各类学校的修业年限、入学条件、课程设置以及相互衔接关系,包含从小学到大学的完整体系。整个学制纵向可分为三段六级:第一阶段为初等教育,设初等小学堂(5 年)、高等小学堂(4 年),另设蒙养院(即学前教育机关,收 3~7 岁儿童),但其未包括在正式的学制体系内;第二阶段为中等教育,设中学堂(5 年);第三阶段为高等教育,设高等学堂或大学预科(3 年)、分科大学堂(3~4 年)、通儒院(5 年)。学制纵向跨时 26 年。从横的方面来看,又存在各类学校与同级学堂相对应:与高等小学堂平行的有实业补习普通学堂、初等农工商实业学堂和艺徒学堂;与中学堂平行的有初级师范学堂、中等农商实业学堂;与高等学堂平行的有优级师范学堂、实业教员讲习所、高等农工商实业学堂、进士馆、译学馆等。

壬寅学制和癸卯学制都参照了日本学制,都是在"中体西用"的思想指导下建立起来的。虽然它们具有资本主义色彩,但却受封建思想的支配。尽管如此,壬寅学制和癸卯学制的重要地位仍不容忽视,这是中国第一次全面引进西方教育制度,是中国现代教育制度建立过程中的里程碑。

(三)壬子癸丑学制

1912 年 1 月 9 日中华民国教育部成立,蔡元培担任第一任教育总长,对清代的学校教育制度进行重大改革,制定了"壬子癸丑学制",也称"1912—1913 年学制"。这个学制横向包括三个系统,即普通教育、师范教育和实业教育。普通教育系统共分为三段四级,教育年限为17 年或 18 年。第一阶段为初等教育,分为初等小学和高等小学,初等小学 4 年,为义务教育阶段,毕业后入高等小学或实业学校;高等小学3 年,毕业后入中学或师范学校或实业学校。第二阶段为中学教育共4 年,毕业后入大学或专门学校或高等师范学校。第三阶段为高等教育6～7 年,即预科 3 年,本科 3～4 年。学制对各级学校的教育宗旨、入学资格、年龄、课程及修业年限等,都做了明确规定和具体要求。师范教育分为师范学校和高等师范学校两级。实业教育分为甲、乙两种,均为三年毕业,分农业、工业、商业各类。

从形式上看,壬子癸丑学制是一个单轨性质的学制,是仿照日本的学制制定的;从内容上看,壬子癸丑学制带有明显的反封建精神,反映了资产阶级的要求。它废弃了忠君尊孔的教育宗旨,以培养健全国民为目标;它规定了义务教育的年限;它缩短了学生修业年限;它主张男女平等,保证了女子受教育的权利,女子教育正式列入学制系统;它取消了读经讲经的教育内容。因此,壬子癸丑学制是我国第一个真正意义上的资产阶级性质的学制,它的颁布,也标志着现代教育制度在我国的基本建立。

(四)壬戌学制(六三三学制)

壬子癸丑学制实行了十年时间,由于制定得较为仓促,施行以后弊端百出:初等教育年限过长,而中等教育阶段年限又过短,各级各类学校教学进度无法衔接,等等。因此,在新文化运动和"五四"运动的推动下,又进行了新一轮学制改革。1922 年 11 月 1 日,政府颁布了《学校系统改革案》,也称"1922 年新学制或壬戌学制"。"新学制"进行了以下更改:初等教育阶段包括初级小学 4 年(儿童 6 岁入学),为义务教育,高级小学 2 年;中等教育阶段为 6 年,分初级中学 3 年,高级中学 3 年,与中学平行的有师范学校和职业学校;高等教育阶段设大学,学习年限4～6 年。"新学制"突破了日本学制的模式,采用了美国的"六三三四"的单轨形式,故又称"六三三学制"。与壬子癸丑学制相比,壬戌学制有了较大的改进:它缩短了小学年限,有利于初等教育的普及;延长了中学年限,有利于提高中等教育的水平;取消了大学预科,使大学不再承担普通教育的任务;在中学实行选科和分科教育,兼顾了学生的升学和就业;职业教育自成体系,代替了实业教育;课程设置无男女校的区别。可以说,自壬戌学制开始,我国教育才正式从封建社会中摆脱出来,走上了现代化的发展轨道。壬戌学制一直沿用到新中国成立。

综上所述,中国在 20 世纪初期基本形成了现代教育制度,开始融入世界教育发展的大潮中。

二、我国当代的学校制度

(一) 新中国学制的发展历程

新中国成立之初存在两种学制系统:一种是老解放区新民主主义学校教育制度;另一种是从旧中国承袭下来并经初步改造的旧学校教育制度。这样的教育制度在新的历史时期,表现出极大的不适应,必须有计划、有步骤地对其进行改革,从而确定新的学制体系。

1. 1951 年颁布的中华人民共和国新学制

1951 年 10 月 1 日,中央人民政府颁布了《关于改革学制的决定》,确定了中华人民共和国新学制。

新学制的组织系统分为:① 幼儿教育:幼儿园;② 初等教育:包括 5 年一贯制的小学和工农速成初等学校、业余初等学校;③ 中等教育:包括实行"三三分段制"的中学(中学为 6 年,分初、高两级,各为 3 年)和工农速成中学、专门学院和专科学校等;④ 高等教育:包括大专、专门学校和专科学校等;⑤ 各种政治学校和政治训练班。此外,还有各级各类补习学校、函授学校以及聋、哑、盲等特殊学校。

2. 1958 年的学制改革

为加速教育的发展,满足社会主义建设新形势的需要,中共中央、国务院于 1958 年 9 月发布了《关于教育工作的指示》,确定了"两条腿走路"的方针和"三个结合"、"六个并举"的具体原则。"两条腿走路"的方针是指:发挥国家办学与群众办学两方面的积极性,以国家办学为主体,同时充分调动集体、厂矿、企业等各方面办学的积极性,处理好国家和集体、中央和地方在办学上的关系。"三个结合"是指:统一性与多样性相结合,在统一的教育目的下,办学形式应是多种多样的;普及与提高相结合,在全日制、半工半读制、业余制这三类学校中,有一部分要担负提高的任务,同时,用大力发展业余文化技术学校和半工半读学校的形式来普及教育;全面规划与地方分权相结合,由中央集中领导,统一规划和平衡,既发挥中央部门的积极性,又发挥地方的积极性。"六个并举"是指:国家办学与厂矿、企业、农业合作社办学并举;普通教育与职业教育并举;免费的教育与收费的教育并举;全日制和半工半读、业余学校并举;学校教育与自学(包括函授学校、广播学校等)并举;成人教育与儿童教育并举。

3. 1985 年的教育体制改革

党的十一届三中全会以后,经过指导思想上的拨乱反正,党中央对教育工作作出了一系列新的决策,着手重建和发展被破坏的学制系统。1985 年,《中共中央关于教育体制改革的决定》(下称《决定》)正式颁布。《决定》指出:必须对教育体制进行系统的改革。这次教育体制改革的主要内容如下。① 加强基础教育,有步骤地实施九年义务教育。把发展基础教育的责任交给地方,有计划、有步骤地实行九年义务教育。《决定》把全国划分为经济发达地区、中等发展程度地区和经济落后地区,提出了相应的普及任务。② 调整中等教育结构,大力发展职业技术教育。③ 改革高等教育招生与分配制度,扩大高等学校办学的自主权。在招生和分配上实行三种办法:一是国家计划招生,它实行在国家计划指导下,本人选报志愿、学校推荐、用人单位择优录取的制度;二是用人单位委托招生;三是学校可以在国家计划外招收少数自费生。④ 对学校教育实行分级管理。基础教育管理权属于地方,省、市、县、乡分级管理的职责划分由省、自治区、直辖市决定;中等职业技术教育主要由地方负责;高等教育实行中央、省(自治区、直辖市)、中心城市三级办学的体制,中央部门和地方所办高等学校,要优先满足主办部门和地方培养人才的需要,同时发挥潜力,接受委托,为其他部门和单位培养学生,积极倡导部门、地方之间的联合办学。⑤ 保证教育经费的"两个增长",即在今后一定时期内,中央和地方政府教育拨款的增长要高于财政经常性收入的增长,并使在校学生人均教育费用逐步增长。

4. 1993 年教育体制改革

1993 年 2 月,中共中央、国务院印发了《中国教育改革和发展纲要》,其主要内容可概括为五点。① 确定了 20 世纪末、21 世纪初我国教育发展的总目标是基本普及义务教育,基本扫除青壮年文盲,全面贯彻党的教育方针,全面提高教育质量,要建设好一批重点学校和一批重点学科,即"两基"、"两全"、"两重"。② 调整教育结构。要加强基础教育,积极发展职业教育,高等教育必须培养各类专门人才,重视成人教育,扶持少数民族教育事业,支持残疾人教育事业,积极发展广播电视教育。③ 改革办学体制。逐步建立以政府办学为主体、社会各界人士共同办学的体制。④ 改革高校招生和就业制度。⑤ 改革和完善投资体制。

(二) 我国现行学制系统

我国现行的学制系统由以下七个部分组成。

1. 学前教育

实施学前教育的机构有托儿所和幼儿园。托儿所招收从出生到 3 岁的幼儿,幼儿园招收 3～7 岁的幼儿。根据国家教委 1996 年颁布的《幼儿园工作规程》,幼儿园的任务是:实行保育与教育相结合的原则,对幼儿实施体、智、德、美全面发展的教育,促进其身心和谐发展。

2. 初等教育

实施初等教育的机构为小学。小学招收年满六七岁的儿童入学,学制为 5～6 年,实施初等教育。

3. 普通中等教育

实施普通中等教育的机构为中学。普通中学分为初级中学和高级中学两个阶段。初级中学招收小学毕业生入学,修业 3 年,初级中学的教育也属于义务教育。高级中学招收初级中学毕业生入学,修业 3 年。

4. 中等职业技术教育

实施中等职业技术教育的机构有中等专业学校、技工学校和中等职业学校。中等专业学校修业 3～4 年,主要任务是为国民经济各部门培养中级专业技术人员。技工学校修业 2～3 年,任务是培养中级技术工人。这两类学校的招生对象为初中毕业生或高中毕业生。中等职业学校包括职业中学、农业中学和其他职业学校,招收初中毕业生入学,修业年限为 3～4 年,主要任务是为社会培养劳动后备力量。

5. 高等教育

高等教育由大学、学院、高等专科学校以及其他属于高等教育的机构实施,招收高中毕业生或同等学力者,分为专科、本科、研究生三个层次。专科的修业年限为 2～3 年,本科修业年限大多为 4～5 年,毕业合格者授予学士学位。业余大学修业年限适当延长,学制规定课程考核达到全日制高等学校同类专业水平者,承认学历,享受同等待遇。研究生分硕士研究生和博士研究生。硕士研究生修业年限为 2～3 年,招收获得学士学历或同等学力者,完成学业授予硕士学位。博士研究生修业年限为 3 年,招收获得硕士学位或同等学力者,完成学业者可以获得相应学位。高等学校的办学形式多种多样,有全日制、广播电视、函授、自学考试等。

6. 教师教育

教师教育有职前教育和职后教育。实施教师的职前教育的机构分为两个层次:中等师范学校和高等师范学校。高等师范学校又有专科、本科、研究生三个层次。教师的职后教育指的是对在职教师进行的继续教育,旨在提高教师教学技能和管理水平,主要形式有教师进修和短期培训等。

7. 成人教育

我国的成人教育,从低到高,设立了一系列的成人教育机构。成人初等教育机构有各种扫盲和业余小学;成人中等教育机构有干部业余文化补习学校、职工业余学校、农民技术学校等各类型的业余中学;成人高等教育机构有广播电视大学、职工大学、农民大学、管理干部学院、教育学院、独立函授学院等。

扩展阅读

美国现行教育制度

(一) 学制结构体系

美国各级各类教育在结构上相互衔接,上下沟通。按照法律规定,美国公民不分男女、宗教信仰、民族、阶级,也不论居住地点和年龄,都有平等的受教育机会,一生都可以选修正式课程或参加非正式课程。这是美国区别于欧洲国家教育制度的一个显著特点,称为单轨制。美国现行学制还体现了统一性与多样性相结合的特点。由于实行彻底的教育分权制,美国没有全国统一的学制。美国现行学制基本上是:初等教育和中等教育 12 年,高等教育 4 年,加上研究院,总计学程为 20 年左右。

1. 义务教育制度

美国的义务教育,有 29 个州从 7 岁开始,16 个州从 6 岁开始,3 个州从 5 岁开始。义务教育的年限,长则 12 年,短则 8 年,一般为 9 年,通常到 16 岁结束。美国 50 个州都规定中学和小学为免费教育。

2. 学位制度

美国的学位主要包括:副学士学位、学士学位、硕士学位和博士学位。

(二) 各级各类教育

1. 学前教育

美国学前教育机构种类繁多,不管公立还是私立,大致可以分为保育学校(招收 3～5 岁的儿童)与幼儿园(招收 4～6 岁儿童)两类。学前教育的宗旨在于:辅助家庭;通过各种活动,帮助儿童在饮食起居方面养成良好的习惯,使儿童能够灵活自如地运用身体,发展体育技能,了解社会生活行为准则和道德观念;使儿童学会一些读、写、算的基本常识,具有一定的表达情意、观察、尝试、思考和概括的能力,为其进入小学做好身心准备。

2. 初等教育

美国初等教育的机构分为公立小学和私立小学。美国全国教育协会的"视导和课程编制学会"曾把小学教育宗旨概括为六条，具有广泛影响。这六条是：

(1) 增进儿童的健康和发展儿童的体格；

(2) 增进儿童的心理健康和发展儿童的人格；

(3) 发展儿童对社会和科学世界的认识；

(4) 发展儿童有效地参与民主社会的技能；

(5) 发展儿童的民主生活价值观；

(6) 发展儿童的创造性能力。

小学开设的课程一般有：语文(阅读、说话、拼写、书法)、算术、社会(把历史、政治、社会学、心理学等科目综合在一起)、科学(主要是自然常识)、美术和应用艺术、音乐、体育、卫生和劳作等。美国小学德育工作，通常包括以下几个方面内容：

(1) 行为规范教育；

(2) 道德教育；

(3) 公民教育；

(4) 纪律教育。

当儿童入学时，校方就将学校的纪律和校规向儿童与家长交代清楚，以便保证课堂纪律和校园秩序。

3. 中等教育

按照美国学制，中学主要有四年制、六年一贯制和三三制三种。美国的中学以综合中学为主体，兼施普通和职业技术教育，也有单独设立的普通中学、职业技术学校、特科中学和其他中学。关于美国中学教育的宗旨，1918 年美国中等教育改组委员会提出"七大原则"：

(1) 保持身心健康；

(2) 掌握学习基本技能；

(3) 成为家庭有效成员；

(4) 养成就业技能；

(5) 胜任公民职责；

(6) 善于利用闲暇时间；

(7) 具有道德品质。

美国中等教育的实施一般围绕中学的三项任务——教学、指导和服务来进行。中学的课程分为两类：一类是学术性科目，如英语、社会学科、理科、数学、外语、人文学科等；另一类为非学术性科目，如卫生、体育、家政、音乐、美术、工艺等。

教学组织形式主要是分级制，也采用其他分组办法。

4. 职业技术教育

美国职业技术教育的对象根据 1936 年《职业教育法》划为四

大类：

（1）中学在校生；

（2）想接受职业技术教育的中学毕业生或肄业生；

（3）早已进入劳动市场就业、待业或失业，为了保持现有的工作，改善他们的工作和（或）寻找合适的、有意义的职位而需要继续培训者；

（4）因学术、社会、经济或其他方面的缺陷而难以在常规教育计划中获得成功者。

职业技术教育的宗旨在于把教学与科学原理、技巧和技术训练结合在一起，帮助青年人或成年人找到工作或做好他们现有的工作；同时给予受教育者以普通教养，使之成为了解经济的、社交的、热情的、体质好的和文明的公民；还应对受教育者从事相应工作的能力、态度、习惯和判断能力进行培养与锻炼。在课程设置上，文化课与职业课的比例，理论课与实验实习课的比例，视职业要求和学校类型而定，但普遍重视实际训练，把培养实践技能放在首位。

5. 高等教育

美国高等学校的突出特点是数量多、层次多、类型多、形式多。教育宗旨是为了每个人以及他人和社会的利益，帮助他们把能力发挥到最高水平；通过研究及学术成就扩展人类的知识和幸福；通过相应的和适应的服务，满足社会的需要。教育实施基本上都是围绕着实现教学、科研、服务三大任务进行的。

6. 师范教育

美国培养中小学教师的任务由文理学院、综合大学和师范学院承担。美国师范教育的宗旨，在于使中小学师资具有：广博扎实的文理基础知识，较高的文化修养；深刻的学科专业知识，较高的学术水平；高尚的道德品质、理智的行为和坚定的专业信念；教育和教学的基本理论、方法和技能，具备实际教学能力；健康的体魄。有些院校还把了解和热爱儿童，善于和乐于与他人合作和交往、具有民主观念和献身精神、行为文明和举止端庄以及有效的口头和书面表达能力等包括在宗旨之中。教育实施课程设置是实施师范教育的中心环节。师范教育四年制本科课程有：普通教育课程，包括英语、社会科学、人文科学、数学和自然科学、保健和体育等方面的内容，在全部课程中占40%左右；学科专业课程，是按照师范生毕业后任教学科而设置的，在初等教育专业和中等教育专业中都占全部课程的40%左右；教育专业课程，包括基础教育理论课程（如教育基础、教育导论、教育史、初等或中等教育原理等）、教育方法与技能课程（如教育心理学、发展心理学、教育评价与测量、教材教法、普通教学法、视听教育等），以及教育实践活动（通常由临床实践、现场实践和教育实习几部分组成），这类课程在全部课程中占 20% 左右。教育实习在教育专业课程中地位突出，其学分数占这类课程学分总数的三分之一以上。

在职进修是师范教育的有机组成部分，受到同样的重视。由高等学校和专门的教师进修机构共同实施，承担教师进修任务的高校占高校总数 80%。在职进修的组织和形式很多，主要有：暑期学校（假期学校）、大学进修部（大学研修部）、教师讲习所（教师研习会）、教师读书会等。

（资料来源：柳海民．现代教育原理［M］．北京：人民教育出版社，2006：407－409）

（三）义务教育

1．义务教育界说

义务教育是国家根据法律规定实施的强制性的国民基础教育。1985 年 5 月 27 日，中共中央作出了《关于教育体制改革的决定》，要求有步骤地实施九年义务教育。1986 年 4 月 12 日，第六届全国人民代表大会第四次会议通过了《中华人民共和国义务教育法》，规定"国家实行九年制义务教育"，要求"国家、社会、学校和家庭依法保障适龄儿童、少年接受义务教育的权利"。普及义务教育是学校教育系统的基础，是提高民族文化心理素质的保证，是现代社会文明和进步的标志。[①]

2．义务教育的特点

（1）强迫性。义务教育的英文名称为 compulsory education 或 obligatory education，有必须或强迫性教育的含义。义务教育制度是国家通过立法的形式加以确立的。法律所规定的义务，义务人必须履行，对不履行义务者国家将依靠其国家机器强制其履行或给予惩罚。

（2）普及性。义务教育是面向所有适龄儿童的普通基础教育，其目的是保证所有儿童都能平等地接受基础教育。它通过法律的形式赋予每一个儿童接受教育的权利，并监督其权利的实现。

（3）免费性。免除学费是义务教育最基本的保障，没有免费的义务教育难以保证其实施，也难以普及每一个儿童。因此，义务教育作为国民基础教育应是一项公益事业，国家政府或地方应提供义务教育的经费，对于个人及其家庭应当免除学费。因此，义务教育的年限应视国力而定。

义务教育在我国的历史比较悠久，1912 年中华民国颁布的宪法就

---

① 王道俊，王汉澜．教育学［M］．北京：人民教育出版社，2006：147－148

规定了普及四年义务教育的具体方案,但并未实施。在新中国成立以后,政府努力普及义务教育,并以大力发展教育事业来保证公民受教育的权利。在 1985 年的教育体制改革中,明确规定我国实行九年制义务教育。为保证义务教育的实施,1986 年颁布了《中华人民共和国义务教育法》,这标志着我国义务教育制度的确立,到 2000 年我国已基本普及了九年制义务教育。但是,在义务教育实施之初,仍然存在一些问题,例如城乡和地区间发展不平衡,地区之间发展不平衡,农村义务教育投资不足,教育条件过于简陋,教育资源匮乏等。到 2006 年,全国人大常委会审议通过了新义务教育法,其中,最突出的地方就是全国各地义务教育不收任何学费和杂费。

扩展阅读

义务教育制度的发生与发展

从义务教育的提出到法律确认,再到义务教育的普及,经历了相当长的一段时期。早在 1691 年,德意志魏玛邦就公布学校法令,规定父母应送 6～12 岁的子女入学,否则政府强令其履行义务。到 20 世纪初,各主要资本主义国家都基本普及了初等义务教育,期间历时二百多年。义务教育的普及是多种社会因素作用的结果。宗教改革运动、专制国家的形成、工业革命、追求教育平等的阶级斗争等因素逐渐促成了欧洲诸国义务教育的普及。

（资料来源:靳玉乐,李森.现代教育学[M].成都:四川教育出版社,2005:305）

 ## 专题小结

我国现代学制是在借鉴外国学制,并结合本国实际的基础上形成的。我国现代学制的形成经历了壬寅学制、癸卯学制、壬子癸丑学制和壬戌学制。新中国成立后,政府在 1951 年颁布中华人民共和国新学制,吸收了以前旧学制合理的因素,提出了新的教育方针;1958 年根据当时经济发展的形势进行了学制改革;1985 年进行的教育体制改革,对义务教育、中等教育、高等教育和教育管理方面做出了新的改革和规定;1993 年的学制改革主要确定了 20 世纪末、21 世纪初的教育发展的总目标。现行的学制系统主要包括七个部分:学前教育、初等教育、普通中等教育、中等职业技术教育、高等教育、教师教育、成人教育。在 1985 年的教育体制改革中,国家决定实施义务教育制度,并在 2006 年,国家开始正式实施免费义务教育。

附：

1. 癸卯学制系统图

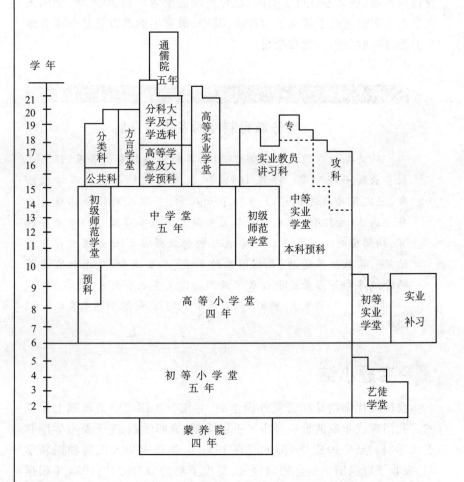

2. 壬戌学制系统图

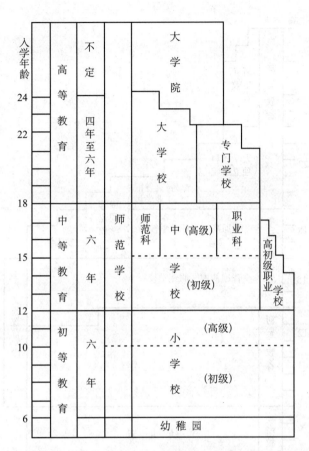

（本图左行的年龄表示各级学生入学的标准，但实施时仍以其智力与成绩或其他关系分别定之）

3. 中国现行学制系统图

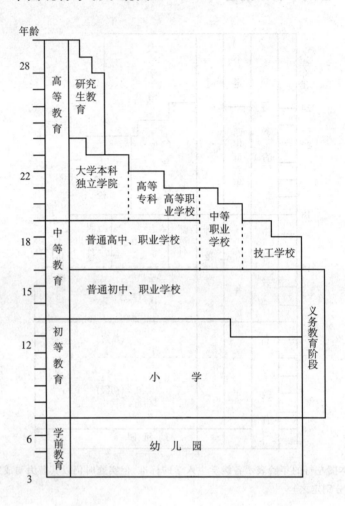

思考与练习

一、填空题

1. 教育制度具有_____和_____的特点。

2. 教育制度包括_____、_____、_____、_____和其他相关制度。

3. 中国近代系统完备的学制产生于 1902 年的《_____》和 1904 年的《_____》。

4. 世界各国的中小学管理大都采取_____制。

5. 我国近代学制的开端是指清政府颁布的_____学制。

6. 义务教育有_____、_____和_____的性质。

二、名词解释

1. 教育制度　　　2. 学制　　　　3. 双轨制

4. 单轨制　　　　5. "壬寅学制"　　6. "癸卯学制"

7. "壬子癸丑学制"　8. 终身教育　　9. 义务教育制度

三、简答题

1. 教育制度由哪几个部分组成？

2. 制约教育制度建立的因素有哪些？

3. 学校教育制度的类型主要有哪些？

4. 我国现行的学制系统由哪几部分组成？

四、论述题

1. 简述地方分权管理制度模式的利与弊。

2. 简述我国 1985 年教育体制改革的主要内容。

3. 根据现代学制改革的基本内容和我国的教育实际，谈谈我国当前教育制度改革的重点。

第三章

课　程

课程作为教学的主阵地,是学校教育的核心,是集中体现教育思想和教育观念的载体。培养学生的学习能力,提高学生的学习技巧,塑造学生的品德和完善学生的个性等都需要借助一定的课程来实现。课程直接影响着学生的发展和教育的质量,它在学校教育中具有非常重要的作用。

本章首先阐述了课程的含义和课程的演变过程;其次介绍了课程的基本类型及各种课程的优缺点;再次介绍了课程的表现形式和制约课程的主要因素;最后向大家介绍课程编制模式,帮助大家进一步学习课程的相关知识。

 学完本章,你将能够:

(1) 重点掌握广义的课程概念,了解课程在西方和我国的演变过程;

(2) 掌握学科课程、活动课程、核心课程、综合课程、显性课程、隐性课程等基本概念,了解影响课程的主要因素;

(3) 掌握课程计划、课程资源、课程资源的概念;

(4) 了解课程编制的概念,掌握课程的三种编制模式。

第一节 课程概述

导 读

课程的概念是什么？课程是怎样演变的？学完本节,你将会了解以上内容。

一、课程的概念

课程作为课程理论的核心概念,简单说,"课程"就是指课业及其进程。南宋朱熹在《朱子全书·论学》里提过的"宽着限期,紧着课程"中的"课程"就包括有学习的范围和进程的意思。在西方,英文"课程(Curriculum)"一词来源于拉丁文 currere,即 racecourse,原意是"跑马道",意指赛马场上的跑道,后演化为"课业进程"或"学习进程"的意思,其含义是指学生应该学习的学科总和及进程与安排。

关于课程的概念,由于个人认识角度的不同,目前在国内外课程论专家中还没有统一的、一致性的认识。我国一些教育专著或教材把课程定义为广义和狭义两种:**广义的课程概念是指学生在校期间所学内容的总和及进程安排;狭义的课程概念特指某一门学科**。在此,我们所研究的课程概念是广义的,其具体内容包括以下三点:第一,课程是某一类学校中所要进行的德、智、体等教育内容的总和;第二,课程不仅包括各门学科和课内教学,也包括课外活动、家庭作业和社会实践活动;第三,课程不仅规定了各门学科的目的、内容和要求,也规定了各门学科设置的程序、课时分配、学年编制和周学时的安排。[①]

二、课程的演变

学校的出现和发展是学校课程逐渐形成与发展的前提。

在我国,据文献记载,五帝时期(公元前 2700)已出现"成均"和"庠"的教育场所,前者以乐教为主,后者以孝的内容为主。到了西周时期,奴隶制社会高度发展,学制体系已较完备。"六艺"经过夏、商的发展,成为西周各级各类学校教育的基本学科,"六艺"指的是礼、乐、射、

---

① 教师资格认定考试编写组. 教育学[M]. 北京:北京师范大学出版社,2008:128

御、书、数,以礼乐教育为中心。春秋战国时期百家争鸣,孔子创办私学,编订《诗》、《书》、《礼》、《乐》、《易》、《春秋》六种教材,后世称之为"六经",后来《乐》在秦焚书时丧失,只剩下"五经"。汉武帝"独尊儒术"以后,儒家课程体系成为中国封建社会教育的主要内容,"四书五经"在学校课程中占据了核心地位。"四书"即《论语》、《孟子》、《大学》和《中庸》。"四书"之名最早见于南宋朱熹在撰《四书章句集注》时,将以上四者合称。《论语》记载了孔子的言论和日常生活,充分体现了孔子的教育思想。《孟子》记载了性善论、仁义说、养气说等很多思想。《大学》八条目:格物、致知、诚意、正心、修身、齐家、治国和平天下,概括了求学之道。《中庸》以"中庸"为最高的道德原则。元、明、清的学校教育以"四书"为主要教材,科举考试也以此为主要依据。民国初年,教育总长蔡元培着手对教育进行资产阶级性质的改革。1912 年9 月 2 日正式颁布了"注重道德教育,以实利教育、军国民教育辅之,更以美感教育完成其道德"[①]的教育方针,否定了 1906 年学部"忠君"、"尊孔"、"尚公"、"尚武"、"尚实"的教育宗旨,批判了"忠君"、"尊孔"的教育思想,动摇了儒家思想的独尊地位。同年颁布的《学校系统令》即"壬子学制"和1913 年陆续公布的一系列法令统称"壬子癸丑学制"。该学制废除了"读经讲经"课,增加了自然科学和生产技能的课程,提高了唱歌、图画和手工等课程的地位。1922 年学制又称"壬戌学制"或"新学制",采用的是美国式的"六三三"分段标准(小学 6 年,中学6 年,初中和高中 3—3 分段),这是中国近代教育体制和学校课程改革由效仿日本向效仿美国转变的标志。新中国成立后,基础教育的前七次改革积累的经验为新一轮课程改革提供了借鉴。

在西方,古希腊学校课程已涉及很多门类,如雅典音乐学校,除了学习弹奏乐器之外,还学习读、写、算等一般的文化知识;体操学校主要内容除了赛跑、跳跃、角力、掷铁饼和投标枪这"五项竞技"外,还有骑马、游泳、击剑等教育内容。古罗马修辞学校(又称专业学校)的课程则包括修辞学、雄辩术、法律、天文、数学、几何、音乐等。欧洲中世纪,"七艺"(即文法、修辞、辩证法、算术、几何、音乐、天文学)成为主要的课程体系。到了文艺复兴时期,自然科学迅速发展,为学校课程增添了新的内容,使原有课程结构发生了明显变化。随着社会的发展,近代欧美主要国家的学校教育都发生了显著的改变。19 世纪英国教育理论家斯宾赛(Herbert Spencer,1820—1903)批判了以"绅士教育"为代表的传统教育,明确地提出科学知识最有价值的命题,颠覆了人文学科比自然科学更有价值的传统观念,强调了知识的作用。斯宾赛生活在资本主义工

---

① 陈学恂. 中国近代教育史教学参考资料(中册)[M]. 北京:人民教育出版社,1987:178

商业高度发展,自然科学和社会科学取得广泛成就的时代,他认为教育的目的是为未来完满生活做准备,要求教给学生有价值的知识,并把广泛的科学知识引入学校课程,确立了强调科学和重视实际应用的学校课程体系。这一课程体系包括:生理学、解剖学、文学、语言、算术、逻辑学、几何学、力学、物理、化学、天文学、地质学、生物学、社会学、心理学、教育学、历史学、自然、文化和艺术等。随着世界政治经济形势的变化和科学技术的发展,各国普遍酝酿教育改革,西方国家现代教育课程体系的设置也有所变化。英国的《1988年教育改革法》是里程碑式的教育改革法,在英国教育史上第一次以立法的形式规定学校的基本教育内容。该法最显著的特点是规定实施国家统一课程。学校在义务教育期间开设三类课程:核心课程、基础课程和附加课程。核心课程和基础课程合称"国家课程",是中小学必修课程。数学、英语和科学为核心课程,历史、地理、工艺、音乐、艺术、体育和现代外语为基础课程,附加课程则包括古典文学、家政、信息技术应用、生计指导等。

几种不同的课程定义

1. 课程即学科和教材。这是最传统的课程含义,古希腊、古罗马的"七艺"、近代百科全书式的课程以及我国的"学科课程"均把课程看成是所教授的"学科"。如《中国大百科全书·教育》中的课程定义是:课程是指所有学科的总和,或学生在教师指导下各种活动的总和,这通常被称为广义的课程;狭义的课程则是指一门学科或一类活动。这种课程定义的实质是强调课程重点在于科目的排列、教材的编制、教科书的编写;它以知识为中心,重视知识的逻辑与结构;主张学科专家是课程开发与编制的主导者;课程强调"预成性",即在教学之前就开发和编制出一套现成的物品(学科、教材),而教师在教学中只是这种物品的使用者、执行者和消费者,教师必须忠实于教材。这种教材是典型的"教程",是一种"静态的课程观",有利于规范教师(特别是新教师)的教学行为,但不利于师生主体性的发挥,也容易造成只重学科、教材的设置与编制,而忽视课程实际运作中的"特定情境"的要求,缺乏必要的"弹性"。

2. 课程即目标。这种课程含义将课程视为"预期的学习结果和目标",内容和经验被看做是课程的手段。这是20世纪60年代以后逐步兴起,并成为至今仍占主导地位的课程观。美国心理学家加涅(R. M. Gagne)的"学习阶段说"以及布卢姆(B. S. Bloom)的"掌握学习理论"均持这种课程观。例如,约翰逊(M. Johnson)认

特别提示

1. 课程不同于教育内容。课程是知识和技能按照一定的顺序、进程和期限构成的有机整体,不是各科目的简单相加和堆积,不是知识和技能的静态集合,因此,课程应是教育内容及其进程的总和。

2. 课程不同于书本知识。学生学习的内容不是单一的,而是多方面的,是情态性、知识性和身体技巧性的。这说明课程除了包括知识体系之外,还要包括技能体系和情绪上必要的生活经验。

3. 课程与单纯的课堂教学活动有别。课程不仅包含正规的课堂教学内容,还包括学生的课外学习内容。在特殊的情况下,课程也可成为有计划的自学内容。也就是说,课程的外延除了包括学校开设的各种教学科目外,还包括其他教育活动。

为,课程是预定的一组有组织的学习结果,是教育事业的目标或终点状态的叙述。该课程观严格区分了手段和目的,即把课程视为目标,把教学视为手段,强调课程作为目标对教学的规限作用,因而也强调"预期性",注重控制和效率。然而,课程和目标毕竟不是一回事,课程只是目标或学习效果的"载体",是实现目标的依据之一,两者不能混为一谈;另外,过分强调课程与教学的区别,不符合当代课程与教学逐步融合的大趋势;况且,强调目标,强调"预期性",同样不能适应复杂的课堂情境,也不利于师生主动性的发挥。因此,该课程观也存在着不可克服的弊端。

3. 课程即计划。20世纪60年代,有些学者从学生角度出发,把课程视为一种学习计划,如塔巴(H. Taba)认为,课程是一种学习计划,而麦克唐纳(J. B. MacDonald)则认为,课程是为了教学而计划的行动系统,而教学又是使计划成为行动的系统,执行与否成为课程与教学的分野。我国学者钟启泉也认为,课程是旨在保障青少年一代的健全发展,由学校所实施的施加教育影响的计划。显然,课程的"计划观"试图区分课程与教学,把重点放在"学习计划"的编排上,这似乎重视了"学",但是在实际操作中,又往往会把重点放在可观察的教学活动上,而忽视学生实际获得些什么,这样就容易把活动本身(教学活动)作为目的,从而忽视这些活动为之服务的目的(学生发展)。

4. 课程即经验。20世纪30年代以来,从经验的角度定义课程的思想开始兴起。如卡斯威尔(H. Caswell)认为,课程不是学科群,而是儿童在教师指导下所获得的多种经验。这一课程观试图把握学生实际学到些什么,重点关注的是"学",是学生心理上所经历的,而不是成人预想其可能经历的,是学生与环境交互作用的结果。该课程观持课程与教学一体化思想,将教学视为课程的一部分。显然,这一课程观贬低了正式课程(学科、教材等)的作用,不利于体现社会对儿童的基本要求。

5. 课程即法定文化。社会学者认为,课程是从一定的文化里选择出来的材料,是体现统治阶层意识形态与价值取向的法定文化,或者说,是社会构建的提供给学生教师借以互动的法定知识。说到底,它是社会对其成员加以控制的一种重要中介。课程的"法定文化"观关注的是课程的性质,与上述课程观的视角有所不同,拓展了课程研究的领域。

6. 课程即师生之间的对话。这是一种后现代的课程观,它试图超越以"泰勒原理"为代表的具有理性主义性格的"课程开发范式",确立"课程理解范式",把课程作为一种多元"文本"来理解。它强调课程要促使人类创造性组织与再组织经验的能力在有效环境之中发挥作用,课程就是要通过参与者的行为和相互作用而形成,而不是那种预先设定的内容。因此,该课程观允许学生与教师在会谈和对话之中创造出比现有的封闭性课程结构所可能提供的更为复杂的学科秩序与结构。教师角色不再是原因性的,而是转变性的。课程不再是跑道,而成为跑的过程本身,而学习则成为意义创造过程中的探险。当前,与"课程即经验"观一道,该课程观正日益受到人们的关注与赞赏,我国《基础教育课程改革纲要(试行)》以及新的课程标准都不同程度地以此为重要的理论基础。

(资料来源:南京师范大学教育科学学院教育系. 现代教育学基础[M].
南京:南京师范大学出版社,2003:273 - 275.)

 ## 专题小结

课程有广义和狭义之分,广义的课程是指学生在校期间所学内容的总和及进程安排。狭义的课程特指某一门学科。广义的课程的具体内容包括:第一,是某一类学校中所要进行的德、智、体等教育内容的总和;第二,不仅包括各门学科和课内教学,也包括课外活动、家庭作业和社会实践活动;第三,不仅规定了各门学科的目的、内容和要求,也规定了各门学科设置的程序、课时分配、学年编制和周学时的安排。

课程在我国和西方都是随学校的出现与发展逐渐形成和演变的。在世界各国不同的时期,课程内容都随着社会的发展而有所变化。

正确地理解课程的概念需要注意以下三个方面:第一,课程不等同于教育内容,课程除了包括教育内容外,还包括其顺序和进程等;第二,课程不等同于书本知识,除了包含知识体系外还包括技能体系和情绪上的生活经验;第三,课程不是单纯的课堂教学活动,课程的外延除了各种教学科目外,还包括其他教育活动。

第二节 课程的基本类型

一、课程类型的含义

课程类型是指课程的组成方式或设计课程的种类。课程类型具有

导 读

学习了课程的基本概念及其演变,以此为基础,将课程进行分类,能够帮助进一步了解课程的性质,更深入地掌握课程的理论知识并学以致用。根据不同的划分方法可以把课程划分为不同的类型,依据什么样的划分方法划分呢? 课程的基本类型都有哪些? 各种类型的课程都各有什么优缺点? 你将会在本节中了解这些内容。

多样化的特点,不同国家、不同时期、不同教育家所持的标准不同,形成了不同的课程类型。随着课程研究的不断深入和不断丰富,课程的分类也在不断变化。

思 考

课程的主要类型有哪些?

二、课程的划分

根据不同的标准,可以把课程分为不同的类型。这里介绍三种不同的划分标准,主要介绍学科课程、活动课程、核心课程、综合课程、显性课程、隐性课程、必修课、选修课、传授性课程和研究性课程。

(一) 从课程的组织核心划分

从课程的组织核心划分,可以将课程划分为学科课程、活动课程、核心课程和综合课程。

1. 学科课程

学科课程是根据各种不同的学科分门别类加以设计的学校课程。学科课程也称分科课程。学科课程的特征是有较强的逻辑体系,注重知识的传授。其优点是有利于组织教学和评价,有利于发挥教师的主导作用,有利于学生获得系统、完整的文化知识,有利于文化遗产的保存与传递。其缺点是课程内容过分强调学科知识的系统性和理论性,往往脱离学生生活实际,容易导致学生被动学习。由于教材内容过于注重逻辑系统,易导致学生死记硬背,缺乏对知识的真正理解;由于学科间划分过细,容易导致知识的割裂,忽视学生全面发展的需要。

2. 活动课程

活动课程是指从儿童的兴趣和需要出发,以儿童的活动为中心,通过亲身体验获得直接经验的课程。它又称为"经验课程"、"生活课程"或"学生中心课程"。美国教育学家杜威是活动课程的代表人物。活动课程的特点是从学生的兴趣出发,以学生活动为中心,强调学生通过自己的实践获得直接经验。其优点是与学生生活实际相联系,以学生兴趣和需要为出发点,使学生在实践活动中主动探索,注重学生的发现,有利于培养学生的探索精神和创新能力。其缺点是难以保证知识系统的完整性,不利于人类知识文化的传承,不利于学生系统地掌握知识,对教师也提出了较高的要求。

3. 核心课程

核心课程是以人类社会基本活动为核心,综合若干学科进行教学的课程。它的特点是不以学科为中心,也不以学生为中心,力图兼顾社会发展的需要和学生的需要。其优点是学习内容来源于生活,与学生实际紧密相连,增强了学科间的联系。注重培养学生分析、解决实际问题的能力。其缺点是难以给学生提供系统、深入的知识。

4. 综合课程

"综合课程"是一种双学科或多学科的课程组织模式,是把若干相关或相邻的学科合并起来,形成一门新的课程。它又称"整合课程"。其特征是根据学科之间的内在联系把几门学科的教学内容组织在一门综合学科之中,克服了学科分科过细的缺点。其主要优点是打破了学科之间的界限,增强了学科之间的联系;减少了学科数目,从而减轻学生学习负担;有利于学生综合地、整体地、全方位地认识世界。其缺点是由于不能把各学科进行简单堆积,要真正体现学科的综合性,编写难度较大;综合教学对教师提出较高的要求。

（二）从课程的存在方式划分

从课程的存在方式划分,可以将课程分为显性课程和隐性课程。

显性课程是学校教育中有计划、有组织实施的正式课程。显性课程也称"官方课程"、"公开课程"。这种课程一般有规定的教材和教学内容,有明确的教学目标,同时能够进行检测和评价。例如,我国中小学课程表所规定的学科都是显性课程。经过不断调整变化,现在我国中小学的学科课程设置基本上定为以下科目:语文、数学、外语、政治、历史、地理、物理、化学、生物、音乐、美术、体育、劳动技术。

隐性课程又称"潜在课程"、"非正式课程",它与"正式课程"相对,是指学校通过教育环境有意或无意传递给学生的非公开性的教育经验。它通常包括物质情境、文化情境、人际情境、学校教育教学活动中折射出来的社会价值观念、意识形态、学习态度、理想信念、创造性思维等。

显性课程与隐性课程是两种不同的课程类型,二者有各自的特点和功能。它们之间最大的区别是显性课程是有计划性、预期性的,而隐性课程是非计划性、非预期性的。在学校课程系统中,两者之间关系复杂。就课程内容本身而言,它们既是彼此独立,又是相互弥补的,尤其是隐性课程,能让学生摆脱课堂教学的束缚,能从学校生活的气氛、人际交往关系以及各种文化活动中获得教育。因此,在保证显性课程发挥其作用的同时,也要重视积极开发、利用学校的隐性课程。当代课程研究的趋势之一是逐渐将非计划的学习活动纳入课程领域,在教育上强调整体学习的经验。校园环境,如校门、礼堂、办公室、花园、树木、图书馆等,应按照教育性原则去规划设计。在学校中,每一个细微的安排,都很可能影响到教育工作,起到潜移默化的教育作用。例如,我国上海浦东建平中学有一座世界上最大的"金苹果"雕塑,即使是这个微小的安排,都会引起许多同学的沉思和憧憬,其教育意义有时比教师的说教更深刻,更有影响力。实践表明,重视学生的课外活动,有意识地调控隐性课程的影响,常常能够形成一种"不教之教"的人文空间。人们长期以来只注意显性课程,而忽视了伴随其间的隐性课程。当前,隐性课程逐渐成为现代课程研究中的一个重要问题。

(三)从课程设置形式划分

从课程设置形式划分,可以将课程划分为必修课与选修课。

必修课是相对于选修课而言的,必修课是指根据课程计划的统一规定,所有学生必须修习的科目。它的根本特性是具有强制性,其主导价值在于培养和发展学生的共性。由于具体教育目标有所差异,在各级各类学校的教育中,存在着不同的必修课。在基础教育中,必修课程分为国家必修、地方必修课和学校必修课等。在高等教育中,必修课程通常分为公共必修课和专业必修课。

选修课则是指依据不同学生的特点、兴趣、爱好,允许个人选择修习的科目。随着社会经济和文化的多元发展,选修课逐渐形成,其主导价值在于满足学生的兴趣、爱好,培养和发展学生的个性。现代选修课能蓬勃发展,主要有以下四点作为基本依据:①社会需要;②文化背景的差异;③儿童发展需要的不同;④知识经验增长的无限性。从不同的视角,选修课可划分为不同的种类:从学习要求上,可分为限定选修和任意选修;从开设形式上,可分为单科性选修和多科性选修。

(四)从课程实施方式划分

从课程实施方式划分,可以将课程划分为传授性课程和研究性课程。

传授性课程是一种重视学习的结果,强调记忆和理解,注重教师的指导作用的课程。在传授性课程中,学习的内容以定论的形式呈现,学生获得的主要是间接经验,学生在教师的讲授中学习知识,对教师的依赖性较强。

研究性课程又叫探究性课程,是我国基础教育课程改革中出现的课程形态。**研究性课程与传授性课程不同,它是学生在教师的指导下运用所学的知识和技能,以研究性学习为主要方式,以培养创新能力和探究精神为主要目标的开放性课程。**研究性课程要求教师注重学生的自主学习和主动参与,充分调动学生学习的积极性,培养学生掌握和运用知识的能力。它关注的不是研究的结果,而是学生发现问题、研究问题和解决问题的体验过程;它注重的不是学生对知识的继承,而是对学生的创新能力和探究精神的培养。

三、影响课程的主要因素

思 考

影响课程的因素还有哪些?

课程随着社会的发展而演变,影响课程的因素是多方面的,主要因素有政治因素、经济因素、知识的进步和学生的发展。

（一）政治因素

在制约课程发展的因素中,政治因素的影响是显著的、深刻的和多方面的。统治阶级总是根据自己的利益和要求决定课程内容的选择。从历史上看,我国古代课程最终是为政治服务的,由统治阶级根据政治需要选择教育内容,课程内容反映了统治阶级的意志和愿望。到了现代,政治因素对课程改革的影响依然是深刻的、直接的,它通过教育方针、政策、教育目的、培养目标和有关法规等手段影响课程内容,课程反映了一定的政治要求。

（二）经济因素

课程内容反映一定的经济要求。现代社会,科学技术的进步和经济的发展对劳动力的素质提出了越来越高的要求。社会生产要求劳动力不仅要有扎实的基础知识、过硬的技术本领,还要具备良好的心理素质。劳动力素质的提高有赖于教育的培养,经济的发展对劳动力提出的要求又制约着课程内容的选择和课程目标的设置。

（三）知识的进步

人类在社会实践的活动中积累和发展起来的知识经验,是学校课程的重要源泉。人们根据一定的标准从知识经验中选择出一部分,分门别类作为学校的课程,课程内容代表了人类知识的精华。学校课程既传递知识,同时又受到知识的制约和影响。随着人类的知识经验不断发展变化,学校课程的内容也在不断地发生变化。

（四）学生的发展

学生的年龄、心理、知识、能力的发展是课程设置的主要依据。课程内容的深度、广度,课程内容的逻辑结构和顺序,受制于学生身心发展的一般规律。学生的发展对课程的制约作用主要表现为以下两个方面:一是课程的设置要注重培养学生各方面能力的协调发展,满足学生全面发展的需要;二是不同年龄阶段的学生身心发展特点不同,要求的课程目标也不同。

 扩展阅读

基础教育课程改革的背景

1. 国际背景——知识经济、信息化和全球化的影响与冲击

始于第二次世界大战后期的新技术革命,对人类的生产、文化乃至社会生活等各个方面都产生了深刻的影响,并预示着人类发展新时代的到来。联合国教科文组织将知识经济定义为以知识生产、传播、分配、使用为基础的经济。它的突出特点是,知识经济更加强调知识和信息在经济发展中的作用,更加强调人力资源的开发利用,高科技和智力产业成为知识经济的主导产业和支柱产业。知识经济的出现,使得知识成为经济发展的基础和经济增长的驱动力,拥有先进技术和最新的知识,尤其是拥有知识创新能力的人就显得更加重要。面对知识经济的挑战与机遇,承担提高国民素质的教育正经历一次观念、态度、内容、形式、技术、方法的彻底变革。作为教育改革核心的课程自然应该先行一步,通过课程改革来培养知识经济所需要的创新型人才。

与此同时,信息化社会也来临了。它的突出特点是:它是一个信息总量迅速膨胀的社会,可以用知识爆炸来形容;信息的传播媒体不断增加,除传统的报纸、广播和电视之外,互联网成为一个重要的媒体在信息化社会中发挥着重要的作用;在信息化社会中,信息成为重要的战略资源,信息技术是信息化社会的基础。

信息技术为人们提供了学习的手段和方式。信息化社会的来临,又一次对教育提出挑战。首先,它改变了学习者的行为方式。学习过程的观念发生变化,学习并不是单纯的记忆过程,而是一个信息处理的过程。教师不再是学习的主宰者,而成为学习的指导者,要最大限度地创设学生学习的环境。学生则主动地通过多种渠道获取各种信息,进行信息加工和发布。其次,学习者处理信息的能力更加重要,要求他们具有恰当地选择信息、主动获取信息和采集、加工等处理信息的基本能力。最后,教育要能为学习者提供平等的信息化环境,使终身教育成为可能。这些挑战要求人们在信息技术的基础上转变教育观念,创造一种全新的教育模式,为实施素质教育创造良好条件。可见,任何领域,包括教育和课程领域,都不可能离开信息技术。要想应对信息化社会的挑战,培养创新人才,必须进行课程改革。

对人类另一个冲击是全球化。全球化意味着人们不再是孤立的、互不联系的,而是都居住在一个小小的地球村。信息技术的发展使得人们之间的距离越来越近,人与人的交往和理解变得更加重要。理解教育、多元化文化成为教育的内容。人们想要生存,必须担负起维护共同环境的责任,环境教育因而成为教育的一个主题。如果说知识经济的到来使终身学习成为一种必然,信息化为终身学习体系的建立、发展提供全新的方式和理念,全球化则为学校提出了终身教育的主题。因此,能否构成终身学习的体系及具有终身学习的能力成为各国教育改革的共识。

2. 国内背景

（1）顺应国际课程改革大趋势的客观必然

世纪之交，在知识经济、信息化和全球化的冲击下，发达国家都通过基础教育课程改革，调整人才培养目标和模式来提高人才培养的质量，以适应竞争日益激烈的社会发展。各国课程改革的理念是：注意基础学力的养成，注重信息素养的提高，强调学生创造性和开放性的养成，强调价值观教育和道德教育，尊重学生的经验，发展学生的个性等。正是这种国际背景，促成了我国新一轮的课程改革。可以说，我国的课程改革除了继承课程传统之外，也吸收了国外有益的课程经验。例如，课程目标注重基础知识和基本技能，注重学生的思想品德教育；课程设置注意协调必修和选修，提出综合实践活动；课程管理实行国家、地方和学校三级课程管理；评价方面采用发展性评价等。

（2）积极推进素质教育的需要

基础教育的课程改革是实施素质教育的核心环节。当我们根据时代需要和未来社会发展，按照第三次全国教育工作会议的精神创新审视现行基础教育时，课程功能、课程结构、课程内容、课程实施、课程评价、课程管理等存在的问题成为制约基础教育改革的关键因素，不适应素质教育的要求，使素质教育的推进举步维艰。因此，不改革课程，素质教育难以落到实处。

此外，新中国成立后，基础教育的七次改革所取得的成绩也为新一轮课程改革提供了坚实的基础。

总之，我国基础教育课程改革是在知识经济、信息化和全球化的时代背景下，为迎接 21 世纪挑战而进行的，是历次课程改革的继承、发展和创新。

（资料来源：吴华钿，林卫天. 教育学教程［M］. 广州：广东高等教育出版社，2005：136 - 137）

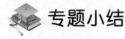 专题小结

课程可以分为不同的类型：从课程的组织核心划分，可以分为学科课程、活动课程、核心课程和综合课程；根据课程的存在方式可以将课程分为显性课程和隐性课程；从课程设置形式划分，课程可以划分为必修课与选修课；从课程实施方式划分，课程可以划分为传授性课程和研究性课程。

影响课程变革的因素是多方面的，主要因素有：政治因素、经济因素、知识的进步和学生的发展。政治因素对课程变革的影响是深刻和直接的；课程内容反映了一定时期经济发展的要求；知识则是课程内容的重要来源，其更新影响着教育内容；学生的身心发展特征也制约着课

程的设置。

导 读

课程计划、课程标准
和课程资源是我国中小
学课程的基本表现形式。
什么叫课程计划？什么
叫课程标准？什么叫课
程资源？学完本节你将
会了解这些内容。

第三节 课程的表现形式

一、课程计划

（一）课程计划的基本内容

课程计划是课程设置的整体规划，是国家对学校的统一要求。课程计划的基本内容由以下三个部分构成。

第一，教学科目的设置及开设顺序。开设哪些教学科目是课程计划的核心问题。我国中小学的学科设置，基本上以恩格斯对科学的分类为依据，根据学校任务，依据青少年年龄特征和心理特点，选择最基础性的、最一般的，也是青少年成长中最必需的知识构成教学科目。教学科目确定之后，在一定时间之内，不可能同时开设，因此，必须考虑各门学科开设的顺序。各门学科的设置要按照学科性质、学科内容、规定年限、学生发展水平等因素由简到繁、由易到难地合理安排，使先学学科为后学学科奠定基础，学科之间相互衔接。

第二，课时分配。课时分配主要考虑各学科的总时数、每一门学科各学年（或学期）的授课时数和周学时等方面的时间分配。各门学科的授课时数应根据学科的性质、作用、教材内容量和难易程度进行分配。一般来说，基础性学科用的授课时间较多。

第三，学年编制和学周安排。学年编制和学周安排涉及学年阶段的划分、各学期教学周数、学生参加生产劳动的时间、节假日的规定等内容，这对学校工作的顺利开展是非常必要的。

（二）课程计划的指导思想和基本原则

1. 指导思想

在指导思想上，我国的课程计划遵循教育要面向现代化、面向世界、面向未来的战略思想，坚持以素质教育作为教育的发展方向，对学生进行德育、智育、体育、美育和劳动技术教育，以全面提高教育的质量。

2. 基本原则

课程计划的基本原则应包括以下四个方面。

（1）体现课程的综合性、选择性、均衡性和完整性原则，以满足不同地区和不同学生德、智、体诸方面全面发展的需要。

（2）基础性与多样性原则。根据科学的课程理论正确处理好学科课程、活动课程、核心课程及综合课程之间的关系，必修课与选修课之间的关系。

（3）教学为主，全面安排。强调教学为主，全面安排，能使知识体系相对完整，有利于学生身心发展，既能使学生掌握基础知识，又能促进学生特长的发展。

（4）稳定与变革、灵活性与统一性相结合原则。

二、课程标准

（一）课程标准的概念

回顾课程标准的历史，清末废除科举建立学校后，"课程标准"的名称就一直沿用下来。新中国成立初期，小学各科和中学个别科目的课程标准（草案）曾经一度颁布出来。1952 年以后把"课程标准"改为"教学大纲"。2001 年我国新一轮基础教育课程改革正式启动，将沿用多年的"教学大纲"又改为"课程标准"。

课程标准是课程计划中每门学科以纲要的形式编定的、有关学科教学内容的指导性文件。[①]课程标准规定了学科的教学目的、任务、知识范围、深度、进度以及教学方法的基本要求。它是衡量各学科质量的根本标准，体现了国家对每门学科教学的统一要求。

（二）课程标准的主要结构

就国家课程标准的主要结构来说，包括前言、课程目标、内容标准、实施建议、术语解释五部分。前言就是阐述该课程改革的背景、课程性质、课程理念与本门课程标准的设计思路。课程目标按照国家的教育方针以及素质教育的要求，从知识与技能、过程与方法，情感态度与价值观三方面阐述本门课程的总体目标与学段目标。学段的划分大致规定为：1 ～ 2 年级、3 ～ 4 年级、5 ～ 6 年级、7 ～ 9 年级。课程根据学段去编排和分配。内容标准是根据课程目标，结合具体的课程内容，使用实

---

① 北京师范大学等．在职攻读教育硕士专业学位、全国统一（联合）考试大纲及
  指南［M］．北京：北京师范大学出版社，2003：75

注意到以下几个问题才能准确地理解各门学科的课程标准。

第一，义务教育课程标准体现义务教育的基本要求，是让绝大多数学生经过努力能够完成并达到目标，体现国家对公民素质的基本要求，培养学生终身学习的愿望和能力。国家课程标准是某一学段共同的、统一的基本要求，而不是最高要求，是最小限度的控制，而不是最大限度的控制。

第二，从课程标准的范围上说，除"知识方面的要求"以外，还必须包括"认知、情感与动作技能"。传统的教学大纲较多以学科体系为中心，教学要求的表述方式比较笼统和单一，往往限于"初步了解"、"理解"、"掌握"、"运用"等抽象的描述，往往在知识点的表述方式上非常具体，结果导致了教师过多地关注知识点，关注学习的效果，而忽视了过程与方法、情感态度与价值观的培养。课程标准从知识与技能、过程与方法、情感态度与价值观三个维度阐述各门课程的目标，并结合学生经验、学科知识和社会发展三个方面的内容，体现人文主义的理念。

第三，值得注意的是，课程标准主要是对学生在经过某一学段之后的学习结果的行为描述，要求教师不再单一地做教科书的执行者，而应成为教学的设计师和开发者。教科书仅仅为教师提供一个依据、一种范例，教师应该根据学生的需求和实际情况进行变通调整，创造性地使用教科书。

践目的去描述。实施建议主要包括教与学的建议、评价建议、课程资源的开发与利用建议，以及教材编写建议等。同时要求在易误解的地方或陈述新出现的重要内容时，提供适当的典型性案例。最后，术语解释就是要对标准中出现的一些重要术语进行解释与说明。

三、课程资源

（一）课程资源的定义和分类

课程资源是指课程设计、编制、实施和评价等整个课程发展过程中可以利用的一切人力、物力以及自然资源的总和。

在我国，有人按照不同标准对课程资源作了分类，从来源方面来说，课程资源可分为校内课程资源、校外课程资源和网络课程资源；从性质角度而言，课程资源可分为自然课程资源和社会课程资源；从物理特性和呈现方式来讲，课程资源可分为文字课程资源、实物课程资源、活动课程资源和信息化资源；从存在方式而论，课程资源可分为显性课程资源与隐性课程资源。

除此之外，按照课程资源的功能特点，课程资源还可以划分为素材性课程资源和条件性课程资源两大类。素材性课程资源的特点是对课程起促进作用，还能成为课程的素材，是学生学习和内化的对象，例如知识、技能、经验、活动方式与方法、情感态度与价值观以及培养目标等方面的因素。而条件性课程资源的特点是作用于课程，在很大程度上决定着课程的实施范围和水平，例如人力，物力，财力、时间和环境等因素。但它不是课程本身的直接来源，也不能成为学生学习的直接对象。课程资源的丰富多样性，通过这些分类得以充分体现。

（二）教材与教科书

1. 教材与教科书的概念界定

教材是教师和学生用来进行教学活动的材料。随着科学技术的发展与进步，教学手段的现代化，教材不仅包括教科书，还包括视听教材。录像、录音、幻灯、电视、电影等视听教材已成为教学内容的一部分。近年来关于微型电子计算机的基础知识，已经成为中小学的一门课程。

教科书又称课本，它是依据教学大纲（课程标准）编制的、系统反映学科内容的教学用书。教科书不同于一般书籍，它是为一定年级的学生掌握某一门学科的基本知识而编写的书籍。

教科书一般由目录、课文、习题、实验、图表、注释、附录等部分构成。课文是主体部分。教材内容按课编排，或是分篇章来叙述。

2．教科书的编订技术

编订技术方面有以下基本要求：①结构层次要分明；②文字表述要简练、精确、生动、流畅；③篇幅需详略得当；④标题和结论应用不同的字体或符号标出，正文字体大小要适宜；⑤封面、图表、插图力求清晰、美观；⑥装订要坚固耐用，规格大小、厚薄均要适宜。

3．教科书的作用

（1）教科书是依据教育目的和培养目标而编制的，根据教学计划对本学科的要求，来分析教学内容和任务。

（2）研究本学科在学校教育中与其他学科的关系，确定本学科主要的教学活动、课外活动或实践活动，对各阶段、各学科的教学做出统筹安排。

（3）教科书也是教师进行教学的主要依据，它是教师的备课、上课、布置作业，学生学习成绩检查评定的基本材料。教师顺利完成教学任务，首要条件就是要熟练地掌握教科书的内容。

（4）教科书是学生在学校教育中获得系统知识、进行学习的主要材料，有利于学生有效地掌握教师讲授的内容以及学生自己的预习、复习和作业。教科书是学生进一步扩大知识领域的基础，所以，要教会学生如何有效地使用教科书，发挥教科书的最大作用。

4．教科书编写应遵循的原则

（1）教科书编写应体现科学性与思想性的统一，具有一定的实用性。

（2）教科书的编写应注重知识的内在逻辑性和教学方法的要求，同时更要符合受教育者学习的心理顺序。

（3）教科书的编写要兼顾同一年级各门学科内容之间的关系。

（4）教科书的编写应注意同一学科各年级教材之间的衔接。

扩展阅读

课程改革的目标

1．基础教育课程改革

要以邓小平同志关于"教育要面向现代化、面向世界、面向未来"和江泽民同志"三个代表"的重要思想为指导，全面贯彻党的教育方针，全面推进素质教育。

新课程的培养目标应体现时代要求。要使学生具有爱国主义、集体主义精神，热爱社会主义，继承和发扬中华民族的优秀传统与革命传统；具有社会主义民主法治意识，遵守国家法律和社会公德；逐步形成正确的世界观、人生观、价值观；具有社会责任感，努力为人民服务；具有初步的创新精神、实践能力、科学和人文素养以及环境意识；具有适应终身学习的基础知识、基本技能和方法；具有健康的体魄和良好的心理素质，养成健康的审美情趣和生活方式，成为有理想、有道德、有文化、有纪律的一代新人。

2. 基础教育课程改革的具体目标

改变课程过于注重知识传授的倾向，强调形成积极主动的学习态度，使获得基础知识与基本技能的过程同时成为学会学习和形成正确价值观的过程。

改变课程结构过于强调学科本位、科目过多和缺乏整合的现状，整体设置九年一贯的课程门类和课时比例，并设置综合课程，以适应不同地区和学生发展的需求，体现课程结构的均衡性、综合性和选择性。

改变课程内容"难、繁、偏、旧"和过于注重书本知识的现状，加强课程内容与学生生活以及现代社会和科技发展的联系，关注学生的学习兴趣和经验，精选终身学习必备的基础知识和技能。

改变课程实施过于强调接受学习、死记硬背、机械训练的现状，倡导学生主动参与、乐于探究、勤于动手，培养学生搜集和处理信息的能力、获取新知识的能力、分析和解决问题的能力以及交流与合作的能力。

改变课程评价过分强调甄别与选拔的功能，发挥评价促进学生发展、教师提高和改进教学实践的功能。

改变课程管理过于集中的状况，实行国家、地方、学校三级课程管理，增强课程对地方、学校及学生的适应性。

（资料来源：《基础教育课程改革纲要（试行）》）

 专题小结

课程计划、课程标准和课程资源是我国中小学课程的基本表现形式。课程计划是课程的具体表现形式之一，是课程的总体设计或总体规划。课程标准是课程计划中每门学科以纲要的形式编订的、有关学科教学内容的指导性文件。课程资源是指课程设计、编制、实施和评价等整个课程发展过程中可以利用的一切人力、物力以及自然资源的总和。

课程编制模式

一、课程编制的概念

课程编制是课程论在教育实践中的一个重要应用问题。在历史上,对课程编制这一概念的表述出现了不一致。在英文中,最初使用的词语主要是 curriculum making 和 curriculum construction。我国 20 世纪 20～40 年代用"课程编制"或"课程编订",随着 50 年代以后,欧美用 curriculum development 一词渐渐取代了 curriculum making 和 curriculum construction,从 70 年代末开始,学者对其翻译一是沿用旧译"课程编制"或"课程编订";二是译为"课程开发";三是"课程发展";四是使用"课程研制"。

除了对这一基本概念的翻译不一样之外,对课程编制与课程设计两者之间关系的理解也不同。有研究者认为课程设计包含课程编制;有研究者持相反的态度,认为课程编制包含课程设计;[1]也有国外研究者认为课程编制与课程设计各有侧重,例如在克莱恩(M. Mclean)看来,课程编制强调有关教学计划的过程等,课程设计则是课程的组织形式或结构。

我们认为课程编制是"完成一项课程计划的整个过程,它包括确定课程目标、选择和组织课程内容、实施课程和评价课程等阶段。"[2]课程设计是指选择什么样的教学内容和如何组织所选的教学内容,因此,课程编制较之课程设计是一个上位概念,课程编制包含课程设计。

---

① 沈剑平.课程编制的目标模式和过程模式述评[J].课程·教材·教法,1988 (6):47

② 施良方.课程理论:课程的基础、原理与问题[M].北京:教育科学出版社,1996(2004 年重印):81

二、课程编制模式

从 20 世纪 20、30 年代的科学化课程编制运动开始,到 50、60 年代的课程改革运动,再发展到今天,课程研究已粗具规模。目前,课程编制模式可以分为多种基本模式,本书主要介绍目标模式、过程模式和情境模式三种。

(一)目标模式

现代课程理论的先驱博比特最先将目标概念化,并将其从工业管理领域引入课程研究领域,第一次明确强调研究课程编制的重要性;查特斯卓有成效地发展了博比特的理论;拉尔夫·泰勒在吸收博比特、查特斯有关思想的基础上,总结"八年研究"的成果,从实践中汲取了养分,在 1949 年系统地提出了目标模式。他在《课程与教学的基本原理》一书中首次提出了课程编制所涉及的四个基本问题:①学校应该达到哪些教育目标? ②为实现这些目标,学校应该提供哪些教育经验? ③怎样才能有效地组织这些教育经验? ④怎样才能判断这些目标正在得以实现? 这四个问题构成了著名的"目标"、"内容"、"组织"和"评价"模式,并分别对应以下四个基本步骤:第一步是确定教育目标;第二步是根据教育目标为学生选择和建立适当的学习经验;第三步是对所选定的学习经验进行组织;第四步是对预期课程的评价。其中,第一步确定教育目标是最关键的,因为后面三个步骤都是围绕目标加以陈述的。

目标模式是课程领域出现的第一个较为完整的理论,曾对全世界中小学和大学课程的发展产生了广泛而深刻的影响,它所概括出来的课程编制的四个步骤曾被广大课程研究工作者所接受,被誉为"经典模式"。这种模式的优点在于条理清晰,具体的行为目标便于操作和评价。这种模式也存在以下缺点。①把知识作为实现目标的工具。知识只是作为实现目标的工具和手段,外在于学习者。为了实现预期的目标,知识被割裂和分解,知识自身没有内在的价值和意义。②忽视了学生学习的主体性。该模式不考虑学生的兴趣和需要,重视学生以外的目标,学生的行为表现只是依据别人为他制定的目标。③对课程编制的程序认识过于简单。依据逻辑关系详细地制定所有目标颇有难度,且学生达到的目标不一定就是预期目标,它有可能是教学过程中临时产生的非预期目标。

(二)过程模式

过程模式以英国课程论学者斯坦豪斯为主要代表。他在 1975 年出版的《课程研究与开发导论》一书中,分析和批评了泰勒的目标模式,提出了过程模式理论。"他反对目标模式线性的课程开发,认为课程与教学是在一定目标指引下的展开与生产过程,而不是在行为目标预先设计好了的轨道上按部就班地运行。课程编制不是制订好行为目标、计划方案,然后按图施工,并依据目标进行评价。在过程模式那里,课程编制本身就是一种研究过程,也是一种实施过程与评价过程,是专家和教师共同开发的过程,主张在宽泛的、一般性目标的基础上将研究、实施、评价合而为一。"[①]由此可见,过程模式的焦点是过程或程序,而不是目标或内容。该模式认为:①教育不是达到目的的手段,而是强调一个动态发展的研究过程;②目标不是一成不变的,是暂时的、多变的,在教学中可以随教师和学生的活动随时修正;③教育的价值存在于教育过程本身,而不是在教育过程之外。

过程模式强调教育的动态过程,鼓励学生自由探究,重视培养学生的思考能力,重视教师的作用。但是过程模式因为在程序设计上没有提出明确的方案,不便于实施,在实际操作方面意义不大。

(三)情境模式

情境模式又称"学校中心课程"或"文化分析模式",这一模式的主要代表人物是英国的劳顿(Lawvton D.)和斯基尔贝克(Skilbeck M.)。情境模式认为目标模式和过程模式都忽视了学校情境和文化背景,它是在吸收这两者长处的基础上产生的,较富有弹性。它要求重视学校在文化背景和办学条件等具体环境上的差异,要求在特定的社会环境中进行课程编制,通过对社会文化情境的分析,使课程生成于文化,而不是去情境和去环境的。

情境模式的编制方法包括以下四个组成部分:①分析情境并根据情境分析结果,确定目标;②设计课程方案;③阐明和实施方案、交付实践;④检查、评价、反馈和重建。情境模式认为课程编制是作为一种手段而非目的,通过这种手段不仅能够有效改造学生的经验,而且有助于教师的专业成长。

扩展阅读

20 世纪 30 年代的"八年研究"计划

20 世纪 30 年代,美国面临着经济危机所带来的冲击,为了解决中学与大学的衔接、升学和就业矛盾等问题,1930 年,美国进步教育协会成立了"大学与中学关系委员会",探讨中学与大学之间的合作

---

① 潘洪建.课程编制模式的知识论透析[J].当代教育与文化,2009,1(4):72

关系问题。委员会的主席是俄亥俄州大学教授艾肯。1932年,该委员会制订了一项为期8年(1933—1941)的大规模实验研究计划,即"八年研究"计划。

　　该委员会在200所中学中选出30所中学,参加此项研究,因此,"八年研究"也被人们称为"三十校实验"。参加这项实验研究的30所中学很有代表性,包括公立的和私立的、规模大的和规模小的,并且来自美国不同的地区,其经济、文化背景都不相同。实验研究以进步主义教育思想为指导,实验学校具有较大的自主权,都可以根据自己的情况制订符合自己需要的教育计划。

　　本实验主要研究的内容有四个方面。①关于教育的目的。确定中学教育的目的除升学外,就是实现个人的发展,并有效地协调个人与社会的关系,为个人走向社会做准备。②关于教育管理。采用了许多不同的方式来安排课程和方法,特别注重让全体教师共同参与对教学大纲的再评价。③关于课程和方法的选择与安排。主张围绕青少年个人和社会活动的问题设计新的课程,特别是核心课程(也叫综合课程),即把一些相关的课程进行整合,组成一门新的学科,产生了较大影响。在教学方法上注意学生的兴趣,强调学生的思考以及学生与教师之间的合作。④关于评估工作。设计了许多对教育过程和目标的测验,例如评定学生对信息的解释能力,或处理社会问题的能力,还有对升大学的学生能力的评定,等等。

　　"八年研究"通过比较研究得出的结论是:从整体上看,参加实验的30所中学的毕业生,比没有参加实验的学校的毕业生学习略胜一筹,而改革力度大的中学效果更为明显。"八年研究"计划通过对美国中等教育与大学关系的研究,揭示了中等教育中的许多问题,实验所使用的研究方法等在以后也得到广泛应用,所有这些都为美国教育改革提供了有益借鉴。

　　(资料来源:王保星. 外国教育史[M]. 北京:北京师范大学出版社,2008:389 - 390)

📚 专题小结

　　我们认为课程编制包括课程目标的确定、课程内容的选择和组织、课程实施和课程评价等阶段,课程编制包含课程设计。

　　本节主要介绍了三种课程编制模式:目标模式、过程模式和情境模式。目标模式围绕以下问题展开:①学校应该达到哪些教育目标?②为实现这些目标,学校应该提供哪些教育经验?③怎样才能有效地组织这些教育经验?④怎样才能判断这些目标正在得以实现?其最显著的特点是强调目标的重要性,其缺陷也很明显:①把知识作为实现目标的手段;②不重视学生的主体性;③对课程编制的程序认识过于简单。学生达到的目标不一定就是预期目标,它有可能是教学过程中临时产生的非预期目标。过程模式与目标模式不同,它注重过程而不是目标,当然,两者都各有优缺点。情境模式则吸收了目标模式和过程模式的优点,立足于解决课程与文化的关系问题,强调在课程编制过程中要注重特定的学校环境和文化背景。

思考与练习

一、填空题

1. 学生在校期间所学内容的总和及进程安排指的是_____。

2. 从儿童的兴趣和需要出发,以儿童的活动为中心,通过亲身体验获得直接经验的课程是_____。

3. 从课程的组织核心划分,课程可以分为_____和_____。

4. 影响课程的因素是多方面的,主要因素有政治因素、经济因素、知识的进步和_____。

5. 在我国,中小学课程的表现形式为课程计划、课程标准和_____。

6. 课程计划中每门学科以纲要的形式编订的、有关学科教学内容的指导性文件称为_____。

二、名词解释

1. 学科课程　　2. 课程资源　　3. 情境模式

三、简答题

1. 活动课程的优点和缺点各是什么?

2. 课程计划的指导思想和基本原则有哪些?

3. 目标模式围绕哪些问题展开?

四、论述题

1. 正确理解课程的概念应该注意哪些问题?

2. 准确理解各门学科的课程标准需要注意哪些问题?

第四章

教学（上）

教育学原理和课程与教学论都讲教学，看似一样，实则不同，教育学原理主要侧重在教学理论范式及其所蕴涵的原理上，而课程与教学论则侧重方法，重点研究教学理论的性质、结构和方法。在教育学原理的框架内，可以这样定义教学，即：教学是特定的成人社会代表者，运用符合道德和教育原理的程序，有目的、有计划地传授社会珍贵知识文化资源，从而引发学习的活动。

 学完本章，你将能够：

（1）了解教学与教育、智育、上课的区别与联系；

（2）了解教学模式的概况；

（3）掌握教学的意义及教学理论范式；

（4）掌握教学模式的概念、特点、结构，领会教学模式的功能，理解和运用教学模式；

（5）重点掌握教学的概念和作用，国外主要的教学模式和我国的教学模式。

第一节

教学概述

导 读

教学，是特定的成人社会代表者，运用符合道德和教育原理的程序，有目的、有计划地传授社会珍贵知识文化资源，从而引发学习的活动。学完本节，你将会了解教学与教育、智育、上课的区别与联系，掌握教学的意义及教学理论范式，重点掌握教学的概念和作用。

思 考

说一说，你还知道哪些关于教学的概念。

一、教学的定义

（一）教学的概念

教育学原理和课程与教学论都讲教学，看似一样，实则不同，教育学原理主要是侧重在教学理论范式及其所蕴涵的原理上，而课程与教学论则侧重方法，重点研究教学理论的性质、结构和方法。在教育学原理的框架内，可以这样定义教学，即：**教学是特定的成人社会代表者，运用符合道德和教育原理的程序，有目的、有计划地传授社会珍贵知识文化资源，从而引发学习的活动。**[①]

特定的成人社会代表者指教师，专指所教学科的教师。用符合道德和教育原理的程序是说这种教学是教师在不违反道德规范和教学规律的情况下进行的。教学是教师与学生之间的一种感情、思想、知识的交流，是一种双边活动。教师必须能从教育学著作或规律中找出自己行为的依据，以证明自己的教学不是无源之水，无本之木；教师还必须给学生向教师提出质疑的权利和自由并必须对这种质疑给出合理的解释；教学还要符合教育学原理的要求，教师最起码要以有助于学生学习的方式来安排教学，同时教师要像了解学科知识一样了解学生，并且能够根据这些来选择自己的学科教学方法。

（二）教学与教育、智育、上课的区别与联系

教学与教育是部分与整体的关系（如图 4-1 所示）。教育包括教学，教育是个大概念，包括学校培养人的全部工作，教学只是学校进行教育的一个基本途径。除教学外，教育还通过生产劳动、社会实践以及课外活动等途径对学生进行教育。另外，教学工作是学校教育的中心，

---

① 齐梅. 教育学原理学科科学化问题研究[M]. 北京：中国社会科学出版社，2007：194

学校教育工作除了教学外,还有德育工作、体育工作、后勤工作以及卫生工作等。

图4-1　教学与教育的关系

（资料来源:陈理宣．教育学原理——理论与实践[M].北京:北京师范大学出版社,2010）

教学与智育两者既有联系又有区别(如图4-2所示)。智育是向学生传授系统的科学文化知识,发展学生的智力,这主要是靠教学来实现的,这是两者的联系。不能把二者等同起来,一方面,教学既是智育的主要途径,同时也是德育、体育、美育、劳动教育的途径;另一方面,智育虽然主要靠教学活动来实现,但也需要通过课外活动、竞赛活动等其他方式来实现。把教学等同于智育将阻碍教学作用的发挥。

图4-2　智育的途径和教学的关系

（资料来源:黄济,王策三．现代教学论[M].北京:人民教育出版社,1996）

教学与上课是整体与部分的关系。上课主要是指课的进行,指课堂教学。上课是整个教学工作的中心,是教学的主要方面。教学除上课外,还有课外辅导以及学业考评等环节。

二、教学的意义

思 考

讨论:教学还有别的意义吗?

（一）教学是学校各项工作的中心

教学在学校教育中处于中心地位,学校要卓有成效地实现培养目标,造就更多的合格人才,就必须以教学为主,并围绕教学来安排其他工作。从教育途径方面看,一个学校的教育途径是多种多样的,概括起来有教学、德育、体育、劳动、社会活动、党团活动和社团活动等。教学的重要地位主要体现在以下三个方面。

第一,在工作类型方面,一个学校的工作一般可分为教学工作、党务工作、行政工作和后勤工作等,后三种工作都是为教学工作服务的,这就在活动事实上保证了教学工作是学校工作的中心。

第二,从时间、空间和设施来看,教育资源大部分为教学所占有,这充分体现了教学在学校教育中所处的中心地位。

第三,在活动目的方面,教学的目的与教育的目的是一致的,都是为了促进学生德、智、体、美、劳的全面发展,而学校的其他活动,其直接目的是单方面的,这也决定了教学处于中心地位。

（二）教学是促进人的发展的重要途径

教学对个体发展的影响是直接而具体的,表现在个体个性发展的各个方面。

首先,教学作为实现全面发展教育的基本途径,能够使学生的认识突破时间、空间以及个人直接经验的局限,从而扩大知识的范围,提高认识的速度。

其次,教学可以使学生在学习科学知识的基础上形成世界观和价值观。

最后,教学还可以为学生提供有关身心方面的知识和方法,促进学生的身心健康。

总而言之,教学就是紧密结合社会珍贵知识文化资源的,对学生在德、智、体、美、劳诸方面进行影响的传授和学习。

（三）教学是促进社会发展的重要手段

教学是由特定的成人社会代表者把社会珍贵知识文化资源传承给下一代的活动,从而使物质与精神生产不断进行,使人类得以维持与发展。通过教学活动,人类历史经验的精华可以让年青一代在较短时间内基本掌握,个体的身心健康可以得到有力的促进,个体的发展可以在较短时间内达到人类发展的一般水平,为社会发展奠定必要的基础。

三、教学理论范式

教学理论是尽量合理地设计教学情境,为达到学校教学目的所建立的一套具有导向功能的系统理论。教学理论不同于学习理论,教学理论在本质上是一种处方性和规范性的理论,而学习理论是描述性的。教学理论所关心的是怎样更好地教会学生想学的东西,它所关心的是促进学习而不是描述学习;学习理论关注的是描述学习的本质及其发生过程,它本身并不关注应该如何激发和引导学习。教学理论的构成是由其性质决定的。一般来说,一个完备的教学理论由以下四个要素构成①。

思 考

如何在实际教学中理解教学理论范式?

---

① 齐梅.教育学原理学科科学化问题研究[M].北京:中国社会科学出版社,2007:194-195

（一）叙事论

叙事论是一种事实性的陈述，是针对各种教育现象所做出的，是教学理论体系的基础。任何一种教学理论都包含大量的叙事论的成分。这种理论主要是为了回答教学现实"是什么"的问题。

（二）因果论

因果论揭示各种教学现象之间的因果关系，是教学理论的任务之一。因此，构成教学理论的又一重要因素就是运用因果观点揭示各种教学现象之间引起与被引起关系的理论。这一理论一般采用归纳、经验研究的方法，解决教学"为什么"的问题。

（三）价值论

价值论是一种价值判断理论，是人们在对某一事物做出基本的事实判断的基础上自觉或不自觉地产生的。它以人们在社会生活中逐步形成的价值观念和价值取向为依据，即有关什么是美好的、善的和应该的等一系列观念和认识倾向。

（四）应用论

应用论是这样一种理论，即：把教学事实判断和因果分析论运用于实现某种既定的教学目标的论述所形成的理论。应用论在教学中起桥梁和中介的作用，连接了教学思想与教育实际，是最终实现教学理论的改造功能的基本要素和结构。应用论因专门研究和探讨实现特定教学理想目标的最佳方法而被称为"工具性"理论或"操作性"理论。[①]

四、教学的基本任务

教学任务是学校教育目的在教学中的具体体现，它主要是由大众所追求的价值取向决定的，它指明了各教育阶段、各科教学应该实现的目标和要求。教学任务的确定要受几种因素的制约，例如教育目的、学生的年龄特征、学科的科学特性、教学的时空条件等。教学任务不仅是教学活动的出发点，也是确定教学内容、选择教学方法和教学手段的依据。教学的根本目的是促进学生德、智、体、美等方面的全面发展。教学的基本任务如下。

（一）传承珍贵知识文化资源，形成学生的基本技能

人类社会历史实践经验的概括和总结就是知识，它是人类对客观

---

① 徐继存. 教育理论的性质及其结构考察[J]. 课程·教材·教法,1994(3)

世界的现象、事实及其规律的认识。教学的基本任务就是要把人类社会长期积累起来的珍贵知识文化资源迅速有效地传授给新生一代，并把它内化为个人的知识和智能。由于教学的其他任务只有在引导学生掌握知识文化资源以后才能实现，因此只有完成好这一项任务，才有条件完成其他教学任务。教学如果没有知识就无法发生和展开，没有了知识，一切教育教学的目的、目标都成了空中楼阁，一切教学活动也都成了无源之水、无本之木。

教学的任务，不只是要使学生掌握珍贵的知识文化资源，更重要的是能使学生形成运用知识的基本技能。通常，运用所掌握的知识去完成某种实际活动的行动方式，我们称为技能。技能又分为动作技能和智力技能。动作技能也叫操作技能，是指一系列实际动作以合理、完善的程序构成的操作活动方式，如写字、游泳、踢球等。智力技能也叫智力活动技能，是指借助内部言语在头脑中进行的认知活动的方式，如默读、心算、作文等。所谓**基本技能**，是指各门学科中最主要、最常用的技能，如语文和外语的阅读写作技能、数学的运算技能、物理和化学的实验技能等。**技能可以通过反复训练，达到熟练甚至"自动化"的程度，这就是技巧**。一般来说，知识的掌握是形成技能、技巧的基础，而技能、技巧的形成又有助于进一步理解和掌握知识，它们是互相促进的关系。

（二）发展学生的基本能力，教会学生学习

学生的基本能力主要包括学生的智力、体力和创造才能。发展这些能力，不仅是顺利进行高质量教学的必要条件，也是现代教学的一项重要任务。

人们成功地完成某种活动所必需的个性心理特征即为能力。它有两种含义：一种是**可以用成就来测验和测量的**，表现为个体的实际能力和已达到的某种熟练程度；另一种是指**可用性向测验来测量的潜在能力**，即尚未表现出来的心理能量，而通过学习和训练后可能发展起来的能力与可能达到的某种熟练程度。实际能力与心理潜能是不可分割的统一体，心理潜能是实际能力形成的基础和条件，而实际能力是心理潜能的展现。因而在教学过程中，让学生在学习和训练中发展能力，既是可能的，也是必需的。人的能力既借助于基因代代相传，又作为人的外部的客体化的东西，作为文化成果继承下来。因此，新生一代要作为一个"人"而得到发展，就要从他们先辈遗留下来的产品中，抽取镌刻在其中的客体化了的人类能力，内化为自身的素质，个体的发展就是通过掌握外在的人类的能力才得以实现的。在成人社会代表者介入的背景下，学生把客观世界客体化了的人类能力独立地内化为自己的东西。教学以培养人为目标，有意识、有目的、有计划地组织这种活动，并以此来发展学生的基本能力，教会学生学习。

所谓智力,是指人认识、理解客观事物并运用知识、经验等解决问题的能力,包括记忆、观察、想象、思考、判断等。构成智力的五种因素是观察力、注意力、记忆力、想象力、思维能力,其中思维能力是智力的核心。发展学生的智力,就是要使学生在学习知识的过程中,不断提高各种认知能力。

所谓体力,是指人在活动过程中,运用体能所表现出来的能力,如速度快慢、力量大小、耐力强弱等。体力有遗传因素方面的影响,也与合理的生活学习条件、适当的锻炼密切相关。所以,在教学中,要特别注意教学卫生教育,要求学生坐、立、书写、阅读以及进行其他学习活动时,保持正确的姿势,保护学生的视力,防止因课业过重导致学生身体发育不良的状况,要使学生有节奏、有规律地生活和学习,以保持旺盛的精力,保证强健的体魄。

所谓创造才能,主要是指学生运用自己已有的知识和技能,去探索和发现未知知识的能力。创造才能不仅是智力发展的最高形式,而且是学生个人的求知欲望、进取心、创新精神、意志力和自我实现决心的体现。教师只有善于启发诱导学生进行积极的思维活动,鼓励他们完成创造性的工作,才能发展学生的智力和创造才能。

(三)张扬学生的个性,促进个体健康发展

现代教学论十分关注学生个性的发展。主张通过教学协调每一位学生的知识、智力、情感、兴趣、意志等因素,充分发挥学生的主观能动性,张扬学生的个性。个性是具有一定倾向性的心理特征的总和,是指一个人的整个精神面貌。它包括气质、性格、能力、动机、兴趣、理想、信念等。这些个性特征错综复杂、交互联系、有机结合,对人的行为进行整体调节和控制。如果这些特征关系协调,人的行为就是正常的,表现出个性健康的特征;如果失调,就会造成个性分裂,使人产生不正常的行为,表现出心理病态的特征。个性是在先天生理结构的基础上,在后天的教育影响下形成的。教学是教育的基本途径,在教学过程中,学生在教师的指导下进行学习,与教师、教材相互作用、相互影响,并借助这种相互影响,获得新的知识、技能及人生观,发展个性,改善气质和性格,形成健康的动机、兴趣、理想、信念,从而促进个体的健康发展。

(四)培养学生的品德,奠定学生科学世界观的基础

世界观是人们对世界总的看法与根本观点。青少年学生的世界观、审美情趣和品德正处在急速发展中,教学在使学生形成科学世界观、培养审美情趣和优良品德方面起着重要作用。教育是德育的重要途径,科学知识的传播必须坚持正确的政治方向和科学性。教学具有教育性,教师在向学生传授知识的同时,必然会对学生世界观、审美情

趣和优良品德的形成产生影响。

在教学中,掌握知识、发展能力、张扬学生个性以及培养学生品德之间是紧密联系,不可分割的。知识与能力是相辅相成、互相促进的。知识是形成能力的基础,它引领着能力的形成,使能力变得正确和精练;能力的形成也会加深和巩固对知识的理解,并为学习新知识提供条件和手段。知识、能力与个性的关系很密切,一个人的知识和能力,对个性的形成和变化的影响非常大,在某种程度上具有决定性意义;个性的差异,对一个人知识掌握和能力发展的种类、速度以及质量,在一定意义上也具有决定性作用。培养学生的品德是教育的重要目标,是衡量教育效果的重要尺度,在一定意义上也具有重要作用。

 专题小结

教学是特定的成人社会代表者,运用符合道德和教育原理的程序,有目的、有计划地传授社会珍贵知识文化资源,从而引发学习的活动。教学与教育、智育、上课之间有区别也有联系。教学的意义在于它是学校各项工作的中心,是促进人的发展的重要途径,是促进社会发展的重要手段。教学理论范式有叙事论、因果论、价值论和应用论。教学的基本任务是:传承珍贵知识文化资源,形成学生的基本技能;发展学生的基本能力,教会学生学习;张扬学生的个性,促进个体健康发展;培养学生的品德,奠定学生科学世界观的基础。

第二节

教学模式

一、教学模式概述

（一）教学模式的概念

模式,其实就是解决某一类问题的方法论。把解决某类问题的方法总结归纳到理论高度,那就是模式。模式是一种指导,在一个良好的指导下,有助于完成任务,有助于做出一个优良的设计方案,达到事半

导　读

　　教学模式是在一定的教学思想、课程理论和学习理论指导下,在某种环境中展开的教学活动进程的稳定结构形式。教学模式既是教学基础理论的具体化,又是教学具体经验的概括化。学完本节,要了解教学模式的概况,掌握教学模式的概念、特点、结构,领会教学模式的功能,理解和运用教学模式。重点掌握国外主要的教学模式和我国的教学模式。

思　考

　　你是如何理解教学模式的概念的?

功倍的效果,而且会找到解决问题的最佳办法。把"模式"一词引入教学领域并加以系统整理与研究的人,首推美国的乔伊斯和韦尔。乔伊斯和韦尔在其《教学模式》一书中认为:教学模式是构成课程、选择教材、指导在教室和其他环境中进行教学活动的一种计划或范型。在教育学原理的范畴内,教学模式可以这样表述,即:**教学模式是在一定的教学思想、课程理论和学习理论指导下,在某种环境中开展的教学活动进程的稳定结构形式。**[①] 教学模式既是教学基础理论的具体化,又是教学具体经验的概括化,与基础理论相比,具有更大的操作性,教学模式是基础理论与教学实践的中介。在教学中,由于教育目的、教学内容、学生情况、教师风格等方面存在多样性,决定了教学模式也具有多样性。同样,没有哪一种教学模式具有普遍适用性,都要根据学生的具体情况,选用不同的教学模式。

(二)教学模式的特点

思 考

如何理解教学模式的特点?

1. 教学模式是一定教育思想的反映

每一种教学模式都是在一种或几种特定的教学理论或教育思想的影响下产生的。教学模式并不只是教学方法,它是一种包含教育思想在内的稳定结构形式。教育者所持的教育观念不同,其所产生和运用的教学模式也不尽相同,例如程序教学模式是新行为主义思想的反映,非指导性教学是人本主义教育思想的反映。

2. 教学模式是连接基础理论与教学实践的桥梁和中介

教学模式既是教学经验上升到基础理论的转化环节,又是基础理论应用于教学实践的转化环节,这两者集中反映在人们认识、掌握并运用教学规律的行为模式上。也就是说,教学模式是沟通基础理论与教学实践的桥梁和中介。

3. 教学模式具有针对性和可操作性

任何一种教学模式都具有针对性和可操作性,每种教学模式都是针对某一特定问题提出的,为解决这一问题,教学模式提出了切实可行的操作顺序。

由于任何一种教学模式都是围绕着一定的教学目标设计的,而且每种教学模式的有效运用也需要一定的条件,因此教学模式存在很强的针对性,并不存在万能的教学模式。最好的教学模式就是在一定的情况下,达到特定目标的最有效的模式。在教学过程中选择教学模式时必须注意不同教学模式的特点和性能,注意教学模式的针对性,要做

---

① 齐梅. 教育学原理学科科学化问题研究[M]. 北京:中国社会科学出版社,2007:199

到具体问题具体分析,不能一概而论。

教学模式是一种稳定的结构形式,它把某种教学理论中最核心的部分用简化的形式反映出来,为人们提供了一个教学行为框架,比抽象的理论更具体。它具体地规定了教师的教学行为,使得教师在课堂上有章可循,有理可依,便于教师理解、把握和运用教学理论指导教学。教学模式的可操作性使得课堂教学得以顺利进行。

4. 教学模式具有整体性和灵活性

任何教学模式都是一个整体,由各个要素有机构成,其本身都有一套完整的结构和机制。它具有一定的灵活性,作为并非针对特定的学科内容的教学模式,它体现某种理论或思想,又要在具体的教学过程中进行操作。因此,在运用教学模式时,既要透彻理解其基本原理,切实掌握其方式方法,做到整体把握,综观全局,又必须考虑到学科的特点、教学的内容、现有的教学条件和师生的具体情况,进行方法上的调整,以体现对学科特点的主动适应,体现具体问题具体分析的方法论。

5. 教学模式具有开放性和稳定性

教学模式是一个动态开放的系统,有自己的产生、发展、不断完善的过程,具有开放性的特点。而教学模式一旦形成,又具有一定的稳定性,它是大量教学活动的理论总结,在一定程度上揭示了教学活动的普遍性规律。一般情况下,教学模式不涉及具体的学科内容,所提供的程序对各学科教学都起着普遍的参考作用。

教学模式的开放性是绝对的,稳定性是相对的。教学模式随着教学理念、理论和实践的发展变化而不断得到丰富和完善。一种有影响的教学模式之所以具有较强的生命力,就在于它在原有基础上能够不断变化、充实和提高,否则就会有被淘汰的危险。因此,教学模式的开放性是绝对的。教学模式是依据一定的理论或教学思想提出来的,一定的教学理论或教学思想又是一定社会的产物,所以教学模式总是与一定历史时期社会政治经济水平和科学文化教育水平相联系的,受到教育方针和教育目的的制约,因此这种稳定性又是相对的。

（三）教学模式的功能

教学模式是教学活动的基本结构,每个教师在教学工作中都在自觉不自觉地按照一定的教学模式进行教学,因此,教学模式的功能可以概括为以下几个方面。

1. 使教学理论易于推广和优化的功能

教学模式具有很强的针对性和可操作性,它一般是将一些优秀的教学方法加以概括、规范,使之更为成熟、完善,并上升为一种可行的理论体系。通过教学模式这个中介所构建的教学理论,既简洁精练,又具

思　考

你认为教学模式还有什么功能?

有针对性和可操作性。在教学实践中,教育家们总结出大量的教学经验,经过逐步的概括和系统的整理,使它们通过教学模式而进一步成为教学理论。此外,各种现代的教学理论对教学实践进行指导,形成了相应的教学模式,同时丰富和发展了现代教学理论。这样形成的教学理论,便于教师直观、迅速地把握和领会其本质,便于推广、创新,不像一般的纯粹的教学理论,让教师难以理解和把握。

2. 为教师提供咨询的功能

教学模式作为教学理论的简化形态,为了易于教师接受,可以通过简明扼要的语言文字或象征性的符号图形来解释教学理论的主题和基本特征,使教师直观地把握其重点、领会其用意,从而完成为教师提供咨询的任务。教学模式的这种功能,一方面,便于教师在教学实践中借鉴运用,提高了教学理论的实用价值,同时教学模式也成了教学理论的"传声筒"。把最先进的教学理论直接运用到教学实践中去,能有效地克服教学实践的盲目性,增强其实效性。另一方面,这种功能的发挥,能使教师通过对教学模式理论要点的理解,对操作要领的把握,把教学模式理论直接运用到教学实践中去。对教学模式的合理运用,可以提高课堂教学效率,激发教师学习研究现代教学理论的热情,提高他们的教学能力。

3. 为教师做示范引导的功能

教学模式是连接基础理论与教学实践的桥梁和中介,为教学基础理论运用到教学实践中提供了较为完备的实施程序。教师要更好地从事教学,必须掌握若干常用的课堂教学模式。为教师做示范引导的功能,用意在于教给教师教学的"基本套路",但是并不限制教师的独创性。由于教学模式具有开放性和稳定性的特点,所以教师可以运用这些教学模式指导自己的教学,同时也可以根据学生的具体情况进行调整,形成适合教学实际的模式。因此,教学模式有助于为教师提供一种具有科学依据的,并可以直接参照使用的模板;有助于使课堂教学结构优化,提高学生的学习积极性;有助于把教学思想、教学原则、教学方法、教学手段、教师、学生有机地结合起来,提高课堂教学效果和教学质量。发挥教学模式的这一功能,对于教师尽快地独立教学,使教学工作规范化以及建立正常的教学秩序具有重要意义。

4. 预测教学结果的功能

这种功能是指教学模式有助于预见预期的教学结果。在进行教学设计时,根据不同的教学内容、教学条件,对照教学模式的指导思想,确立在教学实施过程中预期要实现的教学目标及操作顺序。一般来说,一种教学模式的实施必须具备某些条件,如果具备了这些条件,正确运用这种教学模式就会产生相应的结果。例如进行数学概念教学时,在进行教学设计时，如果选用"引导-发现"教学模式，可以发挥其预测教学结果的功能，来检测学生发现问题、解决问题的能力。通过预测，对教学过程进行控制和调节，使之朝着有利于改进教学、提高教学效率的方向发展。在教学实践中，教学模式可以充分发挥这一功能，以减少教学过程中的盲目性。

5. 推进教学活动系统化的功能

教学模式是一种中介，体现了基础理论与教育实践的高度统一，它是一个整体的有机系统，对教学的各种因素都发生作用，是对原有僵化落后的个别教学经验的整体突破和超越。一名优秀的教师除了具有必备的专业知识外，必须掌握一定的教育学、心理学知识，但是每一种理论都是一个十分复杂的体系，要将理论应用于实践或是将实践上升为一种理性的认识并不容易。教学模式的建立，为此搭建了一座桥梁。教学模式既是基础理论的简缩本，又是教学实践的抽象和概括。同时由于各种教学模式仅仅提供了一个大致的框架，有待于在教学实践中被进一步具体化，这就为独创性的教学提供了各种可能性。教师在教学实践过程中，通过对教学模式的具体应用、实践和改革，进一步推动教学模式走向完善，推动教学理论进一步发展，使教学活动过程系统化，成为一个整体优化的系统，从而形成实践—理论—实践的良性循环。因此，要对相应的教学条件、程序等因素做一些改进，以适应新的教学目标。从整体的观点出发，要求教师要更新教学观念，提高自身的素质和能力，进行整体的教学模式转化，直到用更有效、更完善的新模式取代已僵化落后的旧模式。教学模式的这种功能是建立在教学整体的基础之上的，它要求以整体的、动态的眼光看待教学过程的模式优化转换问题。教学模式的这种推进教学活动系统化的功能的发挥，可以带动课堂教学、师生关系、教学评价、教学管理等教学领域的一系列改革。

（四）教学模式的结构

1. 指导思想

任何教学模式都是在一定的教学思想、课程理论和学习理论指导下，在某种环境中展开的教学活动进程的稳定结构形式。正如乔伊斯和韦尔所说："每一个模式都有一个内在的理论基础。也就是说，它们的创造者们向我们提供了一个说明我们为什么期望它们实现目标的原则。"[①]教学模式所赖以建立的教学思想即指导思想，就是教学模式隐含的精髓和灵魂，它决定着教学模式的方向。例如，程序教学的指导思想是行为主义心理学，非指导性教学的指导思想则是人本主义心理学。

---

① Bruce Joyce, Marsha Weil. Models of teaching. third edition, 1986: 2-3

2. 功能目标

"功能目标是人们对教学活动能在学习者身上产生'什么样的'和'有多大的'效用所做的预先估计。"[1]功能目标在教学模式的结构中处于核心地位,并对构成教学模式的其他因素起着制约作用,它决定着教学模式的操作程序,也决定着师生在教学活动中的组合关系,还是教学评价的标准和尺度。教学模式与功能目标的内在统一性决定了不同教学模式的个性。不同的教学模式都是为完成一定的功能目标服务的。例如,德国的范例教学模式,其功能目标在于使学生掌握基本概念和基本知识,能举一反三,培养独立的思考和工作能力。功能目标的实现程度以及人们对教学目标认识的发展,往往又作为一种回馈信息,帮助教师调整或重组教学模式结构程序,使教学模式日益完善。

3. 操作顺序

每一种教学模式都有其特定的逻辑步骤和操作顺序,详细具体地说明教学活动的顺序步骤,规定在教学活动中师生先做什么、后做什么以及各步骤应当完成的任务。例如,赫尔巴特强调知识传授的教学模式,其操作顺序就是明了、联想、系统、方法四个阶段。一般来说,顺序步骤的实质在于处理好教师、学生与教学内容的关系及其在时间顺序上的实施。例如,程序教学模式就要求把教学内容设计成一系列小步子,每一程序只学习一小步教材,回答程序课本提出的问题,并及时强化,再进入下一程序学习。

4. 实现条件

这是指能使教学模式发挥效力、达到一定功能目标所需要的各种条件因素。任何教学模式都需要借助一定的条件才能有效实施。实现条件包括很多内容,如教师、学生、教学内容、教学手段、教学环境、教学时间等。例如,布卢姆掌握学习模式就将决定学习结果的认知前提行为、情感前提特性、教学的质量这三个变量作为教学模式的实现条件。布卢姆认为,有利的学校条件能使大多数学生很好地进行学习,并从学习中获得满足。教师为成功地达到教学目标,必须认真地研究教学模式的实现条件,更好地掌握和运用教学模式。

5. 教学评价

教学评价是指各种教学模式所特有的完成教学任务、达到教学目标的评价方法和标准。由于不同教学模式所要完成的教学任务和所要达到的教学目的不同,使用的程序和条件不同,所以其评价的方法和标准也有所不同。每种教学模式都有适合自己特点的评价方法和标准。目前,一些比较成熟的教学模式已经形成了一套相应的评价方法和标

---

[1]　杨小微. 中小学教学模式[M]. 武汉:湖北教育出版社,1990:10

准,不少教学模式还没有形成其独特的评价方法和标准,有待进一步提高。

二、主要教学模式

本书既是教育学原理,又是教师培训用书,所以介绍了教学模式的理论后,又必须介绍一下国外和国内具有代表性的教学模式,供各位老师参考。

（一）国外主要教学模式

1.“程序教学”模式

“程序教学”是由美国著名的行为主义心理学家和教育思想家斯金纳推广发展的,以新行为主义心理学为基础,它是以程序教学机器或程序教材为蓝本进行教学的模式。这里的“程序”代替了教师,程序通过一套事先设计好的、有一定顺序的特定行为,使学生按照教师期望的方式去行动。

（1）指导思想

新行为主义的学习理论是程序教学的指导思想。新行为主义者在学习理论上是以联结主义的原理来阐释学习的,他们认为学习是通过刺激—反应—强化而形成的一种操作性行为。斯金纳根据操作性条件反射的实验提出:任何复杂的行为都可以用一种逐步接近、累积的方法由简单行为联系而成。根据这个理论,他建立了“程序教学”模式。

（2）功能目标

“程序教学”模式的功能目标在于教给学习者某种具体的技能、观念或其他行为方式,如掌握某些智力技能或行为技能等。学生从程序教学中获得的知识和技能多是现成的,不是创造性的。

（3）操作顺序

“程序教学”模式将学习内容分成一个个具有连续性的小步子。在学习中,每呈现一小步学习内容,它都要求学生做出回答或响应。学生如果答错,教学机器上立即呈现正确答案并及时纠正错误,然后再进到下一步学习。

在每个小步子上,教师或教学机器首先解释学习内容,然后向学生出示有关的问题,让学生进行解答,并立即对学生的解答进行判断,如果回答正确,进入下一步学习,如果回答不正确,就让学生重新对知识进行解释。如此循环,直至完成整个学习目标。

思　考

讨论:列举一下,国外还有哪些教学模式?

教学案例

跨越式跳高①

跨越式跳高动作：侧面助跑，一脚起跳，两脚相继过杆，两脚依次落地。

动作口诀：左（右）脚起跳，摆右（左）腿。

教学程序：

1. 持绳摆腿；

2. 原地过杆；

3. 跨低斜杆练习；

4. 跨低横杆练习；

5. 上一步过杆练习；

6. 上三步至五步过杆练习；

7. 完整动作练习；

8. 分不同高度做升级练习。

教法：

1. 教师讲解示范；

（1）原地侧面过杆示范

（2）三步侧面过杆示范

2. 学生按教学程序进行练习；

3. 请动作较好的同学示范；

4. 教师检查，每进行一步须达到动作要求后才能进行下一步练习；

5. 同学之间互相检查，指出不足，改进动作；

6. 掌握动作快的同学可提高难度；

7. 教师重点辅导掌握动作慢的同学；

8. 学生自由选择高度进行练习。

跨越式跳高是跳高的一种基础性技术，掌握此项技术，对进一步学习其他跳高动作有一定的帮助。跨越式跳高因其动作结构复杂，难度较大，学起来较为枯燥，不易掌握，容易使学生在学习过程中产生畏学、厌学情绪。在教学中，为了调动学生的学习积极性，诱发学生的学习兴趣，采用以"程序教学"模式为主线的教学策略，即教师依据跨越式跳高的动作结构将其分解成若干"小步子"，学生根据练习程序，明确每步的学习目标，结合教师的讲解、示范使

---

① 王凯."程序教学"模式——跨越式跳高. http://cs. gzedu. com/gzty/teaching/ShowArticle. asp？ ArticleID = 360, 2010-11-29

学生一步一步地掌握动作并强化，及时矫正错误，最后达到预定教学目标。

通过运用"程序教学"教学模式，培养了学生自觉练习的习惯以及自主性、主动性学习的能力，有效地实现了教学目标。

（4）实现条件

对学习效果的及时回馈以及强化是程序教学的关键，但是大量的、及时的、渐进性的强化在课堂教学中难以实现，于是斯金纳主张使用"教学机器"和编制"程序教材"。"教学机器"是斯金纳在改编美国心理学家普莱西的第一台机器基础上设计的，教学机器可以为学生的学习提供大量的、及时的强化。"程序教材"是根据教学目标和内容，通过对材料进行选择、组织、设计、呈现、解释等编序过程而制定的，斯金纳因此被称为"教学机器之父"。

2. "掌握学习"教学模式

"掌握学习"教学模式是美国当代著名的教育学家和心理学家布卢姆创立的。"掌握学习"就是在"只要给学生足够的时间和适当的教学，所有学生都能达到掌握的程度"的思想指导下，以集体教学为基础，辅之以经常、及时的回馈，为学生提供所需的个别化帮助，从而使大多数学生达到课程目标所规定的掌握标准。

（1）指导思想

① 新的学生观。面对一定的教学任务时，传统教学的观念认为：大约有 1/3 的学生完全学会所教的事物；1/3 的学生将不及格或勉强及格；另外 1/3 的学生将学会所教的许多事物。在这种思想的支配下，通过一定的教学方法和程序，最后的结果与预想的相差无几。布卢姆通过实验、观察和追踪研究提出了一种新的学生观，认为除了 1%～2% 的超常儿童和 2%～3% 的低常儿童外，95% 以上的学生在学习能力、学习速度、学习动机等方面并无大的差异。只要有适合学生特点的学习条件，几乎所有的学生都能学好。

② 教学目标分类。布卢姆将教学目标分为认知、情感、动作技能三个领域。他又将认知领域的教学目标分为知识、领会、运用、分析、综合、评价六大类、十七个小类，并认为教学目标都具有外显行为等特点，且都是可以测定的。

③ 教学评价理论。各种评价的运用是"掌握学习"的关键，这里的评价包括诊断性评价、形成性评价和终结性评价。诊断性评价（Diagnostic Evaluation）是指教师在开始教学之前所进行的评价，目的在于了解学生是否具有达到目标所必需的基本能力和技能。诊断性评价的目的是为了将学生置于适当的位置。形成性评价（Formative Evaluation）是指在教学过程中实施的评价，目的在于了解学生的学习情况及所存在的问题和缺陷。教师通过形成性评价了解学生对于教学目

标的掌握程度,以便调整教学,使所有学生都达到掌握的程度。终结性评价(Summative Evaluation)是指在一个学期或一个学年之后进行的,对学生达到教学目标的程度进行的评价。它既可以评价教师的教学效果,也可以评价学生的学习效果,并对学生进行分类,为下一步教学确定标准。

(2)功能目标

"掌握学习"教学模式的功能目标在于教师要为掌握而教,学生要为掌握而学,使每个学生都能学好,以大面积提高教学质量。掌握学习是有关教与学的乐观主义理论,布卢姆提出"绝大多数学生都能学到学校所教的一切东西",希望通过这样的教学,使学生和教师都获得更多并且长远的成功机会,特别是学生,可以获得基本的智力、体力和感情上的能力,保证他们能够从事终身学习。

(3)操作顺序

"掌握学习"教学模式的实施程序一般可分为以下几个步骤(如图4-3所示)。

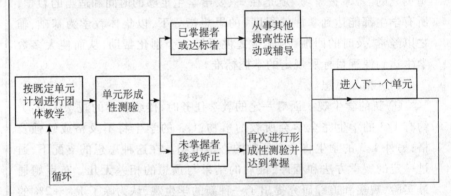

图4-3 "掌握学习"教学模式程序图

(资料来源:刘克兰. 教学论[M]. 重庆:西南师范大学出版社,1988)

① 团体教学。开始教学前,教师要了解学生的实际情况,包括学生的知识水平、认知能力和心理状态,对学生进行鼓励,教给学生掌握学习的方法,使学生形成一种良好的心理状态。

根据学生的实际情况确定一节课的教学目标、内容和要求,把单元目标分解成课时目标,课时目标应具体明确。

进行课堂教学时,首先,要告诉学生每一节课的教学目标,介绍学习方法;其次,课堂教学中教师要随时对学生的学习情况进行评价,及时调整教学进程;最后,教学结束时进行课堂总结,告诉学生课下努力的方向。

② 测验。一个单元的教学完成后,立刻对全体学生进行一次单元形成性测验。测验时要注意:要用原先准备好的形成性测验试卷,不能随意命题;测验的目的是了解学生对教学目标的掌握程度,哪些掌握

了，哪些没有掌握；不能对测验结果进行排名，只要能说明学生是否达到标准就行了。

③ 矫正。已掌握者或达标者从事其他提高性活动或辅导，未掌握者接受矫正，根据测验中暴露出来的问题，对未掌握者进行第二次教学，给他们第二次学习的机会。第二次教学的方式与第一次不同，主要是有针对性地对学生的错误进行矫正。

④ 再测验。矫正完成以后，对经过矫正的学生再进行一次测验，使其达到掌握的程度，再进入下一个单元的学习，如此循环。

在整个掌握学习过程中，测验和矫正两个步骤是最重要的，这两个步骤的效率和质量是决定掌握学习成败的关键。

教学案例

代数式的学习①

教学目标制定如下。

单元教学目标：理解代数式的概念，能正确分析数量关系和列出代数式。

本节教学目标：

1. 识记

（1）知道用字母表示数字具有简明、普遍的优越性。

（2）能正确讲出代数式的定义。

（3）熟记代数式的书写格式。

（4）记住同一问题中不同的对象、不同的量，必须用不同的字母来表示。

2. 理解掌握

（1）明确代数式、公式、等式的区别与联系。

（2）能用代数式表示文字叙述的简单的数量关系。

（3）会用字母表示所学过的运算法则、运算律以及常用的面积、体积公式。

教学目标确定之后，有效地设计与教学相适应的教学方案，是保证教学取得成功的前提。关于掌握学习模式的课堂教学，就其教学概念来说，一般可按以下 5 个环节进行教学。

第一个环节：激发设问，出示目标。把问题作为数学教学的出发点，启发诱导，创设问题情境，激发学生求知欲和学习兴趣，让学生在迫切要求下进行学习，然后出示本节课的教学目标。

---

① 陈振华."掌握学习"教学模式在数学概念教学中的运用［J］.上海教育，
　1997(6)：54(有删节)

第二个环节：尝试自学，对照目标。通过让学生阅读、观察、模拟、推演等尝试性活动，让学生对照教学目标亲自探究、模仿、应用等。

第三个环节：练习巩固，检测目标。根据教学目标，对于学生必须掌握的知识、技能制定具体明确的标准，编制相应适度的练习题，进行形成性测验（A），评定学生的学习效果，检测教学目标的落实程度，形成性测验（A）的测验要与教学目标相匹配。

第四个环节：讨论回授，落实目标。形成性评价之后，将学生分成两类，凡达标度在80%以上者，称为达标组，其他为未达标组。对未达标组，通过学生间的讨论或教师的指点进行必要的补偿性的矫正学习，从而达到教学目标的落实。

第五个环节：再度检测，深化目标。形成性评价（B）用来检验达标的情况，其测题与形成性测验（A）同质异次，但指向更明确，使教学目标深化。

通过"掌握学习"教学能大幅度提高教育质量，给中学数学教学带来很大的益处，它的优点有以下几个方面：一是较好地解决了现在整个班级集体教学质量提高面临的一个突出问题，即全班划一的教学与各类学生的基础、需要、素质差异之间的矛盾，巧妙地在班级授课的同时，实现了教学个别化的目的；二是"掌握学习"的本身有一种内在的激励机制，能调动起教师的教与学生的学的积极性；三是"掌握学习"的实施体现了"三为主"的精神，即把教师的主导作用、学生的主体作用，都寓于训练这个主线之中。

目前，学生学习数学一般不太注重双基学习，致使基础相应较差，教师通过"掌握学习"教学模式，大大提高了学生基础知识和基本技能的正确掌握程度，这正是"掌握学习"教学模式的优势所在。

（4）实现条件

① 师生双方对"掌握学习"都要抱有信心，教师不应局限于传统教学，不能按传统观点来评定学生，应该相信大多数学生都能学好。

② 确定所教学科的内容、目标和测量手段，包括三点：确定学习内容，明确学科学习范围，并概括地加以表述；明确掌握目标，编制教学目标；准备终结性测验。

③ 为掌握学习制订计划。

（5）教学评价

"掌握学习"教学模式中的教学评价不同于标准化评价，它的评价标准是目标参照性评价，是诊断性评价、形成性评价和终结性评价三种形式的综合运用。

3. "发现学习"教学模式

美国教育家布鲁纳用"不论我们教什么学科，务必使学生理解学科的基本结构"的思想来反对传统的"仓库式"的教学思想。他在强调学科的基本结构的同时,还要求采用一种最能使学习者有效掌握学科基本结构的方法——发现法。在此基础上,形成了"发现学习"的教学模式。

（1）指导思想

① 结构主义。布鲁纳是认知学派的主要代表人物,他的教学思想主要是在吸收皮亚杰等人的心理学的研究成果,继承和发展认知结构发展心理学和直觉主义认识论的基础上形成的。结构主义强调认识事物内部的结构,反对单纯地研究外部现象;强调整体性的研究,反对孤立的局部性研究;强调从系统功能中把握事物,反对单纯的经验描述。

② 学科基本结构。学科的基本结构指的是该学科的基本概念、基本原理以及它们之间的关联性,是指知识的整体性和事物的普遍联系,而非孤立的事实本身和零碎的知识结论。

③ 发现法。布鲁纳认为,学生的认识过程与人类的认识过程相似,教学过程是教师指导下学生的发现过程,学生要主动地进行学习、探究和发现事物,而不是消极地接受知识。学生要像数学家那样思考数学,像历史学家那样思考历史。

（2）功能目标

发现学习的功能目标在于让学生掌握学科的基本知识,并帮助每个学生获得最好的智力发展。学生的智力和能力的发展是教学的中心目标,同时还注重发展学生的直觉思维及学习的内在动机。

（3）操作顺序

① 提出问题。教师选定一个或几个一般的原理,给学生一些感性材料,使学生带着问题学习,学生提出不懂的问题。

② 创设问题情境。问题情境是一种特殊的学习情境,情境中的问题既适合学生已有的知识水平、能力,又需要经过一番努力才能解决,从而使学生形成对未知事物进行探究的心理倾向。

③ 提出假设。利用所给定的材料,在寻求答案的过程中,充分利用直觉思维提出各种有益于问题解决的可能性,列举出解决问题时可能遇到的困难等。

④ 评价、验证、得出结论。运用分析思维对各种可能性进行反复的求证、讨论,寻求答案,根据学生的"自我发现",提出一般的原理或概念,把一般的原理或概念付诸实践,提高学生运用知识、分析问题和解决问题的能力。

教学案例

《依法纳税》课堂教学[①]

本节内容是讲解纳税人和负税人的概念。有三个难点：如何分解"负税人"的概念；税款的转嫁；增值税的纳税人和负税人。

承上启下，在复习旧课时，我设计了两个提问：税收的本质是什么？增值税为什么要分段征税，一笔税款可能出现很多个纳税人，给你什么启示？

接着，我给学生打出了第一张幻灯片，北京奥运会主会馆之一——"鸟巢"的图片，要求学生谈谈他们对"鸟巢"的了解，学生们兴高采烈地讲开了。接着提问：作为中学生，你们有没有为"鸟巢"作出贡献？以什么身份作出贡献？学生们七嘴八舌，大体有以下几种观点：没有；有，我捐款；有，我纳税；我老爸纳税，我光荣；我没有纳税，但是我肯定有贡献，只不过讲不明白为什么，等等。

我没有直接给出"负税人"这个概念，因为那样显得突兀生硬。我想让学生主动去"发现"它的存在，以及存在的意义。于是展开了铺垫，提问：国家财政收入的基本形式是什么？一句话，就把大家的思路集中在"税收"、"纳税"这个点上。那么纳税人缴纳的税款从哪里来呢？我们来观察一下生活吧。比如说，一家超市，进货要交货款，营业要运营费，要给员工开工资，还要向国家交税，它自己还能赚钱吗？岂不是天上掉下个活雷锋，全心全意为人民？那么企业的目的又是什么呢？如果这样，为什么国美电器、家乐福超市还那么红火？另外，我们来看看消费者，只要花钱就可以买回自己想要的商品，就可以享受，无须经营之烦恼，山珍海味全吃遍，快乐似神仙！如果这样，还有谁想去打拼做老板、搞生产呀？所以，不管是生产者还是超市，他们会不会承担所有的税款？

学生们恍然大悟，反应快的学生已经脱口而出：转嫁！对，转嫁！这是问题的关键。那么，转嫁的是什么？是谁在转嫁？从逻辑上来分析，是不是一定能够转嫁（有无）？是不是能够完全转嫁（多少）？一刹那，我体会到政治课堂也可以产生"高屋建瓴"、"迎刃而解"的快感！后续的问题也就好办了。然后，通过学生看书，通过黑板板书，学生不仅完全接受了纳税人和负税人的概念，而且能够分析增值税的纳税人和负税人，也照应了课前提问，进一步明确了增值税分段征税的意义。

在本节内容的学习中，充分发挥了学生的主体作用，学生一直

---

① 董飞轮. 中国教师·中小学教育[J]. 2010, S1: 338（有删节）

处于一个"问题的发现与解决"的情境之中。老师只是根据内容需要，巧妙设问，牵引点拨。大体上经过了六个阶段。"起"："鸟巢"题材的引入和设问；"放"：学生关于"有无贡献"的讨论；"收"："税收是财政收入的基本形式"的提醒；"铺"：生活观察，厂家、超市、消费者；"点"："转嫁"的发现、设问和解释；"练"：增值税的纳税人和负税人。课堂以激发学生"发现"的兴趣为基点，以引导学生"探索"的信心作动力，步步设问，环环相扣，最后达到问题解决的目的。

（4）实现条件

布鲁纳提倡学生主动探究，并不否定教师的作用。他认为，教师在教学中永远都是主导者。从教师的角度讲，要想更好地进行发现式教学，教师要注意将教学与学生的认知发展相适应，合理安排教学顺序；另外，教师要注意适时的强化，选择适当的时机让学生了解自己的学习结果。

4. "非指导性教学"模式

"非指导性教学"模式的倡导者是美国著名人本主义心理学家罗杰斯。他改变了传统教学以教师为中心的、灌输性的、有指导的教学，提出教学应该为学生提供一种愉快的环境气氛。在这个气氛中，学生是教学的中心，教师为学生的学习提供各种条件，从而形成了"以学生为中心"的"非指导性教学"模式。

（1）指导思想

"非指导性教学"模式以人本主义心理学为理论基础。"非指导性教学"理论又称"学生中心"教学理论，源于罗杰斯的"非指导性"咨询理论。作为心理咨询专家，罗杰斯强调病人的"自我解脱"、以"病人为中心"的心理治疗方法，医生仅起一个咨询的作用，鼓励病人自由地表达思想，医生和病人一起讨论他们所愿意讨论的任何问题。他把这种治疗方法应用到教育领域，形成了"学生中心"的教学理论。

（2）功能目标

罗杰斯认为，在知识激增且不断更新的时代，传递知识不再是教学的主要目的，教学所追求的目标是培养能够适应社会变化和知道如何进行学习，并且充分发挥作用的人。

（3）操作顺序

"非指导性教学"模式是一种没有严谨结构的教学模式，教学的目的、内容、进程和方法等都由学生自己讨论决定。其操作程序大致可分为五步。第一步，确定帮助的情境。教师要鼓励学生自由地表达自己的感情。第二步，探索问题。鼓励学生自己来界定问题，教师要接受学生的感情，必要时可以帮助学生澄清问题。第三步，达成共识。让学生讨论问题，自由地发表看法，教师给学生提供帮助。第四步，计划和抉择。由学生计划初步的决定,教师帮助学生澄清这些决定。第五步,整合。学生获得较深刻的见识,并做出积极的行动,教师对此要给予支持和鼓励。

《背影》教学①

在教授朱自清的散文《背影》时,可以运用这一模式,教师可以帮助学生创造相应的学习环境,营造合适的情感环境,可以从学生含辛茹苦的父母身上切入,让学生在学习之前就有一种情绪上的感染,为教师的情感教学奠定基础。还可以用优美的语言来感染学生的情感,让学生的思维渗透到文字中去,品味文本字词的深层含义,可以触动学生心灵的要害,激发他们的情感,在分析《背影》中父亲过铁道给我买橘子的过程时,就可以让学生反复地诵读,在读完之后从7个描写父亲动作的动词入手,体会对于一个体态臃肿的老人来说这是一件多么艰难的事情,父亲的这种情就自然而然地浸润在文字之中了。学生从课文学习中领会到父爱的伟大,体会到亲情的重要,感悟到生活的美好,这就达到了运用"非指导性教学"模式的目的。

(4)实现条件

① 要十分重视人际关系和情感因素在教学中的作用。教师要以真诚的态度对待学生,要把学生的情感和问题放在教学过程的中心位置。

② 教师不是教学生怎样学,而是给学生提供学习的手段,让学生决定怎样学,因此,教师不是以指导者的身份出现的,而是以顾问的身份出现的。

(5)教学评价

"非指导性教学"模式强调学生的自我评价,其本质是使学生自己承担学习的责任,了解自己学习的过程、优点和不足,思考自己提出问题的质量,使自己始终处于学习过程的中心。

5."暗示教学"模式

"暗示教学"模式由保加利亚心理学、医学博士洛扎诺夫首创。洛扎诺夫认为,以灌输为主的传统教学强调理性的、逻辑的心理活动,忽视无意识心理活动和情感在学习中的作用,限制了学生能力的发挥并造成了学生的心理压力。"暗示教学"在于通过各种暗示手段,充分调动学生的无意识心理活动,运用鲜明的形象强化外围知觉(意识所关注

---

① 顾敏. 初中语文应重视情感教学[J]. 语文月刊,2009(3):7,19(有删节)

的中心之外的知觉,如专心看书时播放的音乐就是外围知觉),唤起学生的视听感觉,使学生在轻松、舒畅的情况下进行学习,进而不断促进学生的生理及心理潜力的发展。

（1）指导思想

"暗示教学"模式的理论基础之一是人与环境的关系。人的成长不可能脱离环境的影响,环境会不知不觉地影响人的发展。洛扎诺夫说,我们是被我们生活的环境教育的。"暗示教学"的另一个理论基础是暗示心理学。暗示心理学的观点可概括为三点。①人的可暗示性。人具有可暗示性,由于人的可暗示性,才使人和环境之间的无意识关系发生作用。②人有三道反暗示防线,即逻辑防线、情感防线、伦理防线。"暗示教学"模式不是要强行突破这三道防线,而是要引起心理共鸣,取得三道防线的和谐,从而克服它。③无意识问题。无意识自动调节着人的认知活动,理智的活动必然在无意识活动的合作下完成,因为一切意识都建立在与无意识的结合上。

（2）功能目标

"暗示教学"模式旨在通过创设优雅的外部环境及运用各种暗示手段,激发学生的情感因素,使学生在轻松、舒畅的环境中进行高效的学习。"暗示教学"模式还注重使学生学会充分发展自我,开发自我的潜能,提高记忆力、想象力和创造性解决问题的能力。据研究表明,人的潜能只开发了 15% ,尚有 85% 的潜能未开发出来,运用适当的暗示方式,可以开发学生的潜能。

（3）操作顺序

"暗示教学"模式分为以下五步。

① 入境。在一定的情境中通过对话、游戏等轻松愉快的活动进入学习氛围。

② 用对话形式揭示教材。

③ 使学生进入最佳学习状态(如不知不觉集中注意等)。

④ 教师用形象化的手段教授新课。

⑤ 用轻快的乐声唤醒学生,结束学习。

"暗示教学"模式有环境暗示、行为暗示、言语暗示等。

教学案例

于永正老师的言语暗示[①]

于永正老师按照"基础训练"里关于写一个人的要求,打算上课时请一位会拉手风琴的同学为大家演奏一首曲子,然后将她的

---

① 王之强,王洲. 青年教师[J]. 2007,4:12(有删节)

动作外貌写下来。可他进教室发现黑板没擦,一黑板数学题。他略一沉吟,产生了一个念头。于是,他拿起黑板擦一下一下地擦起来,嘴里说:"也许是上节课老师拖堂了,值日生没来得及擦;也许是个别同学的题没做完,不能擦。"话音未落,几个学生快步走上讲台,夺过于老师手中的黑板擦。于老师忙说:"咱们合作,优势互补,我擦高的,你擦低的。"他对其中的值日组长说:"正好有两块黑板擦,其余同学请回座。"

这一切不过 3 分钟。学生们表情很复杂,有内疚,有自责,也有抱歉。于老师又忙说:"同学们多懂事! 纷纷争着擦。"老师一边指着手上的粉笔末,一边说:"咱们这节作文课有东西写了,把刚刚发生的事儿写下来怎么样? 题目就叫《擦黑板》。"

在上述的课前插曲中,暗示的运用令人折服。当于老师看到满黑板的数学题时,当机立断,调整教学内容,以自己擦黑板的行动给学生暗示:老师心里焦急,课不能按时开始了;接着以两个"也许"的原因推测给学生暗示:老师并不知道事实真相,以使学生转移视线;在学生出现"内疚"、"自责"、"抱怨"的心理后,又以"拍粉笔末"的动作暗示:老师并没有责怪之意,以使学生放松心理。这样,课堂的意外事件竟然成了教学的意外情境,让学生很好地进入了写作状态。

(4)实现条件

① 创设优雅的外部教学环境。暗示教学十分强调教学必须在一种特定的环境中进行。外部环境具有极大的可暗示性,良好的环境是产生交流的重要因素,它能使有意识和无意识的活动在学习中同时发挥作用。

② 学前动员。学前动员就是在开始学习之前,利用艺术的力量动员学习者的可接受性,使学习者自觉地进入学习情境。

③ 采用各种暗示手段。暗示的实现必须和反暗示防线相协调,必须建立能激发个人潜力的无意识心理倾向。

(二)我国常用的教学模式

1."传递—接受"教学模式

它源于赫尔巴特及其弟子提出的"五段教学",后经苏联凯洛夫等人重新加以改造传入我国。我国的教育者根据自己的教学经验以及现代教育学和心理学的理论,对其加以调整,形成了"传递-接受"教学模式。

(1)指导思想

"传递—接受"教学模式的理论依据是有关的心理学、教育学基础理论。它把教学看做是学生在教师指导下的一种对客观世界的认知活动,这个认知活动包括掌握系统的基础知识和基本技能,发展认知能

思 考

讨论:我国还有哪些教学模式?

力,形成良好的学习习惯和思想道德品质。

（2）功能目标

"传递-接受"教学模式的教学目标是通过教师在课堂上对教学内容作深入分析和系统讲授,向学生传递前人积累的文化知识技能及经验,让学生掌握基本知识和基本技能（"双基"）,发展学生的认知结构。

（3）操作顺序

这一模式的操作顺序是按学生认知活动的规律来加以制定的,它的基本程序是:激发学生动机导入新课——复习旧课——讲授新知识——巩固运用——检查评价。通过教师传授使学生对所学习的内容由感知到理解,达到领会的水平,然后再组织学生练习、巩固所学的内容,最后检查学生的学习效果,以此作为教师进一步教学的依据。

 教学案例

《春》的教学①

一、激发学生动机导入新课

饱受严冬寒冷的人们最渴望春回大地,因为春天让大自然生机勃勃,给人温暖,给人希望,给人力量。每当春回大地时,人们往往情不自禁地吟诗作赋。唐代诗人杜甫写下了《春夜喜雨》:"好雨知时节,当春乃发生。随风潜入夜,润物细无声。野径云俱黑,江船火独明。晓看红湿处,花重锦官城。"韩愈在《初春小雨》中说:"天街小雨润如酥,草色遥看近却无。"杜牧的《江南春》中有:"千里莺啼绿映红,水村山郭酒旗风。"这些诗句都是古人对春的描写和赞美,那么今天,我们共同欣赏一篇今人赞春的散文。（板书课题、作者）

二、知识回顾（复习旧课）

朱自清（1899—1948）,字佩弦,江苏省扬州市人。诗人、散文家、学者、民主战士。朱自清是文学研究会早期主要成员,一生勤奋,共有诗歌、散文、评论、学术研究著作26种,约200万字。散文代表作有《背影》《绿》《荷塘月色》等。

三、讲授新知识

1. 教师范读。

2. 学生齐读。

3. 掌握课文中的生字词。

水涨（zhǎng）　捉迷藏（cáng）　酝酿（yùn niàng）　应和（hè）

薄（bó）烟　黄晕（yùn）　蓑（suō）衣　巢（cháo）

---

① http://www.5156edu.com/page/06-10-12/15829.html,2010-11-29（有删节）

四、巩固运用

1. 结合课后练习一，让学生读课文，分别找出盼春、绘春、赞春的部分。

第一部分（第 1 段）：盼春

第二部分（第 2～7 段）：绘春

第三部分（第 8～10 段）：赞春

2. 默读课文，找出你认为写得最美的句子画出来，体会美在哪里。

3. 找出本文的比喻句、拟人句。

五、检查评价

检查字词掌握情况和课文整体把握情况。

这是严格按照"传递–接受"教学模式的程序来组织教学的，教学中主要以教师的讲解为主，学生被动接受知识，出现"满堂灌"的现象，不利于学生主体性的发挥。在教学中灵活运用"传递–接受"教学模式，可以化腐朽为神奇。

（4）实现条件

"传递–接受"教学模式特别强调教师在教学中的作用，认为教师是教育过程中的中心人物，在教育和培养学生的事业中具有决定性意义。为了确保教师较好地发挥主导作用，教师在教学过程中必须围绕"三中心"来进行教学，即以教师为中心，以课堂为中心，以教材为中心。

2. "自学—辅导"教学模式

"自学—辅导"是指教学活动以学生的自学为主，教师的辅导贯穿于学生自学始终的教学模式。属于这一类的教学模式较多，如卢仲衡主持的"中学数学自学辅导实验"，上海育才中学的"读读、议议、练练、讲讲"八字教学模式，魏书生的中学语文教学"六步法"模式，黎世法的"六课单元教学实验"，钱梦龙的"三主四式语文导读法"等。

（1）指导思想

① 教为主导，学为主体的辩证统一的教学观。

② 独立性与依赖性相统一的学生心理发展观。

③ "学会学习"的学习观。

（2）功能目标

① 培养学生强烈的自学兴趣和良好的学习态度，让学生主动参与学习，独立地掌握系统的知识。

② 培养学生掌握自学的方法，形成良好的自学习惯和一定的自学能力，包括独立获取知识的能力、系统整理知识的能力、科学运用知识的能力等。

（3）操作顺序

① 提出要求。根据教学需要，教师对自学的范围、重点和要解决的

问题提出要求,让学生有目的的学习。

②　开展自学。根据要求,学生自学,教师巡视,了解自学情况,及时解决学生的个别性问题。

③　讨论启发。让学生提出具有代表性的问题,教师汇总后再集体讨论。

④　练习运用。疑难解决后,教师布置练习,使学生所获得的新知识在运用中得以检验、巩固。

⑤　及时评价。教师对练习结果及时评价并根据回馈信息采取巩固性或补充性教学,以确保学生牢固地掌握知识。

⑥　系统小结。教师让学生将所学知识系统化、概括化,并联系原有知识,从整体上理解所学内容。

教学案例

魏书生《小橘灯》教学①

在教授《小橘灯》这节课时,主要运用了"定向-自学-讨论-答疑-自测-自结"的"六步教学法"。

一、教学目的

1. 掌握6个词:光景　仄仄　无聊　斑斑　惊异　灵巧。

2. 了解作家:冰心。

3. 复述,恰当地使用修饰词语,课后习题。

4. 学习小姑娘镇定、勇敢、乐观的品质。

二、教学过程

(一)定向:教师板书这篇课文的学习重点。

(二)自学

1. 检查预习结果。

2. 选一位后进学生,在黑板上听写并填空:冰心_____年生,原名_____,女作家,_____时期开始写小说、诗歌,影响很大,她的主要作品收在《_____》里。本文选自散文集《_____》。

3. 再用两分钟的时间速读一遍课文,然后七嘴八舌地复述,复述是用自己的语言叙述课文内容,这就要消化,领会课文,吸收句式,丰富词汇,并要自己组织语言,力求简要生动。

(三)讨论

1. 划分段落。

第一部分:(从开头至"说着就噔噔噔地下楼去了。")初遇小姑娘。

---

①　魏书生. 教案、教学纪实选[M]. 沈阳:沈阳出版社,2000:61－66(有删节)

第二部分：（"我又回到里屋去"至"我似乎觉得眼前有无限光明"）写探望小姑娘母女经过。

第三部分：（"我的朋友已经回来"至结尾）写对小姑娘的思念。

2.归纳中心意思。通过小姑娘制作小橘灯送给客人的记叙，赞颂小姑娘镇定、勇敢、乐观的精神，抒发光明就在前头的欣喜感情。

3.学生讨论课后习题，得出基本一致的答案。（略）

（四）答疑：不会做的题提出来，由教师给予解答；通过答疑，大家统一认识，将做错的题，再重做一遍。（略）

（五）自测

1.解词：无聊、惊异、灵巧。

2.填空：《小橘灯》选自_____，作者是_____，原名_____，是著名_____，她的作品收在_____。

3.小橘灯象征什么？这对表现小姑娘镇定、勇敢、乐观的性格有什么作用？

（六）自结：同学们先默默地回忆学习这篇课文的过程，请一位同学简要说明学习过程的六个步骤。

（4）实现条件

在这一模式中，教师的职责由系统讲授变为定向辅导、启发，其主导作用并未削弱，相反，要求更高了。运用该模式，教师要有正确的教学指导思想，充分相信学生能自学，积极指导学生自学。教师一般要设计出要求明确的自学提纲，提出必要的自学材料、参考书、学习辅助工具，教师要保证学生的自学时间并有一套指导学生自学的方法。

3."目标—导控"教学模式

"目标—导控"是指以明确的教学目标为导向，以教学评价为动力，以矫正、强化为活动中心，让绝大多数学生掌握教学内容的一种教学模式。全国各地自20世纪80年代中期以来所进行的目标教学、单元达标教学均属于此类。

（1）指导思想

主要的依据是布卢姆的掌握学习理论、教育目标分类学和形成性评价理论以及控制论原理。这一模式认为，学习过程是学习水平由低到高逐步递进的。每一较高水平的学习根植于较低水平的学习上，因而要设计出由低到高的序列化目标，通过评价学生对目标的达到度，发挥学生的潜力。

（2）功能目标

根据大纲划分为单元，制定单元教学目标并按单元目标组织教学，借助评价、回馈、强化和矫正等活动，保证绝大多数学生达到教学目标，为后续学习奠定基础。

（3）操作顺序

① 前提诊断。对将要学习的单元教学内容所涉及的基础知识，由教师组织学生进行简短的检查、提示、复习或回顾，为学生学习新知识做好铺垫。

② 明确目标。教师展示目标，让学生对新知识应达到的学习水平和掌握的范围有所了解。

③ 达标教学。通过讲授、提问、练习或自学等形式紧扣目标进行教学，力求让尽量多的学生掌握教学内容。

④ 达标评价。评价通常不记分，答案由教师提供。方式可以是教师对学生的评价、学生自评或互评。

⑤ 强化补救。根据评价回馈的信息，采取强化或补救性教学。

小学数学三年级下册第一单元达标教学计划①

内容：三位数除以一位数（商是两位数，商中间、末尾有 0）的笔算除法和含有除法的（包括带括号的）四则混合运算。

教材分析：本单元是在学习了简单的两、三位数除以一位数的口算、估算及笔算的基础上进行教学的，是今后学习两、三位数除以两位数除法及进一步应用除法解决问题的基础。因此，要引导学生在解决问题的过程中理解算理、掌握算法，为后续学习打好基础。

教学目标：

1. 探索两、三位数除以一位数笔算方法的过程，并能正确进行笔算。

2. 掌握两、三位数除以一位数的笔算方法。

3. 能进行两、三位数除以一位数的估算。

4. 掌握含有两级运算的试题或含有小括号的两步试题的运算顺序，并能正确计算。

5. 能解答两步计算的实际问题，进一步体会数学与生活的联系，增强应用数学的意识。

6. 在与他人交流算法的过程中，获得成功的体验，增强学习的主动性以及合作、交流的意识，形成独立思考的习惯。

教学重点：理解算理，正确进行计算。

教学难点：理解算理，掌握除的方法。

课时安排：8 课时。

① 小学数学三年级下册第一单元达标教学计划［EB/OL］. http://eblog. cersp. com/userlog18/44903/archives/2007/365687. shtml. 2007-04-29/2011-03-11

（4）实现条件

在这一模式中，教师是目标的提供者和学生达标的组织者。教师应对所教学科的目标有科学的理解，特别是要在教学大纲的背景中体会单元目标。因此，教师要安排好单元教学内容，分析各单元中的每个知识点，并用目标去准确界定。

4. "引导—发现"教学模式

"引导—发现"教学模式又叫"问题-探究"教学模式，是指教学活动以解决问题为中心，学生在教师指导下通过发现问题、提出问题并通过自己的活动找到答案的一种教学模式。它主要是根据杜威、皮亚杰、布鲁纳等人先后倡导的"问题-假设-推理-验证"等程序，结合我国广大教学工作者的实践而建立起来的。该模式多见于数理学科的教学，湖北王辅湘的"小学数学引导发现法"教学模式、武汉邓国材的"启发探索式"教学模式等均属此类。

（1）指导思想

这种模式的理论基础是杜威的"五步教学法"、皮亚杰的"自我发现法"和"活动教学法"、布鲁纳的"发现法"等教学原理。他们认为教学过程是学生参与活动的过程，学生的学习是对现有经验的不断改造，因此，教学不应该是讲课，而必须通过亲身活动去感受、发现和升华。该模式是根据他们的教学理论，并结合我国的教学实际加以改造而形成的新的教学模式体系。

（2）功能目标

引导学生手脑并用，运用创造性思维去获得亲身实证的知识，培养学生发现问题、分析问题和解决问题的能力；让学生养成探究的态度和习惯，逐步形成探究的技巧。

（3）操作顺序

① 提出问题。提出问题常见的方式为：教师根据教学要求或学生感兴趣的问题设置一定的问题情境，促使学生提出问题。对于学生提出的问题，教师应对其进行适当的加工，使其具有适宜的难度和趣味。

② 建立假说。针对问题，提出解决问题的可能性假设。

③ 拟订计划。针对假说，提出解决问题的计划。计划内容主要包括采用何种探究方式、组织形式和何时完成等。计划一般让学生提出，教师与学生协商后确定。

④ 验证假说。按照计划对学生提出的假说进行验证。资料式验证主要是通过学生搜集、整理有关假说的材料，经过分析、概括，而得出结论。

⑤ 交流提高。教师引导学生对验证的结果开展相互交流，总结出准确的结论，并通过练习使结论在头脑中得以强化。

小学自然课《小电珠》[①]

首先可以提出以下问题启发学生的思维:哪位小朋友知道手电筒有什么用处呀? 手电筒是如何在黑暗中送来光明的? 谁能猜猜手电筒为什么会发光呢? 这样,就会使"要我学"变成"我要学",本节课的探究活动便在兴趣驱动中拉开序幕。在学生的自主探究活动中,小组合作是一种非常有益的形式,且规模以3～5人为宜,学生前后桌四人可以组成一个学习小组,利用小电珠、电线和电池去实验如何使小电珠发光,形成对问题的感性认识。学生通过小组合作,以实验、调查等手段初步收集到了问题信息。此后,在教师的充分参与下,进行小组内的讨论交流,这是探究活动主体阶段的升华。在《小电珠》探究性学习中,可以让每个小组派一名代表说说自己小组的实验情况,并上台演示,若有其他想法也可以告诉大家。等各个小组演示完毕后,教师可根据实际情况予以总结,从而初步完成学生对本课知识的建构。通过全班范围内的交流与总结这一阶段,使各小组的收获成为全班学生共同分享的果实。

（4）实现条件

在本模式中,教师是引导者和顾问。一方面,教师必须精通整个问题体系;另一方面,又要容忍学生出错,鼓励学生大胆质疑,而不宜过早地评判学生的行为。为了学生能够省时、有针对性地解决问题,教师常用简明、系统的问题形式反映教学内容。另外,教师应根据教学要求,为学生提供探究所需要的材料和场所。

5. "情境—陶冶"教学模式

"情境—陶冶"教学模式又称"情-知互促"教学模式,是指在教学活动中,创设一种情感和认知相互促进的教学环境,让学生在轻松愉快的教学气氛中有效地获得知识,同时陶冶情感的一种教学模式。这类模式的有关实验有"情境教学"、"愉快教育"、"成功教育"、"快乐教学"、"情知教学"等。

（1）指导思想

① 情知教学论。情知教学论认为教学过程是情意过程和认知过程的统一。情意系统启动力作用,启动、定向、维持和调节学生的学习行为;认知系统则承担对知识的吸收、储存和转化的任务。只有两种系统

---

① 王萍．小学自然课"问题—探究—建构"的教学模式．教学经纬［J］．2006（10）:71

同步协调发展,相互促进,才能取得最好的教学效果。

② 现代心理学理论以及以此为基础的暗示教学法。现代心理学理论表明,人的认知是有意识和无意识的心理活动的统一,是理智活动和情感活动的统一。

（2）功能目标

通过情感和认知的多次交互作用,使学生的情感得到不断陶冶、升华,个性得到健康发展,同时又学到科学的知识,达到真正的情知交融。

（3）操作顺序

根据情知相互作用的原理以及一些教师的经验,将其基本操作程序归纳为以下三步。

① 创设情境。根据教学目标,教师要围绕教学内容,通过语言描绘、实物演示、幻灯片或绘画再现、音乐渲染等手段,为学生创设一个富有情感、美感,生动形象,蕴涵哲理的特定氛围,以激起学生的学习情绪。

② 情境体验。通过参与各种游戏、表演、唱歌、听音乐、谈话、操作等活动,使学生在特定的气氛中主动积极地从事各项智力活动,潜移默化地进行学习。在活动中做到以情启思,以思促情。

③ 总结转化。通过教师的启发总结,使学生从情境中获得科学知识,领悟学习内容主题的情感基调,做到情与理的统一,并使这些认识、经验转化为指导学生思想行为的准则,达到知情并进、情知双获。

教学案例

小学低年级数学:长方形的周长与面积[①]

在小学低年级数学课堂中,用创设情境的教学方式,往往能神奇地调动小学生学习的积极性,使他们由厌学、苦学变为喜学、乐学。武钢第六子弟小学刘惠玲老师通过情境教学的结构功能分析,阐明了情境教学之所以能调动小学生学习数学积极性的原因,并从中探索了如何用好情境教学的规律。

情境教学是指教师充分运用直观形象的具体材料,创设问题情境,设障布疑,激发学生思维的积极性和求知需要的一种教学方法。先举一个实例。学习了长方形的周长与面积之后,我讲了这样一个故事:狐狸和狗熊各分得一块面积同样大小的长方形菜地,狐狸趁狗熊有事离开菜地一会儿时,将狗熊的篱笆如下右图移动了一下(出示代表菜地的绿色纸片)。

狗熊返回后很生气,说:"怎么我的菜地变小了?"狐狸却说:"你菜地的篱笆(周长)还那么多,你并没有吃亏。"说到这里,我问

---

① 小学数学通用教案设计精编之一.中教育星电子图书馆:96(有删节)

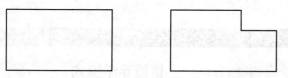

同学："这两块菜地的周长是一样长吗？"同学们动手一量，果然一样长，当时来了兴趣。我再问："怎么会一样长？"这下同学们开动脑筋，积极思考，答出右图上端水平线段的和，等于下端边长，右侧竖直线段长的和，等于左侧边长，所以菜地周长没有变。我进一步问学生："狗熊要教训狐狸，可以将狐狸菜地的篱笆怎样移一移？"让同学动手在长方形纸上画一画，于是得到不同的移篱笆的方法，例如：

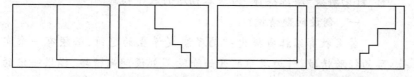

从移篱笆的活动中同学们知道了长方形的周长相等不等于面积相等。我们以这个例子分析一下情境教学的构成要素。一是具体形象，它是直接刺激学生感官在脑中形成表象的客观事物形象，具有直观性的特点，如代表菜地的绿色纸片和狐狸与狗熊移篱笆的故事(体现了语言的直观性)。二是数学问题，它是蕴涵数学知识，启迪学生思维的问题，具有抽象性的特点，如例中"两块菜地的周长一样长吗"、"为什么一样长"。三是学习情绪，它是学生在学习过程中根据心理需要对待外界事物的态度。情绪具有两极性，凡是能满足需要的事物会引起肯定性的情绪体验，如快乐、满足、热爱等；反之会引起否定性的情绪体验，如痛苦、厌烦、仇恨等，在这里需要的是肯定性的情绪体验。这三个因素是相互作用、相互影响的。具体的形象是载体，是基础，是源于符合儿童认知规律的直观材料；问题是方向，它引导学生学习数学知识、发展学生智能，它对形成表象的直观材料的选择有统率作用。

（4）实现条件

在该模式中，教师是学生情感的激发者和维持者，因此，要求教师应具备多种能力，如表演、语言表达能力等；教师还要根据教学要求，提供必备的专门设备，如音乐教材、教具或教学场所等，并把它们组织运用好；教师自己也要进入角色，并充分利用教学机智使学生同自己的情感发展同步，使情境更加入情入理，达到诱导学生情感的目的，促进学生的认知。

扩展阅读

情境导学模式

现代教学理论特别强调"教会学生学习"。这是当今教育改革的一个新突破口和最紧迫的课题，是当今世界教育发展的大趋势。作为一种教学理论，只有构建起与之相适应的教学模式，才能普及、推广，转化为教学实践。近年来，在重视培养学生的自学能力、探究能力和实际操作能力的基础上，结合教育学科的特点，本人大胆尝试"导、学、教"的合一，初步形成了以"创设问题情境-自学教材-讨论解疑-演练操作"为基本程序的教学模式。

一、创设问题情境

著名教育家杜威提出："为了激发学生的思维，必须有一个实际的经验情境，作为思维的开始阶段。"创设问题情境，提供一定的刺激，能激起学生认识和解决矛盾的心向，点燃他们的求学之火，矫正他们思维的"盲点"，拨正他们思维的歧途，使其进入"积极思维的王国"。

学起于思，思起于疑。我国古代学者朱熹说过："读书无疑者，须教有疑，小疑则小进，大疑则大进。"实践证明，学习和思维是从疑问开始的，因而创设问题情境理所当然地应成为教学的逻辑起点，以此来引导学生阅读和思考的方向，激发学生主动探索的求知欲。实质上就是把教材中呈储存状态的信息转化为传输状态的信息，用外部控制的手段，使学生通过"自奋其力"达到"自致其知"。

教师创设问题情境，需要考虑适时性、针对性、启发性，这样才能提高学生分析问题、理解问题和处理问题的能力。例如，教学第六章时，我设计了两个情境，情境一：一位教师在许多学生还在吵闹，没有集中注意力之前就开始上课，他试图详细介绍本节课的内容，但噪声依旧，只好停下来大声训斥那些喧哗的学生，高喊安静，可学生却"听而不闻"；情境二：另一位教师走进课堂，不急于上课而是安静温柔地看着学生，学生的喧闹行为立即有所收敛。这里的诀窍在哪里呢？学生迫不及待想找到解决问题的办法，于是进入特定的情境，结合事先拿到的自学提纲去看书，积极寻求答案。

二、自学教材

有了问题，学生自学教材就有了明确的目的，他们的思维活动就具有解决任务的性质，他们的智慧便能更加积极地投入这种活动中去。

学生钻研教材的过程，就是尝试用自己已有的知识去"同化"教材的过程，也是发现"知识障碍"的过程，但课堂时间有限，要完成一定的教学目标，就必须提高读书的效率。因此，要根据不同的问题要求，指导学生采取略读、精读、参读、研读的读书方法。所谓略读，就是扫描阅读、把握轮廓、撷取精华；精读应是逐字逐句、正确理解、深入领会；参读则为广泛涉猎、验证对比、发现规律；研读则表现为求异思考、分析研究、形成见解。同时，要指导学生运用生成学习的技术勾画重点，概括课题内容，编写结构提纲，记录重要补充材料等，这有助于指引注意和信息加工，发现新旧知识之间的联系。久而久之，可培养学生"不动笔墨不读书，边阅读边思考"的好习惯，继而达到"教是为了不教"的境界。

三、讨论解疑

对自学中出现的一些普遍性疑难问题进行分组讨论，可以增强探讨研究的气氛，引发多角度思维，拓展学生的思路，使其正确的理解得到巩固和深化，不理解的地方暴露得更加充分。讨论时要尽量发挥学生的主体性，为每一个学生提供自我表现的机会，调动和激发学生学习的内在因素。同时，这样的讨论还可以培养学生的口头表达能力和语言逻辑水准，为他们今后从事教育工作奠定基础。

当然，教师要注意处理好时间与讨论成熟度之间的矛盾。教师既要当好讨论的主持者，不让讨论放任自流，偏离轨道，又要当好讨论的点拨者，在适当的时候，疏通阻塞，使讨论激烈而有所进展。这对教师的教学机智提出了较高的要求。教师还要根据讨论反馈的情况进行一些评述性讲解，即肯定正确，补充不完善，纠正错误，完整准确地归纳知识要点。

四、演练操作

让学生运用刚刚掌握的理论知识去独立思考分析情境中的问题和现象，继而进行模拟操作，这可以使他们学到的知识在运用中得到巩固和发展，并成为继续获取新知识的手段。例如，自学"教学原则、方法"之后，可以给学生印发一些优秀教师教学实录的书面材料，或播放课堂教学的电视录像，让学生在分析研究的基础上进行演练。

演练是学生获得知识、形成能力的重要手段。应该清楚地认识到学生的能力和技巧，绝不是教师"讲"出来的，而是在教师的指导下，有计划、有步骤地"练"出来的。因而，在施行演练时，首先必须围绕教学目标安排好训练内容，并设置与之相适应的训练形式。例如，学完"教学艺术—教学机智"之后，可设计"假如你是教师，当你走进教室，发现黑板上画着你的像，此时你该怎么办"的问题，请同学上来进行实际角色的扮演，进行模拟操作。另外，学习"小学教学的实施"这一章，可运用微格教学、小型作业、桌面教学等多种训练方法,进行"编写教案,组织教学,导入新课,提问技能"等方面的模拟练习,重点培养学生的表演能力和实际操作能力。

实践告诉我们:"情境导学"模式具有以下一些优点和特点。

第一,突出了学生的主体性。作为学习主体的学生,是凭借自身的主观努力去学会学习的,当然,这一过程同时也是向他人学习。具体表现为:"三主"、"三自"、"三有"。"三主"即教师为主导,学生为主体,训练为主线;"三自"即每个学生可求得自主、自律、自信;"三有"即在教师引导下,让学生有争论,有发现,有创新。这就真正实现了以"教"为主到以"学"为主的重心转移。在这种教学中,学生能各得其所、兴趣盎然、相互切磋、共同发展。

第二,实现了"两主"作用的有机结合。这种教学模式把教师的主导作用置于引导和教会学生学习的基础上,以教育问题情境为杠杆来调动学生自学和探索的积极性。这样,学生的学习就变得相当主动而容易成功,教师和学生的"两主"作用便有机地结合了起来。

第三,教学操作体现全体性,变"独奏"为"合奏"。课堂上每个同学都能通过自学和讨论了解教学的重点与难点。讨论实际上是将"独奏"改为"合奏",有利于学生获得更多的信息,从而提高学习的效果。同时,学生还能从课堂的自由发言中感受到师生关系的平等,从而对教师所教课程产生兴趣和爱好,消除恐惧、焦虑等心理负担,主动性、积极性就能得到充分发挥。

第四,它属于开放的教学模式。情境导学模式是综合"引导发明教学法"、"合作学习法"和"暗示学习法"的优点,结合教育学科教学实际而提出来的,其实质在于培养学生的自学能力、研究能力、探索精神和实际操作能力,因此,它具有极大的包容性,在实践中它将不断地吸取古今中外一切有利于培养学生这些能力的教法和学法,不断完善、拓宽和提高。

第五,这是一种由"他律"到"自律"的教学模式。学生的自学能力、研究能力和实际操作能力的培养,必须经过由教师的外部控制向学生的自我控制转变的过程,而"尝试成功"的阶段可视为其中介。由教师帮助学生成功到学生自己争取成功,可以让学生不致永远停留在接受帮助的低层次上,而学生的成功心理得到进一步的发展,就会变得爱学、会学、乐学。这必将有利于他们今后独立主动地选择、验证、精练、组织和运用教育理论知识,适应教育事业的不断发展。

应当指出,教学模式只是教学过程抽象化了的范型。它源于教学过程的原型,但又不是教学过程原型表象的复制,而是经过思维的加工制作,从整体和本质上把握教学过程与运作机制的一种认识模式。明确这一点，我们就会懂得在实际教学过程中，既要遵循它的基本程序，又不能机械照搬，而必须把握实际，灵活运用。

（资料来源：王清. 情境导学模式初探[J]. 扬州教育学院学报，1999(2)）

扩展阅读

江苏洋思中学教学模式：先学后教、当堂训练

洋思中学在教学中采用"先学后教、当堂训练"的教学模式，很好地培养了学生的自学能力，减轻了学生的负担，解决了后进生的问题，全校学生每门课考试成绩都是优秀。每门课都是教师先提出学习内容和要求，限定时间让学生自学教材，再做课本上的练习题。教师当堂布置作业，当堂检查，课后不留作业。"先学后教"的"教"字，不是教师真正意义上的教，而是教师对学生做的练习题做出评判，个别不会做的由教师指导。

"先学后教、当堂训练"应该是，从上课到下课，学习的全过程都是让学生自学，教师由讲授者变为组织者，要真正地把学生解放出来。老师有时放不开，不敢放手让学生自学，是因为不相信学生的能力，所以一定要相信每一个学生都能够学好。许多教师之所以喜欢"满堂灌"，是唯恐讲不细，学生听不明白，考试不及格。传统的观点总认为教师讲得少，就是教师不负责，希望教师多讲。这些不是方法问题，是思想观念问题，说到底就是对学生信不过。思想观念不转变，教学改革永远不会进行到底。

过去我们认为教师讲得越细，学生学得就越容易，课堂教学效率会越高。但是我们没有想到，这样做会养成许多学生不动脑筋的习惯，只是被动地听课，不愿主动地学习。其实书本上的大部分知识学生通过自学都能够解决，教师的讲反而更耽误时间。洋思中学的经验证明，平时教师需要讲十几分钟的内容，学生自学三四分钟就可以了。学生自学几分钟就开始做题，不会的再回头看例题或相互讨论，基本就能做练习题了。这个过程是个不断反馈的过程，不是看一遍就全部会了。这样，学生自学积极性更大，效率更高。因为教师规定学生自学几分钟就要做练习题，学生有一种紧迫感，不认真看就不会做练习题，落在别人后边，从而培养了学生的竞争意识。所以学生自学比被动地听教师讲课积极得多，这样就把学生的主体地位真正突出出来。

后进生问题是个普遍性的老大难问题，洋思中学基本不存在后进生问题。为什么学生自学反而缩小了差距，转化了后进生呢？原因是多方面的。一是教师在课堂上讲得少了，可以抽出更多的时间个别辅导后进生。二是在学生相互讨论的过程中，实际是好

学生教后进学生的过程。好学生在自学的过程中基本上都明白了，而后进生还有一些问题没弄清楚，通过好学生的讲解，自然也就明白了。后进生光靠教师一个人忙不过来，发动好学生都来帮后进生力量就大了。三是后进生在自学的过程中也有一种紧迫感，别人在有限的时间看完了例题能做练习题，自己不会做也丢人，增强了他们的竞争意识和好胜心。

要减轻学生过重的课业负担，这种负担主要是课外作业。对此，首先是从当堂布置作业开始，要教老师当堂布置、当堂批改，课后不留作业，并且规定每堂课的作业时间不能少于20分钟。这样就逼着教师少讲。一开始学生自学中遇到问题由老师解决，到后来则由老师引导学生讨论来解决。每堂课都是自习课，老师只讲几分钟。另外，每堂课的作业练习就是考试，这样有利于学生处于紧张的学习状态，也培养了学生的考试能力。学生在课堂上紧张学习，课后轻松，没有作业，可以更好地发展自己的爱好特长，培养各方面的素质。

专题小结

教学模式是在一定的教学思想、课程理论和学习理论指导下，在某种环境中展开的围绕教学活动进程的稳定结构形式。教学模式既是教学基础理论的具体化，又是教学具体经验的概括化。教学模式是一定教育思想的反映，是连接基础理论与教学实践的桥梁和中介，具有针对性和可操作性；整体性和灵活性；稳定性和开放性的特点。每种教学模式都由指导思想、功能目标、操作顺序、实现条件、教学评价组成。教学模式的功能可以概括为使教学理论易于推广和优化的功能；为实践者提供咨询的功能；为教师做示范引导的功能；预测教学结果的功能；推进教学活动系统化的功能。国外的主要教学模式有"程序教学"模式、"掌握学习"教学模式、"发现学习"教学模式、"非指导性教学"模式和"暗示教学"模式；我国常用的教学模式有"传递-接受"教学模式、"自学-辅导"教学模式、"目标-导控"教学模式、"引导-发现"教学模式和"情境-陶冶"教学模式。

思考与练习

一、填空题

1. 教学与教育的关系是_____，教学与上课的关系是_____。

2. 在学校教育中处于中心地位的是_____。

3. 教学理论范式有叙事论、_____、_____和_____。

4. 连接基础理论与教学实践的桥梁和中介是_____。

5. "程序教学"模式的提出者是_____,这个模式的指导思想是_____。

6. 布卢姆将教学目标分成三个领域,分别是_____、_____和_____。

7. "掌握学习"教学模式中的教学评价分为_____评价、_____评价和_____评价,其中,在教学过程中实施的,目的在于了解学生的学习情况及所存在的问题和缺陷的评价是_____评价。

8. 在整个"掌握学习"教学模式过程中,最重要的两个步骤是_____和_____。

9. "非指导性教学"模式的倡导者是_____。

10. 魏书生的"六步教学法"属于_____模式。

二、名词解释

1. 教学 2. 智力 3. 创造才能 4. 能力 5. 教学模式

三、简答题

1. 教学的基本任务是什么?

2. 教学研究的理论范式有哪些?

3. 教学与教育、智育、上课之间的关系是什么?

4. 教学模式有哪些特点?

5. 教学模式由哪些结构构成? 分别列举出来。

四、论述题

1. 如何理解教学的概念?

2. 何谓教学模式? 它由哪些要素构成?

3. 论述教学模式的预测教学结果的功能,并举例说明。

4. 试举例论述"掌握学习"教学模式的作用。

五、案例分析

1. 一次,听一位青年教师执教《微笑着承受一切》(苏教版三年级下册)一课。他组织学生学完生字词,便急急忙忙布置学生通读文章,并要求学生说说自己读后的感受。于是学生开始大声朗读课文,教师则旁若无事。读后,教师让学生说说自己的感受。面对学生的发言,教师只是一味地微笑点头,几乎没有对学生的回答进行评价或引导。而学生们的感受仅仅是泛泛而谈,缺乏从文本中得来的真实感受。下课后交谈,这位教师却不以为然:"新课程不是要让学生自主吗? 不是要尊重学生吗?"

试用学过的教学理论知识,评价这位教师的观点。

2. 听一位教师上《卢沟桥烽火》(苏教版第十册)时,对于课文的时代背景,教师只字不提,导致学生理解课文出现偏差。这位教师为什么不介绍时代背景呢? 课后,我与他交流,才知个中玄机。他说:"如果我讲了,不就是用老办法(传授式教学)了吗?"

结合教学模式与教学过程的有关知识,分析一下传授式教学与探索式教学的特点,在教学过程中应该怎样处理这两种教学模式。

第五章

教学（下）

　　教学过程、教学组织形式和教学方法都是教学中的重要概念。教学过程是教师根据教学目的、任务和学生身心发展的特点，通过指导学生有目的、有计划地掌握系统的科学文化知识和基本技能，发展学生的智力和体力，使其形成科学的世界观及培养学生道德品质、发展学生个性的过程。教学组织形式，是指为实现特定的教学目的，按一定要求将教学的主客观条件组织起来进行教学活动的方式。教学方法是为完成教学任务而采用的方法，是教师引导学生掌握知识技能、获得身心发展而共同活动的方法。

　　本章首先介绍教学过程的概念、基本阶段和基本特点，然后介绍教学组织形式的类型及功能，最后介绍我国中小学常用的教学方法。

 学完本章，你将能够：

　　（1）了解古今中外教育家关于教学过程的理论，了解教学组织形式的类型；

　　（2）掌握教学过程的概念，掌握教学过程的基本因素；

　　（3）重点掌握教学过程的基本阶段和基本特点；

　　（4）掌握班级授课制的有关内容；

　　（5）重点掌握我国中小学常用的教学方法。

导 读

教学过程是教师根据教学目的、任务和学生身心发展的特点,通过指导学生有目的、有计划地掌握系统的科学文化知识和基本技能,发展学生的智力和体力,使其形成科学的世界观及培养学生道德品质、发展学生个性的过程。学完本节,需要了解古今中外教育家关于教学过程的理论,掌握教学过程的概念,掌握教学过程的基本因素,重点掌握教学过程的基本阶段和基本特点,达到运用的程度。

第一节 教学过程

一、教学过程概述

(一)教学过程的概念

教学过程的理论是教学的基本理论,古今中外教育家从不同角度出发,提出了各自的见解。我国古代教育家孔子,从自己渊博的知识和丰富的经验出发,提出了"学思习行"结合的教学过程;思孟学派认为教学过程是学习者"学问思辨行"的过程。近代捷克大教育家夸美纽斯从感觉论出发,强调了教学过程是"利用感官去施教"的观点。德国的赫尔巴特以"统觉原理"说明教学是新旧观念联系和系统化的过程。美国的杜威则认为,教学过程是儿童直接经验的不断改造和扩大,是"做中学"的过程。苏联教育家凯洛夫认为教学过程是一种认识过程;赞科夫认为教育过程是激发与推动儿童一系列内部发展的过程;巴班斯基运用辩证的系统方法,提出了教学过程最优化的理论。美国的布鲁纳认为,教学过程是多层次的,是学习行为和教育的统一。这些著名的论述和观点,为认识教学过程提供了可供借鉴的理论。

我们认为,**教学过程是教师根据教学目的、任务和学生身心发展的特点,通过指导学生有目的、有计划地掌握系统的科学文化知识和基本技能,发展学生的智力和体力,使其形成科学的世界观及培养学生道德品质、发展学生个性的过程。**教学过程是一种特殊的认识过程,它应该是适应并能促进学生身心发展的过程。在教学过程中,教师应根据学生的实际情况,有目的、有计划地对他们进行社会主义道德教育,引导他们循序渐进地学习科学文化基础知识和基本技能,促进学生德、智、体全面发展。

(二)教学过程的基本因素

思 考

如何理解教学过程的基本因素之间的关系?

教学过程是一个完整的系统,对于教学过程究竟由哪些要素构成,研究者存在不同的看法,形成了"三因素说(教师、学生、教材)"、"四要素说（教师、学生、教材、教学环境）"、"五要素说（教师、学生、教材、教学方法、教学环境）"等观点。我们认为，构成这个系统的基本因素主要是：教师、学生、教学内容和教学手段。

这些基本因素，在教学过程中具有各自不同的地位和作用。其中，教师是教学活动的主宰者，对学生的学习和掌握教学内容起主导作用，教师要在了解学生的基础上，对教材进行组织、加工，选择恰当的教学方法和手段，向学生传授知识、技能，促使学生的学习活动按照规定的目的和内容进行；学生是学习的主体，只有学生积极主动地参与到教学过程中，才能有效地实现知识向能力的转化，促进学生的发展；教学内容是学生学习的客体，是由教师选择并提供给学生学习和掌握的科学文化知识；教学手段是指师生间传递信息的技术媒体和工具，它把教师、学生和教学内容紧密联系在一起，使教师可以准确、快速地传授科学文化知识，提高教学效率。

教师、学生、教学内容和教学手段这四个因素，在教学过程中不是简单的组合，而是相互作用，同时又是作为整体发挥作用的。因此，教学过程中各因素的最佳组合可以取得教学的最佳效果。我们需要深入研究这些基本因素以及它们之间的组合和矛盾关系，从而揭示教学过程的本质及规律。

二、教学过程的基本阶段

教学过程是一种特殊的认识过程，与人类一般认识过程一样是分阶段的，但教学过程的阶段有其特殊性。在教学过程中，要符合实践—认识—实践的一般规律，引导学生掌握知识技能，发展智力体力，完成教学任务。在教学过程中，学生也具有特殊性，所以在教学中采取何种阶段形式，要根据学生的具体情况而定。结合中外教育理论，总体来说，我们认为教学过程应该包括以下几个阶段。

思 考

教学过程有哪几个基本阶段？

（一）引导学生明确教学目标

教学目标是师生通过教学活动预期达到的结果或标准，是对学习者通过教学以后能做什么的一种明确的、具体的表述，主要描述学习者通过学习后预期产生的行为变化。教学目标是教学活动的第一个环节。教学目标对落实教学大纲、制订教学计划、组织教学内容、明确教学方向、确定教学重点、选择教学方法、安排教学过程等起着重要的导向作用。教师在研究教学系统特点的基础上，以书面材料的形式使教学目的具体化，使教学目标更明确。同时，教师通过创设问题情境，使适合于学生身心发展水平的具体教学任务在问题情境中鲜明地体现出来。要使学生产生强烈的求知欲和学习动机，就要在教师创设的问题情境中,进行猜测、探索和设想,从而明确学习目标。

(二)激发学生的学习动机

所谓学习动机,是指推动学生进行学习活动的一种内在过程或内部心理状态,是维持已引起的学习活动,并引导学习行为朝向一定的学习目标的强大动力。教学活动是在一定的思想情感的影响下的活动,是在学习动机的支配下进行的。学习动机是引发学生学习行为的重要动力。心理学研究表明,学习动机和学习活动是可以相互促进、相互加强的:一方面,学习动机可以通过学习活动逐步引导和形成;另一方面,学习动机一旦形成,它就会贯穿于学习活动的全过程。

在教学过程中需要激发学生的学习动机,教师可以采取一些有效的策略,例如给学生适当的奖励和惩罚、向学生提出要求、唤起学生的求知欲、培养学生的责任感和使命感等方式,都能在一定程度上激发学生的学习动机。

(三)感知和理解教学材料

学生在教学过程中,主要是以学习书本知识为主,书本知识一般以抽象的理性知识为主,具体表现为概念、定理、公式及原理等,这些理性知识都是对客观世界的抽象概括。学生必须以一定的感性知识为支撑才能更好地理解它们。感知教学材料,通过对教学材料的初步掌握,将教学材料反映的抽象的知识与生动的形象结合起来,形成关于客观事物的正确表象,有利于学生对抽象知识的理解。

理解教学材料就是要领会书本上的知识,从而认识事物的本质和规律。理解教学材料是在教师的指导下,在学生获得一定感性知识的基础上,通过学生自己的思维加工实现的,其中,学生的思维是认识活动的核心要素。启发学生,引导学生开展积极的思维活动是理解教学材料的重要任务。

教学过程中学生可以通过多种形式和途径来获得感性知识:一是直接感知,可以通过见习、实习、参观等,获得相应的感性知识和直接经验,为理解抽象的书本知识提供条件;二是间接感知,通过直观的教具和生动形象的语言,可以帮助学生理解抽象的书本知识。

在教学过程中,要使学生开展积极的思维活动,就要实现感性知识到理性知识的提升,因此,提示学生思路、引导学生独立探索、教授学生思维方法、培养学生思维能力等应该成为教师工作的中心。在学生的认识活动中,除了思维之外,还有记忆力、观察力和想象力等要素的参与,所以在教学过程中,不可忽视对学生记忆力、观察力和想象力的培养。

（四）巩固和运用知识经验

巩固知识经验是指学生把所学到的所有知识，牢固地保存在记忆中。学生主要以学习书本知识为主，并接受大量的间接经验，如果不及时地巩固和强化，就会遗忘，不利于对以后要学习的知识经验的理解，从而无法做到学以致用。帮助学生加深对书本知识的理解，就要将所学知识经验运用于实践，这种实践对培养学生的独立性和创造性，有着重要的作用。

在教学过程中，教师要指导学生学会记忆的方法，帮助学生认识和掌握记忆的基本规律，要注意将巩固知识经验和死记硬背区分开来，要着重培养学生理解记忆的能力，帮助学生形成适合自己记忆知识的方法。教师要运用多种形式引导学生运用知识，比如练习作业、实验、实习等。其中练习作业是运用知识经验最常用的形式，但一定要注意练习作业的质量，努力避免一味机械模仿和简单重复，要使练习作业具有多样性和灵活性，并要有一定的创造性，充分发挥练习作业在培养学生创造性和独立性方面的作用。

（五）教学效果的检查、测量与评价

教学效果的检查、测量与评价是一个重要环节，它保证了教学过程的良性循环，并争取达到理想的教学效果。教学作为一个特殊系统，要通过信息反馈来实现对教学过程的有效控制。教学效果的检查、测量与评价是获取反馈信息的重要来源，包括检查与测量、评价两个方面。教学效果的检查与测量，是对教学过程及其结果进行事实信息的收集和判断；教学效果的评价是对教学过程及其结果的价值判断。前者是后者的基础和前提。[①] 教师在教学过程中，可以通过多种方式来了解学生学习方面的情况，例如观察、提问、家访、检查作业等。教师还应该引导学生学会自我评价和自我检查，促使学生自觉调控自己的学习过程，强化学生的学习动机，增强其学习能力，从而保证教学取得更好的效果。

教学过程的这五个基本环节，反映了教学过程在时间上的连续性，各个环节都发挥着独特的作用，各环节之间又彼此联系、相互衔接。这五个基本环节是教学要共同经历的，因此又可以把它们叫做"基本式"。当然，这种基本式并不是一成不变的，由于情况的复杂多样，这些环节会因时、因地、因人而异。

三、教学过程的基本特点

教学过程的基本特点主要表现为教学过程内部一些因素之间的联

思 考

教学过程的基本特点有哪些？

---

① 扈中平．现代教育理论［M］．北京：高等教育出版社，2005：244

系。认识教学过程的特点,有助于理解教学的基本原理,能够更好地指导我们科学地进行教学活动,提高教学效率和质量。

(一)间接经验与直接经验相统一

间接经验指的是人类社会长期积累下来的经验总结、人类历史上优秀的认识成果。在社会主义现代化建设的今天,学校教育在青少年一代的成长中显得尤为重要。而学校教育的主要途径就是教学,教学的主要任务也就是传递间接经验,使学生在短时间内不用亲自实践就能掌握系统的科学文化知识。直接经验指的是学生亲身获得的感性认识。在教学过程中,直接经验对于学生同样重要。学习间接经验必须以学生的直接经验为基础,学生通过自己以往积累的或现时获得的直接经验为基础,才能把书本知识转化为自己理解的知识。因此,在教学过程中要处理好直接经验和间接经验的关系。

(1)学生以掌握间接经验为主。

学生以掌握间接经验为主,即以学习书本知识为主。这是一条简约、直接、高效、快捷的认识方式,为在此基础上更加深入和广泛地认识世界和改造世界创造了有利条件。在教学中,坚持学生以掌握间接经验为主有如下两个好处:第一,可以减少学生认识过程中的盲目性,避免重蹈人类认识史上的覆辙;第二,能节省学生的时间和精力,使学生尽快获得大量的科学文化知识,大大提高其认识效率。相反,如果事事都让学生去实践,学生个人就不可能在短时间内达到人类长期认识世界所达到的水平,而影响社会的发展与进步。在现代科技飞速发展的情况下,完全依赖直接经验是不够的,所以教学主要是以间接经验为主组织学生进行学习。

(2)学习间接经验必须以学生个人的直接经验为基础。

学生总是借助其已有的直接经验去学习书本上的间接经验。间接经验是学生没有亲身实践的,在学习时如果没有其直接经验的参与和帮助,学生是很难对间接经验进行接受、理解、消化和巩固的,而且学生个人的直接经验越丰富,对间接经验的掌握越容易。陶行知先生作过一个精辟的比喻:"接知如接枝",他说:"我们必须有从自己经验里发出来的知识做根,然后别人的相类似的经验才能接得上去。倘使自己对于某事毫无经验,我们决不能了解或运用别人关于此事之经验。"可见,学生个人的直接经验在其间接经验学习过程中具有不可代替的特殊价值。因此,在讲授任何知识时,如果学生缺乏必要的直接经验,就应想方设法运用各种有效的方式,让学生充分感知,丰富其直接经验,以使其更好地掌握所学习的书本知识。

(3)防止忽视系统知识传授或直接经验积累的偏向。

在处理直接经验和间接经验二者的关系时,要防止教学史上曾经出现的两种偏向：一种是在传统教育观影响下，只重视书本知识传授但忽视学生直接经验的偏向，它以赫尔巴特为代表；另一种是在实用主义教育观影响下，过分重视学生个人经验而忽视教师系统讲授的偏向，它以杜威为代表。这两种偏向违反了教学规律，人为地割裂了学生掌握知识过程中直接经验与间接经验的联系，违反了教学规律，这样必然会影响到教育教学的质量。

（二）掌握知识与发展智力相统一

现代教学论一直探讨的一个重要问题就是掌握知识与发展智力的关系。众多学者普遍认为：掌握知识与发展智力相互依存、相互促进，二者统一于同一教学活动中。智力的发展依赖知识的掌握，知识的掌握又依赖于智力的发展。在现实的学校教育中，教学过程既是向学生传授知识的过程，又是发展学生智力和能力的过程。教师应引导学生自觉掌握和运用知识，有效地发展他们的智力。

（1）智力发展依赖于知识的掌握，知识的掌握又依赖于智力的发展，二者互为条件。

（2）引导学生自觉掌握知识和运用知识才能有效地发展他们的智力和能力。

通过传授知识来发展学生的智力是教学的一个重要任务，但知识不等于智力，所谓"高分低能"的现象就是明证。因而，在教学中，不仅要教给学生系统的知识，还要引导学生掌握学科的基本结构，启发学生了解知识掌握的过程，学会获得知识的方法，帮助学生能够创造性地运用知识来解决理论和实际问题，促使学生的智力获得高水平的发展。

（3）防止单纯抓知识教学或只重智力发展的倾向。

教学中应如何处理知识与智力二者之间的关系，在教育史上，实质教学论者与形式教学论者对这个问题有过长期的论争。实质教学论以斯宾塞为代表，强调教学应传授给学生实用的科学的知识，在课程上要求以自然科学和应用技术为主；形式教学论以洛克为代表，强调教学的目的是培养心理能力，重视教材的训练价值，课程上主要学习拉丁语、数学、逻辑以及有关的人文学科。这两种论证的偏颇之处是显而易见的，正因为如此，现代的许多教育理论家都致力于把知识和能力统一起来，如杜威等人在这方面就做过积极的探索。

（三）智力活动与非智力活动相统一

在学生的认识活动中，有智力活动与非智力活动之分。智力活动主要是指在认知过程中，学生为认识事物、掌握知识而进行的观察、思维、记忆和想象等活动。非智力活动是指认识事物和掌握知识过程中的知、情、意等活动。在教学过程中，学生的活动首先是智力活动，但与此同时,学生的知、情、意也会介入,这就需要我们处理好学习知识与培养思想、情感、意志的关系。近年来,人们越来越关注非智力活动在教学中的作用,认识到学生思想、情感、意志等的培养与学生掌握知识和智力发展的关系。教师在教学过程中要注重调节学生的非智力活动,做到智力活动与非智力活动相统一,这样有利于培养学生养成良好的学习习惯和刻苦的学习态度,学会学习,学会做人。

(1)智力活动是非智力活动的基础,非智力活动依赖于智力活动,并积极作用于智力活动。

学生的非智力活动是在认知事物、掌握知识的过程中产生和发展的,离开掌握知识的智力活动,学生的非智力活动很难得到发展。反过来,学生是有主观能动性的人,学生学习动机的强弱、学习的意志质量是否持久,直接影响学生的学习。从某种意义上说,智力水平大致相同的学生,之所以最终在知识和能力方面存在差异,非智力活动的不同可能是其原因之一。

(2)按教学需要调节学生的非智力活动才能卓有成效地进行智力活动,完成教学任务。

在教学中,一方面通过改进教学本身,可以使教学过程与内容富有知识性、趣味性、启发性,能适应学生年龄特征,激发学生的求知欲和兴趣,从而使其养成良好的学习习惯;另一方面,要提高学生自我教育的能力,使其能自觉地按照教学要求调节自己的非智力活动,积极地进行智力活动,以提高学习效率。

(四)教师主导性与学生主动性相统一

现代教学论强调教与学二者的辩证关系,教学过程是在教师引导下学生主动学习和认知的过程。教师的教和学生的学组成了教学的双边活动。教学过程中既要发挥教师的主导作用,又要引导学生有效地学习知识、发展身心。教学是教师教学生去学,教师组织的教学活动中学生是学习主体,但需要注意的是,教师的教是为了学生的学。在教学过程中,必须充分调动学生学习的积极性和主动性,只有学生具有学习的主动性和积极性,配合教师的引导,才能达到教学的最佳效果。

(1)教师在教学活动中起主导作用

在教与学的矛盾关系中,教师的教是矛盾的主要方面,支配着学生的学,教师在教学中应当起主导作用。教师在教学中起主导作用有其必然性,这是因为教师的职责在于要根据国家的教育目的、教学计划和教学大纲,有目的、有计划地通过"传道、授业、解惑",将学生培养成为全面发展的有用人才。同时,教师"闻道在先、术业专攻",受过专业教育的培养和训练,具有较高的思想政治觉悟、丰富广博的知识和生活经验,并掌握了教育和教学规律。因此,教师有责任也有能力主导教学过程,对成长中的青少年的身心健康发展负有责任。当然,教学过程中教师主导作用的发挥程度,还有赖于教师本身素养水平的不断提高。

（2）学生的主体地位不容忽视

学生是学习活动的主人,教学过程中教师的教只有以学生的主动学习为基础,才能取得预期的效果。一般来说,学生的学习主动性、积极性愈大,求知欲、自信心、刻苦性、探索性和创造性愈大,学习效果也愈好。学生主体性的形成和发展,离不开教师的正确引导。北京一位特级教师深有体会地说:"学生学习好比人走路,低年级的要牵着走,中年级的让他们跟着走,高年级的指引他们自己走。"为了增强学生的主体性,使之真正成为学习的主人,教师应注意激发学生的学习动机和学习兴趣;明确其学习目的,端正其学习态度;指导他们掌握良好的学习方法,养成良好的学习习惯。致力于弘扬学生的主体性,是当代教学的一大主题。

（3）教与学是辩证统一的,不可偏废

教师主导作用要与学生主体作用相结合,才会产生积极有效的教学效果。"学生为主体"不同于"儿童中心",因为它是以教师的主导作用为条件的;同时"教师为主导"也与"教师中心"有别,因为它是以确认学生的主体地位为前提的。教师主导作用发挥得越好,学生学习的主动性、积极性、独立性和创造性也就越强;反之亦然。如果没有学生的积极配合,教师的主导作用也必然落空。或者说,教师为主导是学生得以充分发挥主体作用的必要条件,而学生的主体性发展又是教师发挥主导作用的必然结果。实践证明,任何将教师教与学生学的辩证统一关系割裂、对立起来而走向片面化、极端化的观点和做法,都是违背了教学双边交互影响、辩证统一规律的。

扩展阅读

高中英语体验式教学探讨

一、英语体验式教学的概念

人们常常把外界事物、情境所引起的内心感受、体味或亲身的经历称为"体验"。体验教育是教育者按照预定的教育内容和目标,科学、有效地创设一种达到"身临其境"或"心临其境"的体验氛围,使受教育者能在这种环境氛围的影响下,主动、自觉地通过"体验"和"内省"来实现"自我教育",并达到"自我实现"和"个性完善"的内化过程。高中英语体验式教学是指教师以各种教学活动、游戏活动、生活活动等为中介,以学生为主体,通过他们的积极主动参与,使其在栩栩如生的师生间的互动及学生的互动语言活动中体验英语,产生对英语学习的浓厚兴趣,加强语感。这种体验式学习同生活中其他任何一种体验一样,是高中学生在形体、情绪、知识上参与的所得,重点是激发他们内心的积极情绪,即培养他们对英语的学习兴趣和求知欲,产生想听、想说、乐学的愿望,为今后的学习打下良好基础。

二、英语体验式教学的特点

语言教育应该是一种主动的过程,必须通过学习主体的积极体验、参与、实践,以及主动地尝试与创造,获得认知和语言能力的发展。学生无论在身体上还是在心理上,都在走向成熟,他们有自己的想法和做法,我们不能把知识强加于他们。高中英语体验式教学使教师和学生置身于一种英语情境和氛围之中,双方在心理上拉近距离并产生情感的共鸣。主要有以下几个特点。

1. 主动参与

体验式教学要求学习者发挥主动精神,通过亲身参与英语学习来掌握语音、词汇、句子,学会表达,真正成为学习的主角。没有这种参与,就不能产生任何体验。教师的作用不再是一味地单方面传授知识,更主要的是利用那些可视、可听、可感的教学媒体为学生创设宽松的学习氛围,让他们产生一种渴望学习的冲动,自愿地、全身心地投入学习过程,并积极接触英语、运用英语,在亲身体验过程中掌握更多的英语知识,从而更容易通过各种英语考试。

2. 寓教于乐

寓教于乐中的"乐"应包含两层意义:一是指教师把传授的知识融入能激发学生兴趣的教学方法中去,尽量使教学过程像娱乐活动一样吸引人;二是指教师通过调动学生,将被动学习变成主动掌握的过程,使他们感受到学习英语是一件快乐的事情。在体验式教学中,并非教师单方面制造乐趣,而是学生主动体会到乐趣。学生学得快乐,这才是寓教于"乐"的真正实现和真实效果。

3. 学以致用

体验式教学是一种情感化教学。它为高中学生英语学习提供了一个运用语言的空间,让他们置身于活生生的语言表达和交流中,使他们从外在的环境和内在的心境两方面都体验到自己正处在英语的语言空间中,对所学英语知识进行思考,作出反应,获得应用英语进行交流的深刻的愉悦体验。

三、英语体验式教学的途径

1. 创设情境,引发体验

在教学过程中,设法创设英语情境,让英语回归生活,可以使得学生以最自然、最快的速度进入英语学习状态之中,以实现认知的目标。高中学生现在学的是按新教育大纲编写的英语教材,该书为高中英语教学改革开创了新的局面,提高学生实际使用英语进行涉外交际的能力，有利于彻底改变英语教学滞后于社会需求的局面。在教学中，教师应不断地创设各种情境，引发学生体验。例如在教"The Way Americans Greet"这篇课文时，我就设计了两个情境，一个是与美国人打交道，另一个是与英国人打招呼。我先请两组学生来表演，然后请同学们体会这两种打招呼的异同。

2. 语言习得，尝试体验

语言习得理论在学习方面是采用完成系列任务的方式，同时采用激活语言知识的方法。有意义的交互活动是学习者所需求的学习机会，在学习者被"强制性"地要求使用准确外语语言来完成某项任务时，就可能获取那些能激活语言习得的语言输入信息。根据习得理论原理，我在教学过程中借助现代多媒体技术设置英语情境，让学生自己习得英语语言知识并运用语言知识，放手让学生自主探索，进入角色来体会，使之成为学习的主人。

3. 拓展深化，探索体验

高中学生学习英语一方面是为进一步学习打下基础，能够在进入高等学校之后进一步深造；另一方面是通过学习获得英语语言知识，能用所学知识解决实际问题。这就必须使学生更深入、多元地体验，拓展自己的知识，让学生在不同的场景应用英语知识，提高解决实际问题的能力。

4. 回归生活，自我体验

体验性学习不仅限于课堂，还应该延伸到学生的日常学习和生活中去。英语学习不是为了学得几个词句，其最终目标是运用英语。只有把所学的英语语言知识运用到实际中去，得到实践的检验才能得到巩固发展和深化，在实际运用过程中逐渐养成良好的英语语言习惯。所以，英语教学应向学生的生活领域转变和拓展，让学生在日常生活的特定情境中探索，自主地运用所学语言知识和语言技能来独立解决自己遇到的各种实际问题。

5. 求异思维，创新体验

没有创新就没有发展。对于当代社会的教育工作者，不能只是把自己当做知识的传播者，更不能只将学生当成知识的接受者，应将他们培养成具有创新思维的新型人才。在教学过程中要不断激发学生的奇思妙想，让他们的思维更活跃、更具有创新力。课堂教学的创新，不仅要教给学生理论知识，而且应注重培养学生的创新思维和创新能力。就高中英语教学而言，则不仅要教给学生单词、词汇和语法，更应突出培养学生的听说能力、读写能力、翻译能力。为此，在高中英语教学中应注意以下几个问题：①改变传统英语教学方法，变应试教育为素质教育；②改变传统师生角色模式，创造民主和谐的课堂气氛；③鼓励学生大胆探索，培养学生的发散性思维;④全面驾驭英语教材,淡化语法;⑤强化英语运用能力的培养,借助现代化教学手段;⑥多方位、多渠道地培养学生的语感,积极开展多种课外活动,让学生在实践中培养语言创新能力。

总之,在英语教学过程中要以让学生参与、亲身体验为基本原则,让学生通过体验来学习语言知识和语言技能,并通过习得语言来巩固知识与技能,使英语教学真正地与学生生活紧密联系在一起。

（资料来源:胡亚玲.高中英语体验式教学探讨［J］.考试周刊,2011 (17):129-130)

 专题小结

教学过程是教师根据教学目的、任务和学生身心发展的特点,通过指导学生有目的、有计划地掌握系统的科学文化知识和基本技能,发展学生的智力和体力,使其形成科学的世界观及培养学生道德品质、发展学生个性的过程。教学过程是一种特殊的认识过程,同时也是促进学生身心发展的过程。教学过程的基本阶段包括明确教学目标;激发学习动机;感知和理解教学材料;巩固和运用知识经验;教学效果的检查、测量与评价。教学过程的基本特点主要是间接经验与直接经验相统一,掌握知识与发展智力相统一,智力活动与非智力活动相统一,教师主导性与学生主动性相统一。

 导 读

教学是有计划、有组织的活动,任何教学活动都是通过一定的组织形式有条不紊地进行的。教学组织形式是实现教学内容、完成教学任务的工具和手段。那么究竟有哪些教学组织形式呢?本节主要介绍教学组织形式的类型,重点介绍我国中小学普遍使用的班级授课制。

第二节

教学组织形式

一、教学组织形式概述

所谓教学组织形式,是指为实现特定的教学目的,按一定要求将教学的主客观条件组织起来进行教学活动的方式。具体来说,教学组织形式主要涉及以下问题:教师如何把学生组织起来,通过什么样的方式使教与学紧密联系起来,如何合理地利用各种教学资源来开展教学活动,从而有效地实现教学目标,完成教学任务。简言之,现代教学的组织形式,主要是解决"班"、"课"、"时"的问题。

教学组织形式直接影响着教学的规模和速度、教学条件的利用、教学质量的提高、教师和学生在教学过程中的地位和作用,以及双方积极性的调动和发挥。教学组织形式在教学活动中有着重要的意义,教师要注意采用合理的教学组织形式,充分利用各种资源,使教学活动多样化,使课堂充满活力,充分调动学生的积极性,使学生主动参与进来,顺利完成教学任务,使每个学生都获得最大的发展。

教学组织形式具有相对稳定性,一定的教学组织形式是一定社会历史条件的反映。严格说来,采用什么样的教学组织形式还受到社会发展水平的制约,例如多媒体的使用在古代教学中是不可能出现的。虽然教学组织形式具有相对稳定性,但也并非一成不变。随着社会生产的发展、科学技术的进步、教学内容和教学目的的变化,教学组织形式也会发生一定的变化,当然这种变化很少同步。决定教学组织形式发展变化的社会历史条件主要是:社会生产力的发展水平、科学文化的发展水平和教学手段的先进程度。

二、教学组织形式的类型

思 考

你认为有哪些教学组织形式?

在教学史上先后出现过多种教学组织形式,其中影响比较大的有个别教学、班级授课制、道尔顿制、分组教学制、特朗普制等。由于后三者在现代学校的教学活动中运用得不多,甚至不被运用,所以略去不讲。下面将详细讲解个别教学和班级授课制。

(一)个别教学

个别教学是教师对学生进行个别施教的一种教学组织形式,教学内容、进度和教学时间等都不做统一安排。它更强调发挥学生个人的主体作用,让学生从自己的知识基础、兴趣爱好出发,确定学习的范围,灵活安排学习的进度。古代社会学校出现后,教学从生产劳动和社会生活中分离出来,成为一种专门的活动,学校主要以个别教学的形式开展教学活动。个别教学之所以成为古代教学的基本组织形式,这在很大程度上是因为当时的生产力比较落后,科学技术水平不够先进。当然,这与当时学生人数少、教学内容比较简单也有很大关系。我国奴隶社会的私学、封建社会的私塾和书院,欧洲古代和中世纪时期的学校都采用这种组织方式进行教学。

个别教学的优点在于教师能根据学生的特点进行因材施教,使教学内容、进度更适合于每一个学生的接受能力;在培养学生的自学能力方面,也有很大的帮助。但采用个别教学的缺点也是显而易见的,一个教师所能教的学生数量是很有限的,很难达到桃李满天下的效果,它显然只能培养少数人,无法满足大规模人才培养的需求,即教学规模小,教学成本高,教学效率低。随着社会的发展,个别教学越来越不能满足社会的需求,其弊端也更加明显,这使它不可避免地被其他教学组织形式所取代。

(二)班级授课制

班级授课制是一种集体教学形式,它把年龄大致相同,知识水平也大致相同的人按照一定的数量编成固定的班级,根据课程表规定的时间,安排教师有计划地向班级学生集体上课。这种教学组织形式是学校教育适应现代化大生产的产物,随着各国教学实践的发展和完善,已相对稳定下来,至今仍是学校运用较多的教学组织形式。

著名教育家夸美纽斯在《大教学论》一书中总结了当时班级授课制的经验,从理论上论证了班级授课制的意义与特征,使班级授课制作为一种教学组织形式基本确定下来。后来,班级授课制又经过赫尔巴特等教育家的补充,得到进一步完善。率先正式使用"班级"一词的是文艺复兴时期的著名教育家依拉斯莫斯。

我国最早采用班级授课制一般认为是在1862年,当时的京师同文馆首先使用这种教学组织形式。清朝末年,清政府先后颁布《钦定学堂章程》和《奏定学堂章程》,1905年废除科举制度、兴办学校以后,班级授课制才在全国推行,并逐渐发展成为我国学校教学的基本组织形式。下面将详细介绍班级授课制的特征及其优缺点。

讨 论

班级授课制有哪些优缺点?

1. 班级授课制的特征

(1)同一个班级里的学生年龄大致相同,知识水平大致相同,一般处在身心发展的同一个阶段。

(2)班级里各个科目的任课老师相对固定。每个教学班的班主任和任课老师按照业务专长和工作能力等条件实行相应的分工,在教学过程中共同发挥作用。

(3)教师根据教学大纲和教材向全班同学统一授课,各科目的任课老师交错授课,各科的教学进度基本相同。

(4)场所固定。教室、实验室等有固定的场所,甚至连学生的课堂座位也是固定的。

2. 班级授课制的优缺点

班级授课制的突出优点在于它比个别教学的效率高,一个教师同时能教几十个学生,相对来说比较适合学生身心发展的年龄特征,有利于发挥学生之间的相互影响作用,有助于提高教学质量。具体体现在以下方面。

(1)有严格的制度保证教学的正常开展和达到一定的质量。

(2)以"课"为单位进行教学比较科学,"课"的类型很多,各科交又进行,便于系统地传授各科知识。

（3）有利于进行教学管理和督察。

（4）能够充分发挥教师的主导作用。

（5）有利于发挥班集体的作用。在班集体中学习,学生彼此之间由于共同目的和共同活动结合在一起,可以互相观摩、启发、切磋、砥砺。

（6）有利于普及和发展教育事业。

班级授课制的出现是教育史上的一大进步,当然,它也有其自身的局限性,表现在如下几个方面。

（1）注重集体化、同步化、标准化,难以照顾学生的个别差异,教师没有精力对学生进行个别指导,不利于培养学生的志趣、特长和发展他们的个性。

（2）以教材为中心,以课堂为中心,学生没有受到足够的重视。

（3）它以"课"为活动单元,而"课"又有时间限制,缺少灵活性。

扩展阅读

20世纪80年代以来,教学组织形式改革的另一个应该注意到的趋势是班级教学小型化。在一些经济比较发达的国家很重视班级人数问题。国际教育成就评估委员会把班级人数列为影响学生学习成就的一个重要因素。苏联的一些学者指出,在某些亚非拉国家,班级人数膨胀是当代困扰教育的重要方面。夸美纽斯当年曾说一个教师同时教几百个学生不但是可能的,也是必要的,甚至不赞成对学生个别辅导。现在人们感到这是把缺点当优点了。但是,在没有找到更好的形式取代班级授课制,而又必须对班级授课制的缺点进行改革的情况下,最好的办法是限定班级人数,使班级向小型化发展。1984年苏联最高苏维埃通过的《苏联普通学校和职业学校改革的基本方针》中强调:要提出缩减班级人数限额的任务,逐步做到1～9年级班最多30人,10～11年级班最多25人。日本临时教育审议概要中要求改善班级编制,小学和初中每个班级的标准人数以40人为宜。法国自1981年社会党执政以来,组织专家研究教育改革,在1983年的一份报告中建议取消教学班,建立新的教学组织——教学体。教学体的基础单位是教学组,每个教学组人数相等,人数最多不超过26人。实际上,这是把原班级教学与分组教学组合起来的一种形式,其中的教学组相当于小型教学班。美国、英国由于其社会经济和教育事业都比较发达,它们的班级人数也控制在比较小的数额内。班级小型化的发展取决于社会经济发展水平和对教育的投资情况。我国的学校教学班由于教育投资远远不及人口增长速度,教学班人数一度迅速膨胀,一些班级人数达 70 多人,20 世纪 80 年代以来虽然稍有缓解,但还远远达不到要求。但是,一些城市学校目前也在开展学校标准化运动,这将有利于班级小型化的改革运动。

(资料来源:唐文中.教学论[M].哈尔滨:黑龙江教育出版社,1990)

专题小结

　　教学组织形式,是指为实现特定的教学目的而按一定要求将教学的主客观条件组织起来进行教学活动的方式。在教学史上先后出现过多种教学组织形式,其中影响比较大的有个别教学、班级授课制等,它们各有特点,优缺点互补。班级授课制是我国学校教学的基本组织形式,它既有优点也有缺点,但总体来说班级授课制比较适合我国的国情,利于我国教育的普及,可以为我国的现代化建设培养各种人才。

第三节

教学方法

导读

　　教学方法包括教师教的方法和学生学的方法,它是影响教学质量的核心要素。在国内外教学发展史上,教学方法可谓层出不穷。那么,什么是教学方法?我国中小学常用的教学方法有哪些?学完本节,你将了解以上内容。

一、教学方法概述

　　在我国古代,"方法"最初是对物进行度量的一种规范,是指"度量方形之法",正如墨子所言:"中吾矩者,谓之方,不中吾矩者,谓之不方,是以方与不方,皆可得而知之,此其故何,则方法明也。"[①]一般来说,方法就是主体为达到一定的目的,在认识世界与改造世界过程中所采用的方式或手段。方法是为目的服务的,在日常生活中人们往往看重目的而忽略了方法。当一件事情的方针、目的确定之后,能否达到预期的结果,方法就成为决定性的因素,从这个层面来说方法和目的一样重要,两者都不可忽视。通过改进教学方法,就可以"免得走无穷无尽的弯路,并节省在错误方向下浪费掉的无法计算的时间和劳动"(恩格

---

① 孙诒让.墨子闲话(卷七)[M].北京:中华书局,1986:129

斯）。反之，便会事倍功半，给工作造成不应有的损失。这个道理已在日常生活中被反复证实。

教学方法是为完成教学任务而采用的方法，是教师引导学生掌握知识技能、获得身心发展而共同活动的方法。 它包括教师教的方法和学生学的方法，但是，它绝不是教法与学法的简单叠加，而是相互作用的，是一个统一体。这两者相互制约，相辅相成，共同为完成教学任务而发挥作用。

教师如何教，学生就如何学。教学方法绝不仅仅是教学技巧问题，不能视为无足轻重的细枝末节，不是稍加练习就行的，有人把教师简单理解成"教书匠"是不可取的。教学方法直接影响到人才培养的质量，是完成教学任务的必要条件，并且教学实践证明教学方法是影响教师威信的一个重要因素。教学方法是否得当，直接影响教师与学生之间的关系，那些懂得采用好的教学方法的教师容易在学生中赢得威信，进而使学生喜欢该门学科。

古人将教学方法称为"师术"。荀子曰："师术有四，而博习不与焉。尊严而惮，可以为师；艾而信，可以为师；诵说而不陵不犯，可以为师；知微而论，可以为师。"①教学方法有很多，但它的运用在于人。教学方法的选择与应用，既要掌握"教必有法"的原则性，又要领会"教无定法"的灵活性，力求原则性与灵活性的有机结合。具体说来，教学方法的选择主要依据以下几点：第一，教学目的和任务的要求；第二，教学过程的特点和教学原则；第三，教师和学生各自的特点；第四，课程性质和教材特点；第五，教学的时限，包括规定的课时与可利用的时间；第六，可利用的教学条件。在此应该特别指出，无论选用哪一种具体的教学方法，都必须以启发式作为总的根本性的指导思想，为培养能主动学习、积极思考、具有探索精神的一代新人作出贡献。

另外，与教学方法密切相关的概念还有教学模式和教学手段。教学模式是在一定教学思想指导下建立起来的为完成某一教学课题而运用的比较稳定的教学方法的程序及策略体系，它由若干个有固定程序的教学方法组成。每种教学模式都有自己的指导思想，具有独特的功能。它们对教学方法的运用和教学实践的发展有很大影响。现代教学中最有代表性的教学模式是传递-接受模式和引导-发现模式。教学手段是指在教学活动过程中师生相互传递信息的工具、媒体或设备。随着科学技术的发展，教学手段大致经历了以下 5 个阶段：口头语言、文字和书籍、印刷教材、电子视听设备和多媒体网络。

---

① 熊公哲注译. 荀子今注今译[M]. 重庆：重庆出版社，2008：294

二、我国中小学常用的教学方法

我国中小学常用的教学方法主要有:讲授法、谈话法、演示法、练习法、实验法、讨论法和读书指导法等。

思 考

我国常用的教学方法有哪些?

1. 讲授法

讲授法是教师通过口头语言,有时借助其他工具,系统连贯地向学生传授知识的方法。讲授法是学校教学中最常用的方法之一。讲授法具体可分为讲述、讲解、讲演三种。讲述是教师向学生描绘学习的对象、介绍学习的材料、叙述事物产生变化的过程,其特点是条理清晰,语言通俗易懂,形象生动。讲授法一般在人文学科中运用得比较多,例如语文、历史等。讲解是教师运用通俗易懂、科学准确的语言向学生解释论证概念、原理和规律等,其特点是语言的解释性较强。讲演是教师对中学高年级学生采用的一种教学方法,教师以演说或报告的形式在较长的时间里系统地讲授教材内容,广征博引,科学论证,从而得出科学结论的一种讲授方式,其特点是相对于讲述、讲解来说难度较大,要求教师有很高的水平,有自己的深刻见解,要求学生有一定程度的知识积累和一定的理解能力。正确有效的讲授,有利于学生在很短时间内获得大量的知识,而且通过这种方式获得的知识系统性较强,便于学生储存和运用,同时有利于教师完成教学任务,发挥教师在教学中的主导作用。但是,如果运用不当,学生就会处于消极被动状态,学生的主体性难以发挥,就会出现"教师满堂灌,学生被动听"的局面,也往往难以适应学生的个别差异。

讲授法的基本要求如下。

(1) 讲授内容要有科学性、系统性、思想性,同时又要尽可能与学生的认知基础发生联系。要求教师精通所讲科目,并且能够融会贯通,讲授时做到详略得当。既要突出重点、难点,又要系统、全面;既要使学生获得可靠知识,又要使其在思想上有所提高。

(2) 注意启发。在讲授中善于提出问题,能够根据学生已有的知识储备和认知发展水平提出有价值的问题,引导学生进行分析和思考,充分挖掘学生的潜能。

(3) 讲究语言艺术。力图语言清晰、准确、简练、形象、条理清楚、通俗易懂;讲授的音量、速度要适度,注意音调的抑扬顿挫。研究表明,教师的语言艺术与学生的学习成绩成正相关。

(4) 讲授应注意培养学生的学科思维。学科思维对学生的长远发展比较重要,良好的学科思维有利于学生向深度和广度发展。

(5) 恰当地运用板书。教师讲授时要用适当的板书来辅助,例如课题名称、教学内容的提纲、重要的结论、关键词等都可以板书出来。

板书要规范整齐,条理清晰,重点突出。板书的形式可以多样化。混乱的板书不利于学生准确理解教师所讲的内容。

2. 谈话法

谈话法亦叫问答法。它是教师按一定的教学要求和教学内容向学生提出问题,引导学生作答,并通过问答的形式来引导学生获取和巩固知识的方法。我国古代的孔子和古希腊的苏格拉底都是运用谈话法进行教学的大师。

谈话法分为复习谈话和启发谈话两种。复习谈话是根据学生已学教材向其提出一系列问题,通过师生问答形式以帮助学生复习、深化已学的知识。复习谈话有查漏补缺的作用,在单元复习、期中期末复习时运用此方法比较好。启发谈话是通过向学生提出其未思考过或思考不成熟的问题,一步一步引导他们去深入思考和探取新知识。谈话法有利于培养学生的独立思考和语言表达能力,激发他们的思维,调动他们的学习积极性。恰当地运用谈话法有利于师生之间的交流沟通,加深师生之间的感情,有利于培养良好的师生关系。谈话法是中小学常用的一种教学法。

谈话法的基本要求如下。

(1)要准备好问题和谈话计划。在上课之前,教师要根据教学内容和学生已有的知识,准备好谈话的问题。可以事先拟好详细的谈话提纲,还可以猜想学生可能给出的问题或回答。

(2)要善于提问和启发诱导。提出的问题要明确、引起思维兴奋,问题的难易要因人而异。当问题提出后,要善于启发学生利用他们已有的知识经验或对直观教具观察获得的感性认识进行分析和思考,研究问题或矛盾的所在,因势利导。问题的设计是谈话法的关键,良好的话题是谈话顺利进行的关键。

(3)创造良好的谈话气氛。在谈话过程中,教师要尊重学生,富有热情,鼓励学生勇敢地表达自己的思想,特别是对于那些不愿开口说话的学生,教师更需要多用心。当学生迟迟不能给出回答时,教师应该心平气和,对学生要有足够的耐心,不能焦躁不安,甚至对学生发脾气。教师应培养学生提出和回答问题的能力和良好习惯,使谈话在一种轻松愉快的氛围中进行。

(4)要善于倾听。当学生在提问或作答时,教师要做一个好的倾听者。

(5)归纳、小结。教师要懂得及时归纳或小结,使学生的知识系统化、科学化。

3. 演示法

演示法是教师通过展示实物、直观教具,进行示范性实验或采取现代化视听等手段,指导学生获得和巩固知识的方法。演示法的特点在于加强教学的直观性,丰富学生的感性材料。演示法不仅是帮助学生感知和理解基本知识的手段,也是学生获得知识和信息的重要来源。演示法通常和讲授法结合使用。

演示法的基本要求如下。

(1)做好演示前的准备。演示的材料多种多样,演示前要根据教学需要,选择典型的实物和教具,做好教具准备,以防课堂演示时出现故障。

(2)要使学生明确演示的目的、要求与过程,主动、积极、自觉地观察与思考。演示前对学生进行相应的指导,让他们知道要看什么,怎么看,需要考虑什么问题。

(3)讲究演示的方法。演示要与教学配合,及时进行,演示过早或过晚都会分散学生的注意力。要把握时机,在恰当的时候进行演示。

4.练习法

练习法是指学生在教师指导下,运用所学知识反复完成一定的操作,以形成技能技巧的方法。练习法是各科教学中运用最为普遍的方法之一。

练习的类型有很多。按培养学生不同方面的能力分为:口头练习、书面练习、实际操作练习;按学生掌握技能、技巧的进程分为:模仿性练习、独立性练习、创造性练习。

练习法的基本要求如下。

(1)使学生明确练习的目的与要求,掌握练习的原理和方法。在练习前教师要向学生讲解练习过程中要运用到的知识,并且要在学生掌握得差不多的时候才能进行练习。

(2)循序渐进,逐步提高。在练习的数量、难度等方面,对学生都应有计划地提出要求,由易到难,逐步提高。练习的题目不能太难,如果涉及未讲解过的知识教师应有所提示;但也不能太简单,过于简单难以调动学生的热情,则失去练习的意义。

(3)严格要求,培养学生良好的练习习惯。无论是口头练习、书面练习还是操作练习,都要严肃认真,要求学生一丝不苟,精益求精,具有创造性。

5.实验法

实验法是学生在教师的指导下,利用一定的仪器设备,通过条件控制引起实验对象的某些变化,从观察这些变化中获得知识的方法。这要求在进行实验前教师要引导学生如何进行观察,教给学生观察的方法,培养学生一定的观察能力。实验法可分为感知性实验法和验证性实验法。感知性实验法在进行新课之前做,为学生上新课做好感性认识的准备,给学生提供一些比较浅显的观察物。验证性实验法则是在讲完新课之后做,检验所学原理,巩固知识。实验法有利于培养学生的观察能力、动手能力和科学、严谨的学习态度。

实验法的基本要求如下。

（1）要让学生做好实验前的准备，明确实验的目的、要求与做法。教师要制订好实验计划，做好准备工作。指导学生做好实验前的理论准备，充分明确实验的原理、步骤与注意事项，提高学生实验的自觉性。

（2）要注意实验过程中的指导。教师要及时地发现问题，及时向全班做指导，必要时在全班同学面前进行示范，在实验过程中为有困难的学生提供帮助。

（3）要做好实验小结。教师应根据学生的实验情况，指出优缺点，并为学生分析产生问题的原因，提出改进的意见，布置学生写好实验报告与总结，培养学生形成良好的实验习惯和实事求是的探索精神。

6. 讨论法

讨论法是在教师的指导下，学生以班级或小组为单位，围绕教材的中心问题，在独立思考的基础上，各抒己见，通过讨论或辩论，相互启发，获得和巩固知识的一种教学方法。这种方法的优点在于，由于全体学生都参加活动，可以培养合作精神；由于对某一问题进行了思考和讨论，加深了对问题的理解；就某一问题进行了辩论，培养了学生的批判能力；激发了学生的学习兴趣，提高了学生学习的独立性。这种方法对学生的要求较高，一般在高年级学生或成人教学中采用。

运用讨论法的基本要求如下。

（1）讨论的问题要具有吸引力，并且要有讨论价值。讨论前教师应根据教学的内容和任务提出讨论题目和讨论的具体要求，指导学生收集和阅读有关资料或进行调查研究，认真写好发言提纲。

（2）讨论时，要善于启发引导学生自由发表意见。讨论要围绕中心，教师要适时、适量地介入学生的讨论，以防学生的讨论偏离主题。教师要注意控制好时间，调节好气氛，让每个学生都有发言的机会。

（3）讨论结束时，教师应进行小结。通过概括讨论的情况，使学生获得正确的观点和系统的知识，同时指出有待进一步思考的问题。

7. 读书指导法

读书指导法是教师指导学生通过阅读教科书和参考书，以获得知识，发展智力，培养良好的读书习惯和自学能力的一种方法。

读书指导法的基本要求如下。

（1）指导学生阅读教科书。教科书是按照教学大纲的要求编写的教学用书，又称课本、教材。教科书是学生获得知识的一个重要来源，是实现教学大纲的具体材料，也是考试出题的依据。教师应指导学生独立阅读，提出问题，并尝试解决问题，养成良好的阅读习惯。必要时和学生一起阅读，设身处地体会学生阅读中会碰到的困难，以便更好地帮助学生解决阅读中的困难。

（2）指导学生阅读参考书。参考书是重要的辅助书籍，是教科书的补充和延伸，可以帮助学生更好地理解所学知识，开阔视野。但课外书籍浩如烟海，学生往往在选择上会陷入盲目性，所以教师首先要帮助学生选择书籍，然后教给学生良好的读书方法，使其能领略书的要旨，达到融会贯通的效果。

（3）指导学生写好读书笔记。读书笔记能够记录读书当时的心得体会，可以帮助学生更好地掌握知识，写读书笔记是一个把知识内化的过程。适当的时候可以组织学生进行讨论，交流阅读心得，对于优秀的读书笔记可以互相传阅。

教学案例

下面的案例节选自钱梦龙《故乡》教学实录：

（讨论"写景"）

师：现在来解决最后一类问题，写景的问题。关于这一类，同学们提提看。

生：文章末尾，为什么要重复前面的一段写景？

生：鲁迅在《风筝》、《一件小事》中都写过冬天，《故乡》又写到冬天，为什么？

师：我们来解决第一个问题。这两段重复地写景，前一段是在什么时候写的？

生：（齐）在回忆的时候。

师：后面一段呢？

生：（齐）在想到希望的时候。

师：这是机械地重复吗？

生：鲁迅相信后代的生活会好起来。

生：月圆都是表示好事的。

师：是啊，花好月圆嘛！（笑）这里是表现对新生活的向往。所以前一段对美好故乡的回忆，是幻觉。后面一段则是对新生活的——

生：（齐）向往。

师：对！现在来看，写冬天是为什么？有的同学提出来，冬天象征黑暗，是不是呢？

生：不是。当时正在冬天。

生：我认为是的。寒冬过去，春天就要到来；黑暗过去，光明就会到来。（笑）

师：这个想象很有诗意，很有道理。不过，我认为，作者在这里还要渲染一种气氛：荒凉、萧条、冷落。如果不是这样写，而是写故乡鸟语花香，行吗？

生：（齐）不行。

师：为什么？

生：当时就是旧社会。

师：旧社会就没有花吗？旧社会的花就不香吗？（笑）不能这样说。那么怎么说呢？从写作的道理上看。

生：要衬托文章的主题。

生：写景要与人物心情一致。

师：对，都很对，不能纯粹写景，要为主题服务。所以这里不能写鸟语花香。

生：老师，我认为鸟语花香也可以。只要写出人物心情的不高兴就可以了。而且这样一衬托，作用就会更强烈。

师：对，对！你比老师高明！（大笑）这种手法叫反衬。在写作上是有一种"乐景写哀"（板书）的方法。同学们脑子里有很多老师没有想到的东西。这样讨论讨论，的确能集思广益。

案例分析：钱老师的整堂课都是在和学生讨论问题，上课前，全班共提出了 600 多个问题，钱老师把这些问题分为七类，并对这些问题一一进行讨论，在积极的讨论中解决这些问题。这是一堂典型的讨论课，讨论法贯彻这堂课的始终。整个课堂气氛很活跃，同学们都积极参与其中。

（资料来源：周成平．中国著名教师的精彩课堂．初中语文卷［M］．苏州：江苏人民出版社，2007）

扩展阅读

七种主要的行为引导型教学方法

方法之一：头脑风暴教学法

头脑风暴教学法是教师引导学生就某一课题自由发表意见，并对其意见的正确性或准确性不进行任何评价的方法。它是一种能在最短的时间里，获得最多的思想和观点的工作方法，被广泛应用于教学、企业管理和科研工作中。

在职业教学中，教师和学生可通过头脑风暴教学法，讨论和收集解决实际问题的建议（也称为建议集合）。通过集体讨论，集思广益，促使学生对某一教学课题产生自己的意见，通过同学之间的相互激励引起连锁反应，从而获得大量的信息，经过组合和改进，达到创造性地解决问题的目的。

采用头脑风暴教学法时，要求所有学生都积极参加到创造性思维的过程中。学生不需要为自己的观点陈述原因,其他学生也没有必要立刻对某个学生的观点加以评价、进行讨论或提出批评。一般情况下,应该鼓励同学提出一些乍一看似乎很唐突的想法,因为这极有可能引发出智慧的火花,所有意见均放在最后统一进行整理和评判。

方法之二:张贴板教学法

张贴板教学法是在张贴板面上别上由学生或老师填写的有关讨论或教学内容的卡通纸片,通过添加、移动、拿掉或更换卡通纸片进行讨论、得出结论的研讨教学法。

这种教学方法运用于以学生为中心的教学方式中,主要用于:① 制订工作计划;② 收集解决问题的建议;③ 讨论和做出决定;④ 收集和界定问题;⑤ 征求意见。

方法之三:案例教学法

通过一个具体教育情境的描述,引导学生对这些特殊情境进行讨论的一种教学方法。案例教学的宗旨不是传授最终真理,而是通过一个个具体案例的讨论和思考,去诱发学生的创造潜能。这种方法不在乎能不能得出正确答案,真正重视的是得出答案的思考过程。在课堂上,每个人都需要贡献自己的智慧,没有旁观者,只有参与者。学生一方面从教师的引导中增进对一些问题的认识并提高解决问题的能力;另一方面也从同学之间的交流、讨论中提高对问题的洞察力。

方法之四:角色扮演教学法

角色扮演作为一种教学模式扎根于个人和社会两个方面,它力图帮助个人了解所处的社会环境与社会群体,共同致力于分析社会情境和人际关系,并形成处理这些情况的恰当而民主的方法。角色扮演的过程给人的行为提供了生动的实例,学生以实例为媒介:一是探索角色的感情;二是可以借此洞察学生的态度和感知;三是培养学生解决问题的技能和态度;四是用各种方法探讨对教材的理解。

方法之五:项目教学法

项目教学法是师生通过共同实施一个完整的项目工作而进行的教学活动。在职业教育中,项目是指以生产一件具体的、具有实际应用价值的产品为目的的任务。

随着现代科学技术及生产组织形式对职业教育要求的提高,人们越来越多地采用小组工作的方式,即共同制订计划、共同或分工完成整个项目。在许多情况下,参加项目教学工作小组的学生来自不同的专业和工种,甚至不同的职业专业领域,目的是训练他们今后在实际工作中与不同专业、不同部门的同事合作的能力。

方法之六：引导课文教学法

引导课文教学法是借助一种专门的教学文件即引导课文，通过工作计划和自行控制工作过程等手段，引导学生独立学习和工作的项目教学方法。

它是项目教学法的完善和发展。在引导课文教学法中，学生主要通过自学的方式学习新的知识、技能和行为方式，学生需要按照给定的引导问题，学习掌握解决实际问题所需要的理论知识，从书本抽象的描述中刻画出具体的学习内容，并由此建立起具体的理论与实践的对应关系，在更高的层次上实现理论与实践的统一。

在教学中，学生从大量的技术材料，如专业手册、设备的操作使用维修说明中独立获取所需要的专业信息，独立制订完成工作任务的计划，从而获得解决新的未知问题的能力，并系统地培养学生的"完整行为模式"。

方法之七：模拟教学法

模拟教学法是一种以教学手段和教学环境为目标导向的行为引导型教学模式。模拟教学分为模拟设备教学与模拟情境教学两大类。

1. 模拟设备教学主要是靠模拟设备作为教学的支撑，其特点是不怕学生因操作失误而产生不良的后果，一旦失误可重新进行，而且还可以进行单项技能训练，学生在模拟训练中能通过自身反馈感悟正确的要领并及时改正错误。

2. 模拟情境教学主要是根据专业学习的要求，模拟一个社会场景，在这些场景中具有与实际相同的功能及工作过程，只是活动是模拟的。通过这种教学让学生在一个现实的社会环境氛围中对自己未来的职业岗位有一个比较具体的、综合性的全面理解，特别是一些属于行业特有的规范，可以得到深化和强化，有利于学生职业素质的全面提高。

（资料来源：http://wenku.baidu.com/view/33c9ce68011ca300a6c390，2010-11-23）

📚 专题小结

教学方法是为完成教学任务而采用的方法，它包括教师教的方法和学生学的方法，是教师引导学生掌握知识技能、获得身心发展而共同活动的方法。我国中小学常用的教学方法主要有：讲授法、谈话法、演示法、练习法、实验法、讨论法和读书指导法等。教学方法的选择主要依据以下几点：第一，教学目的和任务的要求；第二，教学过程的特点和教学原则；第三，教师和学生各自的特点；第四，课程性质和教材特点；第五，教学的时限，包括规定的课时与可利用的时间。无论选用哪一种具体的教学方法,都必须以启发式作为总的根本性的指导思想,为培养出能主动学习、积极思考、具有探索精神的一代新人作出贡献。

思考与练习

一、填空题

1. 在教学过程中,学生以掌握_____经验为主,必须以学生个人的_____经验为基础。

2. 在教学活动中,起主导作用的是_____,处于主体地位的是_____。

3. 我国最早采用班级授课制是在_____年。

4. 我国主要的教学组织形式是_____。

5. 教育史上最早出现的教学组织形式是_____。

6. 最早从理论上对班级授课制进行论证的是_____。

7. 从教育的指导思想来看,教学方法可分为两大类:一是注入式,一是_____。

8. "学高为师,身正为范",要求教师在教学中必须坚持_____。

二、名词解释

1. 教学过程　　2. 教学目标　　3. 学习动机

4. 智力活动　　5. 非智力活动　　6. 班级授课制

7. 讲授法　　8. 教学组织形式　　9. 教学方法

10. 个别教学　　11. 读书指导法

三、简答题

1. 教学过程的基本因素有哪些? 它们之间有什么关系?

2. 教学过程的基本阶段包括哪些?

3. 简述间接经验与直接经验相统一的特点。

4. 简述掌握知识与发展智力相统一的特点。

5. 简述智力活动与非智力活动相统一的特点。

6. 简述教师主导性与学生主动性相统一的特点。

7. 简述班级授课制的优缺点。

8. 简述读书指导法的基本要求。

9. 选用教学方法的依据有哪些?

10. 个别教学的特点是什么?

四、论述题

1. 试结合实例论述教学过程中如何激发学生的学习动机。

2．教学过程的基本特点有哪些？试联系实际加以分析。

3．什么是教学方法？为什么要以启发式作为教学方法总的指导思想？

4．我国常用的教学方法有哪些？选择你熟悉的一种谈谈应该如何运用。

第六章
学 习

学习是教育研究的重要领域,有其自身的概念和特征。学习是教学的基础,联合国教科文组织提出了作为教育支柱的四种学习,为未来教育的发展奠定了良好的基础。正是基于学习在教育中的重要地位,自古以来,人们纷纷对学习给出自己的理论解释,学习理论呈现出流派纷呈的局面。在学习理论中,占据主要地位的主要有行为主义学习理论、认知主义学习理论和建构主义学习理论。各个理论流派在不同时期对学习理论产生了不同的影响。

 学完本章,你将能够:

(1)了解学习的概念、特征以及几种不同的学习方式;
(2)掌握作为教育支柱的四种学习的内容;
(3)重点掌握三种不同的学习理论。

学习的概念及特征

导 读

学习是教育中的一种重要现象,有其与众不同的概念和特征。关于学习,有哪些有意义的概念?学习的特征是什么?有哪些因素会影响学生的学习?最新的学习方式是什么?这些问题都将在本节中得到解答。

一、学习的概念

学习是教育中的一个重要现象,人们从心理学、教育心理学以及教育学方面对其进行了定义。心理学认为学习指学习者因实践经验而引起的行为、能力和心理倾向的比较持久的变化。教育心理学认为学习是个体在特别情境下,由于练习或反复经验而产生的行为、能力或倾向上的持久的变化及其过程。教育学对学习的解释同心理学有所不同,教育学认为学习的对象是人,并且学习是一种社会活动,要关注学习主体的社会文化背景以及刺激学习的各种社会因素。综合以上几点,把学习定义为:**学习是人类在认识与实践过程中获取经验和知识,掌握客观规律,使身心获得发展的社会活动。学习的本质是人类个体与整体的自我意识与自我超越。**

这个定义强调了以下几点:第一,学习的主体是人,而不包括动物;第二,学习的内容是获得经验和知识以及掌握客观规律;第三,学习的目的是使身心得到发展,不断实现自我意识和自我超越,这也是学习的本质特征。

二、学习的特征

学习作为教育中的一个特殊概念,有着不同于其他事物的本质特征。

(一)学习的主体是人

动物是靠本能生活的,本能提供给它的东西足以应对生活中的一切。动物的生活只是满足本能的需要和对环境条件做出适应性反应……①在教育学意义上,机器也不能学习,迄今为止的计算机和机器

---

① 齐梅. 教育学原理学科科学化问题研究[M]. 北京:中国社会科学出版社,
2007:210

人,并不具有生物性结构,它只是模仿人脑的运算形式(或称算法)工作。[①]

(二)学习具有主动性

建构主义学习理论认为学习是个体自主地建构知识的过程,在这个过程中,个体充分发挥主观能动性,积极主动地把知识纳入自身的认知结构中。建构主义关于学习的观点比较符合学习的特征。学习是个体主动的行为,不是被动的以及外界强加的,学习需要靠学生自己主动地消化和吸收。

三、影响学习的因素

学习是一种社会化的活动,影响学习的因素很多,从整体上可以分为 5 个,即:学生、教师、学校、家庭和社会。

(一)学生

学生是学习的主体,对学习有着直接的影响。学生的智力水平高低会影响学习效果的好坏,不同智力水平的学生学习效果是不同的。学生的学习与其认知策略也有很大关系。除了适当的策略之外,成功的学习还需要学生有明确的学习目标、坚持不懈的毅力和持续学习的动机。[②] 总之,学生自身的因素与学习的效果密切相关。

(二)教师

学习是教师主导下的学习,教师对于学习的影响不可忽视。教师向学生传递知识,教师的专业素养和教学方法等都会影响学生对于知识的理解与吸收。教师自身的人格力量也会在潜移默化中影响学生,如果一个教师富有爱心并且热爱学习的话,那么他的学生也很有可能成为一个有爱心的和刻苦学习的人。教师对学生的评价和管理同样关系着学生的学业水平,教师的积极评价和严格管理有利于学生学习水平的提高。

(三)学校

学校的环境是影响学习的一个外在因素。学校的环境包括物质环境和精神环境。如果学校的校园整洁,教室宽敞明亮,教学设备齐全,这些环境因素都会有利于提高学生的学习成绩。学校的精神环境指学

---

① 齐梅. 教育学原理学科科学化问题研究[M]. 北京:中国社会科学出版社,2007:210

② 石中英. 公共教育学[M]. 北京:北京师范大学出版社,2008:178

校的校风校纪等,文明守礼、健康向上、刻苦学习的校风以及严格而良好的纪律有利于学生更好地学习。

（四）家庭

家庭因素在学生未进学校之前起着非常重要的作用。良好的家庭气氛可以培养学生的人格,让他们有爱心、积极热情、尊敬长辈并且自强自立。在学生进入学校以后,家长对学校工作的支持对于促进学生的学习有重要作用。家庭成员之间的关系以及对待学习的方式和态度都会影响学生的学习,家长的参与及监督会对学生的学习产生积极的影响。

（五）社会

教育是一种社会性的活动,社会因素也非常深刻地影响着学生的学习。一个社会如果尊师重教并且注重学习的话,那么学生也会更加倾向于刻苦努力学习。另外,一个社会的经济水平决定着学生学习机会的多少,政治和文化因素会影响学生的学习内容。总之,社会因素与学生的学习密切相关。

四、学习方式的变革

学习方式不是指具体的学习策略和方法,而是指学习者在学习时所具有或偏爱的基本行为和认知取向。学习方式反映了学习者自我更新的生存活动,涉及学习者的学习习惯、学习态度和学习意识等因素。教育部在《基础教育课程改革纲要(试行)》中指出:"教师在教学过程中应与学生积极互动,共同发展,要处理好传授知识与培养能力的关系,注重培养学生的独立性和自主性,引导学生质疑、调查、探究,在实践中学习,促进学生在教师指导下主动地、富有个性地学习。"因此,转变学习方式是推进教育改革和促进学生学习的必然要求。

（一）自主学习

自主学习是指学生积极主动地学习,学习是一种内在需求。传统上的学习大都是一种教师为主导的学习,教师把知识传授给学生,学生是被动的接受者,缺乏学习的积极性和主动性。在这种情况下,会造成学生机械学习和缺少思考,有很大的弊端。自主学习也是最新提倡的一种学习模式,这种学习旨在调动学生的积极性,让他们自觉地去学习。自主学习强调自我发现、自我激励、自我管理和自我评价。自我发现就是自己发现自己的学习兴趣所在,从而主动地去学习。学习兴趣是自主学习的内在动机,学生在强烈兴趣的指导下会迸发出很大的热情,高效地完成学习任务。自我激励就是学生要制订自己的计划,寻求自己的榜样,不断鼓励自己,从学习中获得丰富的情感体验。自我管理就是要学习控制自己的学习意志,同懒惰等消极情绪作斗争,使自己始终处于一种积极的学习状态。自我评价就是评价自己学习中的长处和短处,从而改进学习方法,更有效地学习。

自主学习是一种新的学习模式,指导着教育改革和实践。它是一种源于教材又超越教材的学习方式,也是一种注重学生情感体验、突出学生主体地位的学习方式。在教学中培养学生的自主学习意识,让学生养成自主学习的习惯是推进教育事业向前发展的重要途径。

教学案例

《秋天的雨》教学案例[①]

《秋天的雨》是教材中的精良之作,它用艺术化的语言将秋雨人格化,描写了秋天的美好,如何让这么一篇美好的文章引发学生的共鸣,让学生自己主动去探究美呢?下面就以这篇课文中几个片段的教学作为例子,谈谈自己的体会。

镜头一

师:今天,老师为你们带来了几幅漂亮的画。(在优美的音乐声中,出示美丽的秋景图。学生的注意力立刻被美妙的音乐和漂亮的图画所吸引,发出了赞叹声。我顺势引导——)看,秋天的大门被秋雨悄悄地打开了,你看到了什么?又感受到了什么呢?

生:我看到了美丽的菊花和各种各样的果树。

生:我看到了火红的枫叶和大雁。

生:我感受到了秋天很美丽。

生:我真想到里面去走一走。

师:是呀,秋天多美呀,谁能美美地读读这句话?(出示"秋天的雨,有一盒五彩缤纷的颜料"。学生有滋有味地读。)

(营造了"未成曲调先有情"的诗一般的情感氛围和基调。有了这样的氛围,有了这样的基调,孩子们就能充实地、自主地、舒展地开始心灵之旅。)

镜头二

在学生自读第二小节后,师提出:谁愿意把自己最喜欢的句子读出来,与大家一起分享?

生:我喜欢的句子是"你看,它把黄色给了银杏树,黄黄的叶子像一把把小扇子,扇哪扇哪,扇走了夏天的炎热"。

---

① http://blog.sina.com.cn/s/blog_5c5eade40100b46o.html,2010-11-15

师：能说说你喜欢它的理由吗？

生：我喜欢银杏树，所以喜欢这句话！

生：老师，我也喜欢这句话，因为它说银杏树的叶子像小扇子，肯定很有意思。

师：是呀，那你能温柔地来扇动这把小扇子吗？（出示"扇哪扇哪"，引导学生读出它的轻柔。）

师：让我们一起带上动作来轻轻地扇一扇吧！（学生边说边做。）

师：现在，让我们把小扇子再次温柔地扇起来，一起将夏天的炎热给扇走吧！（学生带着动作表情，兴趣盎然地读。）

师：这段当中有句话与这句特别像，谁能快速地找出来？

生：是"它把红色给了枫树，红红的枫叶像一枚枚邮票，飘哇飘哇，邮来了秋天的凉爽"。

生：哎呀，这句话可是我最喜欢的呢！（一生情不自禁地喊道。）

师（马上请这位激动的孩子）：说说原因吧！

生兴奋地：因为，红色的枫叶飘哇飘哇，多美呀！

（我灵机一动，即兴增加了一个环节）：枫叶飘哇飘哇，它都飘过了哪些地方呢？你能用上句式"枫叶飘哇飘哇，它飘过了——"来想象说话吗？

生：枫叶飘哇飘哇，它飘过了美丽的森林。

生：枫叶飘哇飘哇，它飘过了清清的小河。

生：枫叶飘哇飘哇，它飘过了我们的校园。……

师：是呀，枫叶飘哇飘哇，它飘过了许许多多美丽的地方，它的心情多么——（生接"快乐"。）

师：让我们跟着这快乐的枫叶，一起将凉爽送给人们吧！

生：老师，我最喜欢的句子是，"菊花仙子得到的颜色就更多了，紫红的、淡黄的、雪白的……美丽的菊花在秋雨里频频点头。"

师兴奋地：我也特别喜欢这个句子，让我也来读读吧！请同学们闭上眼睛听！（师有感情朗诵这句话。）

师：你仿佛看到了什么？

生：我仿佛看到了各种颜色的菊花。

生：我仿佛看到了菊花有紫红的、淡黄的还有雪白的。

师：菊花仙子好像还在说些什么呢，你听到了吗？

生：我听到了，我仿佛听到菊花仙子说"秋雨姑娘，谢谢你给我送来了这么多美丽的颜色！"

生：菊花仙子说"啊，我多么快乐呀，你看我的颜色这么多，这么美！"

生：菊花仙子可能在说"谢谢秋雨，我要给你跳一段优美的舞蹈！"

师：老师就请女生来做美丽的菊花仙子来表达你的快乐。（女生齐读。）

师：不知你们发现了没有，这句话里有个省略号，这是什么意思呢？

生：还有很多很多的颜色！

师：那你还能再补充一些颜色吗？

生：天蓝、草绿、乌黑……

师：这么多的颜色我们可以用上书中的一个词语来概括——"五彩缤纷"。

生：我来说我最喜欢的句子，是"橙红色是给果树的，橘子、柿子你挤我碰争着要人们去摘呢！"

师：是吗？那这句话当中有没有哪个词给你留下了特别深刻的印象？可以画出来，能干的孩子还可以将自己的感受写一写！

生：我从"争"感受到了果子们很想人们去摘。

生：我从"你挤我碰"感受到了水果很多。

师：现在，男同学就是其中的一种水果，请男同学来挤一挤，争一争！（男生很兴奋，挺直了背展示他们的朗读。）

（在这里，我强调学生的主观介入。给学生一双文学的眼睛，一双发现美的眼睛，鼓励学生用这双眼睛去看秋天的雨，去体会祖国的语言，用这双眼睛去发现秋雨这个世界的美妙神奇，去编织他们自己心目中的奇妙秋雨。珍视学生独特的阅读感受，让每个学生都积极参与，鼓励他们积极体验，正是因为这样，教学内容始终很新鲜，学生也始终保持着阅读的好奇心。）

镜头三

师：真得感谢秋天的雨呢，给我们带来了这么缤纷的色彩，那她还会把什么颜色送给谁呢？

生：她把黄色送给了小草。

生：她将红色送给了红红的苹果。

生：她把灰白色送给了蘑菇……

师：那你能学着课文中的例子，来写一写吗？看谁手中的颜色最神奇。

（展示）生：秋天的雨把红色送给了高粱，高粱伯伯笑弯了腰，不停地跟小朋友们招手，"孩子们，瞧，我的颜色多美呀！"……

（适度的拓展，让学生说写结合，进一步促进了语言的内化和外显。有位儿童文学作家曾说，每个孩子都是诗人。的确，在充分尊重学生主体地位的前提下，学生会给你意想不到的惊喜！）

兴趣会引导学生迸发出强烈的热情,高效地完成任务。这个教师在刚开始就在优美的音乐声中呈现了美丽的秋景图,学生的兴趣被调动起来,积极地思考和发言,从而使整个课堂生动活泼。

在自主学习中,学生是主动而不是被动地接受知识。在这个案例中,教师让学生自己说喜欢的句子,是充分发挥学生的主观能动性,使学生用自己的眼睛去发现秋天的美丽,描绘心目中美丽的秋雨,形成自己独特的阅读感受。

(二)合作学习

合作学习是指学生为了完成共同的任务,在小组中有明确的分工,并以小组总体表现为评价方式的学习。合作学习是学习的新趋势。在很长的一段时间里,学生大都习惯于独自学习,独自占用教学资源,独自完成作业,而较少与其他同学交流学习信息以及共同完成任务。学习作为一种社会性的活动,需要群体的合作,合作学习使得学习不仅能更好地解决学习中遇到的困难,而且能够互相沟通,提高学习的效率。

合作学习是一种新型的学习方式,它的顺利完成需要多方面的参与。学生之间要能进行良好的沟通,交流相互的想法和观点,相互配合。学生要认真负责,完成自己的任务。在合作学习中,学生是学习的主体,教师是合作学习的组织者和支持者,管理和调节着学习过程,在合作学习中发挥着不可替代的作用。合作学习也需要一种外部环境的创设,以适合合作学习的教材以及课堂内的摆设,这些都会影响合作学习的效果。

合作学习对于学生来说具有重要的意义。合作学习能够活跃课堂气氛,调动学生的积极性;合作学习为学生提供了展示自我的舞台,有利于发挥学生的主观能动性;合作学习能够培养学生的团队意识以及与人交往的能力,更好地促进学生的学习。

教学案例

比较餐厅和厨房的面积①

师:出现了三种不同的意见,用眼观察的方法已经不能解决问题了。假设这代表餐厅,这代表厨房,有没有更好的办法比较一下?

生1:测量。

师:你想到了测量,这是个不错的方法,但用尺测量的是长度,

---

① http://www.whedu21.com/jiaoyujiaoxueyanjiu/ShowArticle.asp? ArticleID = 13788, 2010-12-10

而不是整个面的面积,有没有更好的测量工具来测量一下餐厅和厨房的面积呢?

生2:先把餐厅和厨房这样重叠起来,用剪刀将厨房长的地方剪下来,再与餐厅这边比较一下。

师:你想到了裁剪的方法,真不错。

……

师:老师给大家带来了智慧锦囊,里面有纸片做成的测量工具,有代表餐厅和厨房的卡片、胶棒等材料,想不想通过我们的动手实践得出正确的结论?

生:想。

师:动手之前,请大家先看活动要求。

(1)利用信封里的材料,用自己喜欢的方式比较一下餐厅和厨房哪个的面积大。

(2)各组组长做好记录,将测量结果记录到记录单上。

(3)动作迅速、分工合作,比一比哪个小组用时最短,最先完成。

明白活动要求了吗?(明白了。)下面请小组长拿出桌箱里的一号信封,小组活动现在开始!

学生实践,教师巡视。

(各组都非常积极地投入到活动中,且都进行了合理的分工,有的涂胶,有的贴纸片,小组长边指导小组活动,边等待测量结果,小组活动井然有序。由于各组使用的测量工具不同,最先完成的小组在我的鼓励下,笔直地坐在座位上安静地等待。)

小组交流活动结果。

组1:我们组使用的测量工具是正方形,测量的结果是餐厅用了9个,厨房用了10个,结论是厨房的面积大。

组2:我们小组用的是裁剪法。(学生边交流,边展示操作过程。)

组3:我们是用圆形摆的,餐厅摆了9个,厨房摆了10个,我们的结论也是厨房大。

组4:我们组也是用正方形量的,但我们的方法和他们不一样,我们没有全摆。我们先横的摆了一排6个,又竖的摆了一排也是6个,六六三十六,我就知道一共能摆36个长方形……(出现这种摆法,我很意外,可见他们小组是在充分思考的基础上才开始动手操作的。这种摆法省力又省时,而且为下一信息窗《面积的计算》奠定了基础。)

合作学习就是在小组中通过明确分工而进行的学习。在这个案例中,为了比较餐厅和厨房哪个面积大,将学生分成了不同的小组,从而快速有效地完成了任务。在这样的小组中学生都能积极思考,相互交流观点从而一起学习。

在此案例中,教师也积极配合,营造一种民主平等的氛围,并且对学生的合作学习进行指导,这对于合作学习来说也是至关重要的。

通过小组合作学习,学生的主观能动性得到了充分的发挥,也锻炼了交流及合作能力,培养了团队意识,对以后的学习、生活都是非常有利的。

(三)探究式学习

探究式学习指从学科领域或现实社会生活中选择和确定研究主题,在教学中创设一种类似于学术(或科学)研究的情境,通过学生自主独立地发现问题、实验、操作、调查、信息收集与处理、表达与交流等探究活动,获得知识技能,发展情感与态度,特别是探索精神和创新能力的发展的学习方式和学习过程。①

探究式学习具有问题性、过程性以及开放性的特征。发现问题是探究性学习的起点,然后是分析问题和解决问题。过程性是指探究性学习更强调学习的过程而不是学习的结果,强调学生自己对问题进行分析、判断和思考,自主查找资料以及得出结论。探究式学习需要一种宽松民主的环境,要有适合探究的氛围,知识不是确定的,也不是顾及权威的,这种学习具有开放性的特征。

探究式学习可以培养学生的创新思维和创新能力,锻炼学生发现问题和解决问题的能力,培养其怀疑和小心求证的精神,养成实事求是的科学态度,也能培养学生自由开放的个性精神。

教学案例

北师大版第九册《黄河象》教学片断②

师:探究《黄河象》写作上怎么做到重点突出、主次分明,首先要确定《黄河象》的重点,大家首先就这个问题发表意见。

生:我认为介绍黄河象化石高大完整的形象是重点,因为题目就是"黄河象"。

生:黄河象化石高大完整的样子容易介绍,但是,黄河象化石为什么会那样完整就很难讲得清楚,应该重点写。

师:"完整"是这具黄河象化石的特点,作者有必要给读者具体

① 肖川. 论学习方式的变革[J]. 教育理论与实践,2002(3)
② http://www.frjy.cn/Html/Article/bsd/ws/54940. html,2010-12-27(有删节)

介绍,但很难讲得清楚。为了说明黄河象化石保存完整的原因,科学家对黄河象的来历进行了严密的假想,现在我们就着重探讨作者是怎样详写科学假想黄河象来历的。

在这个阶段,教师通过引导学生进入探究情境,即时收集学生的问题,及时指点,权衡轻重,释疑解惑,因势利导,确定自主探究的方向,体现了教师的主导作用。过程远比结果要重要。教师把学生引入探究情境后,要引导学生以主动的姿态投入学习,进行思考,体验自主合作探究的过程,获得积极的情感体验。

师:假想必须有事实依据,请同学们带着问题,仔细阅读课文,画出有关的句子,读一读,体会科学假想黄河象来历合理不合理,为什么?想想科学家的假想最重要的事实依据是什么。

学生默读思考后,教师再点名读课文,经评议再点名读课文,然后放手让学生自主合作探究。

生:为什么时间是200万年以前?事情发生的地点为什么是条"弯弯的"、"缓缓地流"的小河?

生:不是200万年以前的事,黄河象的骨骼就不可能变成化石。假想小河"弯弯的"、"缓缓地流"很重要,这表明这条小河是一条容易沉积泥沙的小河,不然黄河象怎会陷入淤泥?

生:"碧空万里无云","太阳炙烤着大地","荒草丛似乎要燃烧起来",写出假想中的天气很热。"栎树呆立不动",说明没风以致热得羊群、鸵鸟也耐不住要"走来走去"。天气这么热,是从黄河象干渴难忍想来的。天气越热,黄河象就越渴。所以科学家要尽量把天气想得热一些。

生:为什么会"扑踏扑踏地"走?怎么会假想带头的是一头老公象?

生:"扑踏扑踏地"走就显示出干渴得有气无力。见到小河"就高兴地跑起来",说明渴得非常厉害,迫切需要喝水。老公象领头是象群生活的一种习性,再说,不是老公象,骨骼化石怎么会那么高大?

生:"够不着"、"又往前走"、"美美地饱喝一顿,再洗个澡,那才凉爽呢"进一步突出老公象迫切要喝水的欲望,正是由于这样迫切要喝水,才导致失足落水,陷进淤泥,淹死在河里。

在这个阶段,学生要多读多思考,教师引导学生到课文中去寻找答案,并分析问题。教学把主要问题作为课堂研究学习的中心,核心问题的解决主要依赖学生自主地探索学习,并按学生问题设计教学板块和进度,让学生在研究性学习的过程中,独立或合作研究解决问题。学生探究的结果要通过表达外显化,通过交流合作互补。

师：对！科学家想得很严密。大家说得很好，只是欠条理，现在大家先做个作业，再有条理地说说黄河象失足落水淹死在河里的始末。

（1）填空：淹死的时间（　　），地点（　　），天气（　　）。

（2）请按科学家的假想把"喝"、"渴"、"陷"、"热"填在括号里。

黄河象淹死河里的始末：（　　）→（　　）→（　　）→（　　）→最后淹死在河里。

探究性学习就是鼓励学生自己发现问题和解决问题，教师把学生的问题作为课堂的中心，引导学生思考，在探究性学习中教师的作用是不可低估的。教师要善于创设探究的情境，引导学生进行探究。在此案例中，教师首先让学生确定《黄河象》的重点，然后因势利导，引导学生进入探究情境。

探究性学习可以鼓励学生思考，有利于他们独立思维以及创造力的发展。通过学生自主地探究问题和解决问题，可以培养他们探究的精神。

扩展阅读

关于课程改革中学习方式变革的几点思考

转变学生的学习方式是这次课程改革的核心任务之一。怎样对待学习方式的变革？如何辩证思考学习方式的变革？在课程改革实践中如何正确引导学生进行学习方式的变革？这是课程改革中亟待解决的有关学习方式变革的几个问题。笔者试从理论与实践两个层面进行一些探讨，提出一些粗浅的认识。

一、课程改革中对学习方式变革的几个误区

新课程改革明确提出，要转变教师的教学方式和学生的学习方式，并且将此作为课程改革能否成功的重要标志之一。转变教师的教学方式最终要落实到转变学生的学习方式上，学习方式的变革是课程改革中必须十分关注的核心问题之一。从课程改革的实际进展看，各个实验区的教师都很重视学生学习方式的转变。由于对学习方式转变存在一些理论上的误区，导致教学实践上的简单化，甚至出现一些偏差。

误区一：转变学习方式即"变接受式学习方式为自主学习、合作学习、探究式学习三种学习方式"。新课程改革的目标要求："转变学生的学习方式就是要转变这种单一的、他主的与被动的学习方式，提倡和发展多样化的学习方式，特别要提倡自主、探索与合作的学习方式。"那么，过去单一的学习方式指什么？多样化的学

习方式又指什么？不少人认为，所谓过去的学习方式是指单纯的接受性学习方式；所谓多样化的学习方式就是指"自主学习、合作学习和探究式学习"这三种学习方式，于是便有了转变学习方式即"变接受式学习方式为自主学习、合作学习和探究式学习三种学习方式"的理解。

误区二：认为倡导新的学习方式就是完全否定过去的接受性学习方式。在新课程实验中，有些人把新课程提倡的学习方式仅仅理解为形式上的自主、合作、探究，并且认为没有相应的学习活动形式的课堂就不是新课程的课堂。笔者曾经听过一节初中二年级的历史与社会课，教师为体现新课程自主、合作、探究的理念，一味强调学生的活动，让学生自己查资料，提问题；还采取小组合作的学习方式，让学生分组讨论；然后再让学生回答学生提出的问题，学生回答完之后，教师只对学生的回答给予好与不好的评价，而不再深入引导。这节课有上网查资料、小组讨论、多媒体教学等多种形式，看似花样繁多，但学生反应平平。随堂听课的一位资深教研员不无担忧地说：一味追求学习形式上的所谓变革，课堂上热热闹闹，但一堂课下来，教师展示知识以及价值引导的作用没能体现，教师的特色和优势也发挥不出来；学生没有得到什么知识，学习能力也得不到真正的提高。课下与授课教师进行交流，那位教师也感到十分困惑，他说："上课不敢多讲，怕讲多了，就又回到了老路，就不是新课程了。"

上述思想认识上、实践行动上的种种误区集中到一点，主要是对接受性学习方式的不同认识。有的把学习方式的变革与接受性学习方式完全对立起来，对接受性学习方式采取完全否定的态度；有的则对接受性学习方式采取完全肯定的态度，对传统的已经习惯了的机械记忆、死记硬背学习方式十分留恋；有的则对如何促进接受性学习方式的转变充满了忧虑与疑惑。

上述误区与困惑，虽说是新课程实施过程中难以避免的现象，而且随着新课程的推进会得到逐步解决，但是由于这些误区与困惑无不涉及教育思想、学习方式变革的深层次问题，并且在当前严重阻碍着课程改革的顺利实施，因此，必须从理论和实践两个层面加以探讨。

二、要辩证地看待接受性学习方式与发现性学习方式

学习方式较之于学习方法是更上位的东西，两者类似于战略与战术的关系。学习方式相对稳定，学习方法相对灵活，学习方式不仅包括相对的学习方法及其关系，而且涉及学习习惯、学习意识、学习态度、学习品质等心理因素和心灵力量。

从教育心理学的角度讲，学生的学习方式有接受性学习和发现性学习两种。这也是人类社会迄今为止最基本的两种学习方式。接受性学习与发现性学习各有不同的功能和特点。

在接受性学习中,教学内容是以现成的、或多或少以定论的形式提供给学生,并不依靠也不要求学生通过独立的探索去发现知识,学生只需要将所学材料通过理解、记忆、整合,将新习得的材料构建于已有的认知结构中,将外在的显性知识内化为自身结构化的知识,就算达到了学习的目的。其过程可以概括为这样的程式:教师通过讲解、演示呈现课程内容,学生通过听讲、理解、练习、复习、记忆等一系列学习过程学习课程内容,教师与学生之间通过提问、讨论、讲评等一系列的师生互动、生生互动过程,使学生在原有知识和生活经验的基础上,把新知识作为有意义的知识建构为自身的知识结构。它的基本特点是:以掌握科学知识为基本任务,坚持认识的科学性与人文性的统一;强调教师对学生认识活动的指导性、可控性。接受性学习并不都是机械的、被动的、无意义的学习。从学生认识活动的特征来看,接受性学习分为两种:一种是被动的、机械的和无意义的学习,一种是主动的、积极的、有意义的学习。决定接受性学习方式是主动的还是被动的,是积极的还是机械的,是有意义的还是无意义的,并不取决于接受性学习方式本身,其关键是学习主体的态度、目的、方法、认知发展水平以及发生学习的条件。

然而同其他任何事物一样,接受性学习并不是完美无缺的,它确实有局限性。这种局限性主要表现在:一是重课堂学习,重知识讲授,如果运用不当,容易忽视学生智能的开发和培养;二是重教师的活动和作用,容易妨碍和压抑学生的智力活动,使学生的思维发展缓慢;三是缺乏学习方法和形成能力的指导,容易忽视学生的探索求知欲望和创新精神,特别是那种被动的、机械的、无意义的接受性学习,是课程改革中必须根本转变的学习方式。这种落后的有害的学习方式贻误儿童少年的健康发展,必须予以革除。发现性学习方式是大力提倡的学习方式。在发现性学习中,所学内容不直接向学生提供,而是在教师的指导、启发下,使学生通过自己的探索、观察、试验、思考,在自己生活经验和学习经验的基础上,去自行发现、自行总结、自行提炼、自行概括、自行升华,将发现的显性知识和体验感受的隐性知识,生成为个体化的新知识。其过程可以概括为这样的程式:教师引导学生通过设计课题的方式来呈现课程要求——学生通过探究与实践发现事物的内部与外部的各种关系——通过讨论、分析、总结、概括一系列过程,揭示规律,生成新知识,实现课程的教学目标。发现性学习方式以解决问题为主题,以增进学习者的创新精神和创造才能为主要任务,以学生的自主选择、自主探究为核心，强调教师的科学引导；以研究性学习、体验性学习、探究性学习、创新性学习为主要形式，强调对探究性认识过程的关注。

三、坚持变革与继承的辩证统一，把接受性学习与发现性学习有机结合起来

任何改革都要处理好继承与创新的关系，创新以继承为基础，继承以创新为方向。新课程背景下的学习方式的变革有创新，也有继承。传统的接受性学习以听讲、记忆、模仿、练习等为特征，其主要作用在于引导学生在尽可能短的时间内获得尽可能多的知识和技能。有意义的接受性学习应该是最基本、最常用的学习方式。在中小学课程中，有很多体现事物名称、概念、事实等方面的陈述性知识就不需要花很多时间去探究，运用接受性学习的方式会更为有效。大量的教学实践表明，接受性学习并不必然导致学习过程的枯燥和机械。我们反对和着力要变革的是被动的、机械的、无意义的接受性学习，对于那种积极主动的、灵活多样的、有意义的接受性学习还必须坚持，还要大力倡导。学习方式的转变并不是完全排斥接受性学习，而是引导学生由过去那种以教师为主体的机械、被动、他主的接受性学习方式转变为以学生为主体的积极、主动、自主的有意义的接受性学习方式。

发现性学习是一种新型的学习方式。目前广大中小学教师还不了解、不习惯，需要在教学实践中大力试验、推行。要在教师指导下引导学生积极参与发现性学习，密切联系社会生活实践，培养学生学会生存、学会发展、学会创造的能力。发现学习可以具体化为具有不同特征的学习形式，如以课题方式进行的研究性学习、体现创造的创新性学习、重视过程的探究性学习、与生活经验密切结合的体验性学习等。

在课程改革实验中，要把重点抓好研究性学习作为推行发现性学习方式的突破口。研究性学习是在教师的指导下，从学科领域或现实社会生活中选择和确定主题，在教学中创设一种类似科学探究的情境，通过学生自主、独立地发现问题、实验、操作、调查、信息搜集与处理、表达与交流等探索活动，获得知识、技能，发展情感和态度，培养探索精神和创新能力。在教学中，可以采取小课题和长作业的方式，给学生一段时间完成，可以是几周或者几个月。不同学科都可以采取这种学习方式。

总之，由过去被动的、机械的、无意义的接受性学习向积极主动的、有意义的接受性学习转变，由单一的接受性学习向接受性学习与发现性学习相结合的学习方式转变，这种新的学习方式更强调学生的主体地位，强调自主、合作、探究，这就是新时代倡导的新

的学习方式的基本内涵。学习方式转变的核心是坚持两种学习方式的相互依存、相互补充。两种学习方式各有优势，也同时都有一定的局限，二者并存在人们的学习实践之中，相互依存，相互补充。按照教学有效性和学习有效性的原则来选择运用两种学习方式。决定教学有效性和学习有效性的关键是教学目标的确定。接受性学习更适合于知识学习目标的有效实现；发现性学习更适合于创造力培养目标的有效实现。因此，要根据不同学段、不同年级、不同学科、不同教学单元内容和不同课型的不同情况，灵活地运用两种学习方式。凡是应用接受性学习方式更有利于有效实现教学目标和学习目标的，就选择接受性学习方式；反之，就选择应用发现性学习方式；凡是把两种学习方式结合起来更有利于有效实现教学目标和学习目标的，就把两者有机地结合起来。

（资料来源：韩江萍. 关于课程改革中学习方式变革的几点思考[J]. 课程教学改革，2003(11)）

 专题小结

学习是教育中的一种重要现象，学习有自己独特的定义。学习的特征包括：学习的主体是人，以及学习具有主动性。影响学习的因素包括学生、教师、学校、家庭和社会。新形势下学习方式的变革主要有自主学习、合作学习和探究式学习。

 第二节

作为教育支柱的四种学习

一、学会认知

学会认知关注学习的方法而不是具体的知识。学生要学会运用注意力、记忆力和思维能力来学习，来获取新的知识。在整个教育过程中除了要学习普通文化知识还要深入研究少数学科。这种学习有助于唤起对知识的好奇心，激发批判精神，在独立思考的基础上去辨别是非。学会认知和终身教育的思想也有关联，学习知识的过程是永无止境的，

导 读

联合国教科文组织是世界上最高水平的教育机构，在其著作《教育——财富蕴藏其中》中，提出了作为教育支柱的四种学习。这四种学习指明了未来教育发展的方向，这四种学习具体是指学会认知、学会做事、学会共同生活和学会实现自我。学完本节，你将了解这四种学习的具体内容。

贯穿人的一生。学习过程与工作经历也有很密切的联系,如果一种教育能够提供在工作中以及工作之外学习的动力,那么这种教育就可以被认为是成功的。

教学案例

《搭石》教学案例①

对学生来说,课堂知识的重点往往是他们学习的难点。在传统的教学中,我们往往习惯由老师总结重点,分析难点,仿佛学生跟着老师把这些问题解决了,就打遍天下无敌手了,但是教师往往在学生还没有发现问题的时候就把问题抛出来,这就阻碍了学生主动思考,要知道,正是这些所谓的难点、疑点,才是启发学生思维,教学生"会学习"的最佳切入点。

在教学课文《搭石》后有一则讨论题:课文中许多地方都使我们感受到"美",有看得见的具体的"美",也有看不见的心灵的"美"。让我们找出来,体会体会。

我在初读课文环节,分别让学生朗读了自己认为最"美"的语句。接下来,我出示了上面这个问题。

师:同学们刚才都读了自己喜欢的句子,也让老师感受了一种美。请看屏幕,谁来为大家念一下题目。

(生读题。)

师:什么叫看得见的具体的美?

生1:(若有所思)就是我们刚才读的优美的句子吧。

生2:也是这个小村子的景色美,景色美看得见!(师点头)

师:那什么叫"看不见的心灵的美"呢?

生1:就是美到我们心里去的(语句)。

生3:就是山村人品德美。

师:你真会总结,其实,看不见的还有行为美,语言美,心灵美,让人能感受到美好,让人能露出会心的微笑。那么现在我们就分组来完成这个讨论题,大家可以用不同的记号找出"具体的美"和"心灵的美",然后小组同学谈论后,向全班作汇报。

(生自由活动,过程中,老师巡视给予指导。)

分组汇报开始。

生1:我认为这句话写得很美:前面的抬起脚来,后面的紧跟上去,踏踏的声音,像轻快的音乐;轻波漾漾,人影绰绰,给人画一般的美感。

---

① http://www.frjy.cn/Html/Article/PeopleEdition/renqi/40950.html,2011-03-12

师：的确，你读的让我们再次领略到了山间小村里别样的风光，这是看得见的美。

生2：是啊，老师，我们小组的同学都喜欢看这篇文章的插图，您看：远处山脚下雾气腾腾，宛如仙境，近处溪水潺潺，绿草如茵，要是我们能生活在这里就好了！

（此生发言激起了同学们的共鸣，学生们开始了热烈的议论。）

生3：老师，我觉得，这幅插图里还有一个人很美，就是这位叔叔。

师：为什么呢？

生3：他在搬石头。

师：他为什么搬石头呢？

生3：大家看，中间有块石头没有了，肯定是被水冲走了。

师：少了块搭石，可能会给人们带来什么后果？

（学生纷纷举手回答。）

生3：所以呀，这个叔叔就主动把搭石再一次码好，这说明，他的心灵特别美，他生怕有人掉到水里。

师：诸如此类的推想，课文里是怎么说的呢？

生4：上了点年岁的人，无论怎样急着赶路，只要发现哪块搭石不平稳，一定会放下带的东西，找来合适的石头搭上，再在上面踏上几个来回，直到满意了才肯离去。

师：说出你的理解，注意抠住重点词句来说。

生4：踏上几个来回，不是一个来回，说明搭石头的人很认真地在做这个事，确保稳当了才走。

师：这是一种责任心的体现，这就是——

生：心灵美！

生5：大家请看课文的第4自然段：如果有两个人面对面同时走到溪边，总会在第一块搭石前止步，招手示意，让对方先走，等对方过了河，俩人再说几句家常话，才相背而行。

生5：这就像我们院子里的人，过得很亲热。

生6：正因为他们谦让，所以才亲热。

生7：生活在这样的小村里，人们都是笑容满面，亲如一家人。

师：往往，我们把"亲如一家人"称为和谐友善，那么，这个小村里的人，就让我们感受到了一种——

生：和谐美！

生8：还有呢！假如遇上老人来走搭石，年轻人总要俯下身子背老人过去，人们把这看成理所当然的事。

师：课文里，还有一种"理所当然"的看法，找一找。

生9：秋凉以后，人们早早地将搭石摆放好，如果别处都有搭石,唯独这一处没有,人们会谴责这里的人懒惰。

师:你找得很准确,那么,我们又从这些句子当中体会到一些什么样的美呢?

生:这里的人尊敬老人,是品德美。

生:为了方便大家行走,大家都会把搭石看成是分内的事,这也是一种品德美。

生:难怪人们说山里的人淳朴善良,他们不讲得失,做事不讲报酬,为别人想得多,这也是一种心灵美。

师:同学们分析得非常棒!其实,我们只要用心去体会,就会把课文内容读懂,读透,这样学习才有效果!你们把老师带到了这个景美人美的小山村,你们也让老师感受到了你们思想火花的"美"!

学会认知主要是教会学生认知的手段而不是具体的知识,在这个案例中,教师引导学生自己发现美,就是在培养学生一种思考的能力,让学生学会学习,自己把课文读懂。

学会认知有助于唤起对知识的好奇心,激发批判精神。教师采用这种教会学生认知的方法有利于调动学生的积极性,启发其自主思考,这比单纯地传授给学生知识要好得多。

二、学会做事

学会做事指将认知获得的知识应用于实践,特别是工作中,这种学习的目的是在无法准确预测未来工作的情况下,获得适应以后工作的能力。现在的用人部门越来越重视能力而不是专业资格,在他们看来,能力把通过技术和专业培训获得的社会行为、合作态度、冒险精神和首创精神结合在一起。这种能力应当由教育来维持,因为它清楚地反映了学习各个方面的关系。在未来高度技术化的社会组织中,人际关系的问题可能会造成严重的阻碍,交往能力、与他人共事的能力显得越来越重要。总之,学会做事不仅仅使人学会从事某一特定的工作,从更深程度上说是为了获得应付多种情况的能力和集体工作的能力。

教学案例

篮球友谊赛

6月7日一一班与一六班进行篮球友谊赛。根据课堂教学观察,两个班实力相当,也互不服气。一班队员实力较平均,基本功也好,特别有个叫黄征的同学,控制力强,而且中投好。六班三个队员较突出,其他两个一般。

比赛开始了,一班凭借个体的技术,基本单打独斗,谁拿球谁进攻;而六班根据队员特点分工明确,组织、接应、上篮打得有板有眼。很快,六班就领先了较大的比分,35 比 15 结束上半场比赛。

场间休息时间,我过去与一班同学进行了交流:篮球比赛是集体项目,5 个人同时上场进行作战,大家要相互协作,各司其职,比如姚明,内线实力最强也得有其他队员给他"炮弹"才能有更多的得分机会。大家七嘴八舌,有说没人给他球的,有说没人给他掩护的,反正都觉得打得糟糕。我趁机说,大家别争了,好好分工一下,下半场打得好些。体育委员站出来根据队员特长进行了分工。

下半场比赛开始了,一班队员吸取上半场的教训,没有单打独斗,而是相互配合,打得很有章法,渐渐地与六班分数近了……随着裁判一声哨响,比赛时间到了,结束比赛,六班同学狂欢,一班同学一脸沮丧,很是不服,嚷嚷着早就这么打就能赢了,下次与他们再来打……

教学目标的达成不仅仅依靠课堂上的教学,在平时的活动中如果能加以利用的话往往能收到意想不到的效果。这次活动是一次很好的合作机会,通过这次比赛,让学生彻底感受到团队合作的重要性,锻炼了合作能力。

合作能力、交往能力的提高直接关系到未来的职业生涯,只有顺利地与他人交流合作才能胜任将来的工作,学会做事就是锻炼适合未来工作的能力。

三、学会共同生活

共同生活在现实社会中是个非常重要的问题。这种学习旨在通过加强人与人之间的了解来化解冲突。人类是多种多样的,但是所有人之间又是可以相互交流和相互沟通的。教会学生认识他人的同时也要了解自己,这样才能更好地进行交流。当人们为值得的事物共同努力时,彼此之间的冲突就会慢慢减少甚至消失,因此从幼儿时代起,就要组织各种活动帮助他人,鼓励学生多参加人道主义活动去帮助他人。总之,学会共同生活,就是要以相互了解、相互尊重为宗旨,在进行共同活动的过程中逐步了解他人,促进人们之间的相互依存。

尖子生的转变[①]

　　小明是班里的尖子生,成绩自是没话说,但他同样也是班主任张老师眼中的"问题学生"之一。这倒不是说他恃才狂妄,无视纪律约束,成天捣乱,而是他"不合群"。小明的不合群是张老师偶然间发现的。

　　班里的同学在讨论春游计划时个个兴高采烈,唯独小明一副"与我无关"的表情。张老师问小明有什么看法时,他的回答让所有的人都吃了一惊:"为什么要和他们这些低智商的人为伍?"小明指了下班里的同学,"和他们在一起只会侮辱了我的智商与能力!"班里顿时静了下来,随后又炸开了锅。同学们的愤怒、小明的无所谓让张老师感到自己工作的失职与失败。

　　随后,张老师找到小明聊天,才发现他有很强的优越感,家庭条件不错的他又拥有傲人的成绩,慢慢地,他认为其他同学只知道吃和玩,成绩没法和他比,时间一长,也就认为自己"高级"了。张老师又向同学们了解情况。同学们反映小明太傲了,不愿和大家玩,看不起学习差的和家里穷的同学,同学们也说小明好强,爱思考,爱学习,从不甘落于别人后面。

　　针对这些情况,张老师就组织了一些活动,比如和其他班进行足球赛、拔河等,却不让小明参加,只准他做拉拉队员,在激烈的比赛中小明只有干着急的份儿。看到小明的反应后,张老师又开展了其他的一些活动让小明参加,却是他不怎么熟练的,小明有些丧气,张老师最后又开展了学习竞赛,让小明做"领头人"。慢慢地,小明认识了自己的不足和同学们在其他方面的"高智商",同学们也看到了小明的改变。

　　看到小明和同学们一起学习、游戏的开心情境,张老师也笑了……

　　学习是一种社会性的活动,人也是社会性的人,需要和别人共同生活。在这个案例中,教师引导小明和同学一起学习、游戏,增进相互的了解,获得彼此的尊重,有助于学生更好地生活。

四、学会实现自我

　　教育应当促进人的全面发展,促使人成为一个健全的人,在身心、

---

① http://www.fync.edu.cn/ch2/yuanxiweb/education/web/21.html,2011-03-20

智力、审美观方面都有所发展,应当使每个人都能具有一种独立批判的意识,在以后人生的不同阶段可以独立自主地判断自己该怎样做。教育需要为人们提供为了更好生活所需要的思考和想象能力,而不仅仅是知识和技能。现代社会需要各种各样的人才,教育要能促进人的自由而全面的发展,向青少年提供一切可能的发展机会,例如艺术、科学和体育方面,让他们在多方面都能得到发展。教育的目的是培养人,促使其人格完善,让他成为一个人,成为一个公民,承担起对社会和家庭的责任,教育是一个促使人成熟的过程,也是一个构建相互影响的社会关系的过程。

教学案例

高年级学生想象力的培养①

"都高年级了,看图作文还写不好。"我一边批改着作文,一边抱怨着。

"这并不奇怪,"坐在对面的韩老师经验丰富:"孩子们没有展开想象,看图作文就没有生命,当然写不好了。"

说的是,越到高年级,学生的想象力似乎越受到束缚,文章千篇一律,如何调动学生的想象力呢? 我一定要想个办法。

这次作文课,我没有抱着作文本进班。同学们都用诧异的目光望着我。我微笑着开口了:"好多同学都有自己的房间,也有的同学还没有这个条件。不过,老师知道你们都渴望有一个属于自己的小天地。说说看,你希望你的小天地是什么样的?"

学生们一下子来了兴趣,七嘴八舌地议论开了:"我希望写字台是白色的";"我的床太硬了";"要是有台电视就好了"……课堂顿时热闹起来。"李老师,为什么让我们说自己的房间呢?"有心的孩子们终于忍不住了。

"因为你们每个人的脑子里都有一间小房子啊!"听我这么一说,同学们惊奇地看着我,班里鸦雀无声。我转身在黑板上写下两个字:"想象",然后说到:"你们长大了,越来越成熟,但脑子里也有了越来越多的框框。这些框框搭成了个房子,房子里住着你们的想象力。现在,咱们把脑子里的房门打开,大胆地想,大胆地说,好吗?"学生们若有所悟,点着头,可小眉毛都拧着,还是摸不着头绪。我正想进一步启发时,一个细小的声音吸引了我:"要是全都摆满了洋娃娃……"

"说得好! 接着说。"

---

① http://www.wdjyzx.com/blog/user1/7322/25769.html,2010-11-16

得到我的鼓励，一个女生站起来："要是我的房间摆满了洋娃娃，有的还悬在房顶。我一进屋，它们就转啊转啊……多有趣！"

大家忍不住哈哈大笑。紧跟着，好几个孩子站了起来："我也想说说。"

小球迷发言了："我想，我的房间最好是个圆的，我要把墙漆成一块黑一块白……"

"不好不好，最好是个万花筒，可以变色的，夏天变绿色，冬天变粉色……"女孩子有不同的意见。

"门"打开了，想象力像插上了翅膀，从那间"小房子"里飞了出来。

一群天真活泼的孩子，他们正在浮想联翩。

"我要房间的房顶是个大屏幕，我躺着看电视……"

"我喜欢大自然，我房间的地面就是草坪，房中间有个大花坛，开着一年四季的花儿……"

"房间里最好装个人造太阳，就再不用电灯了。"

"夏天我的房子是冰淇淋做的，多凉快，吃起来也方便……"

"要是有个适当的动力系统，我就把房子开到火星上住几天……"

教室里像开了锅，个个抢着发言，阵阵笑声不停，使我的心沸腾起来，真想为他们喝彩啊！我也同样上了生动的一课。

这堂课结束后，我布置作业：把看图作文重新写一遍。批阅着他们内容丰富、充满情趣的新作，我感到无限欣慰。

想象力是当今社会一种重要的能力，教育应当促进人的全面发展，当然也要促进人想象方面能力的发展。在这个案例中，教师通过引导学生思考"心中的小天地是什么样的"来启迪学生的想象力。

教育的目的在于使学生的人格完善，使学生具有思想、判断和想象方面的自由。教育者不单单要促进学生想象力的发展，还要想办法促进学生各个方面人格的发展，让其成长为健全的人，学会实现自我。

 ## 专题小结

联合国教科文组织在《教育——财富蕴藏其中》一文中提出了作为教育支柱的四种学习，分别是学会认知、学会做事、学会共同生活和学会实现自我。这四种学习都有自己特定的含义，指明了教育未来发展的方向。

学习理论与教育教学

一、行为主义学习理论

行为主义学习理论对学习的解释着眼于外在的、可观察到的行为，而不是内心的心智反应。行为主义者把人的内心看成一个"黑匣子"，人只能从外面观察，而不能了解到其中的情况，学习就是外在行为的显露，而不涉及人内心的心智过程。

行为主义学习理论把学习看做是刺激与反应之间的联结，可以用公式 S–R 来表示，其中 S 表示外界的刺激，R 表示个体的反应。行为主义的代表人物主要是桑代克和斯金纳。

桑代克认为学习的实质在于形成一定的联结，而这种联结是在不断尝试错误的过程中形成的。桑代克提出了学习的三个主要定律。

1. 准备律

是指联结的加强或削弱取决于学习者的心理准备和心理调节状态。桑代克说："当任何传导单位准备传导时，给予传导就引起满意。当任何传导单位不准备传导时，勉强要它传导就引起烦恼。"

2. 练习律

是指刺激与反应之间的联结会由于重复或练习而加强；反之，不重复不练习，联结力量会减弱。桑代克又把练习律分为两个次律：一个叫应用律，即一个已形成的可改变的联结，若加以应用，就会使这个联结得到加强；另一个叫失用律，即一个已经形成的可变的联结，如不加以应用，就会使这个联结减弱。

3. 效果律

是指刺激和反应之间的联结可因导致满意的结果而加强，也可因导致烦恼的结果而减弱。在实验中他进一步发现，赏和罚的效果并不相等，赏比罚更有效。所以后来他不再强调烦恼情况所导致的结果，而

导　读

学习是教育中的一个重要现象，关于学习的理论解释学派纷呈，但总体来说，有三种基本的学习理论。这三种学习理论范式是指行为主义学习理论、认知主义学习理论和建构主义学习理论。行为主义学习理论以桑代克、斯金纳为代表，是较早的一种理论，从学习的外在形式探讨学习的基本规律；认知主义学习理论以布鲁纳、奥苏贝尔为代表，强调学习者的认知加工过程；建构主义学习理论强调教师主导下的学生主动学习，知识是主动建构的，而不是外界强加的。这三种理论对学习各有自己的解释，是最有代表性的三种学习理论。

思　考

主要的学习理论有哪几种？

只承认惩罚的间接作用。①

桑代克比较重视学习的刺激与反应之间的联结,斯金纳则进一步探讨小白鼠乐此不疲按压操纵杆的原因——因为每次按动都会吃到食丸,斯金纳把这种进一步激发采取某种行为的过程叫做强化,凡是能增强有机体反应行为的事件都叫做强化物。

斯金纳把强化分成正强化和负强化,其中正强化是通过呈现想要的愉快刺激来增加反应的频率,负强化是通过消除不愉快的刺激来增强反应频率。教师应当尽量运用正强化和负强化来增强学生的学习。

教学案例

两位学生的真心话②

每周一节的"驶进心灵港湾"(即与班主任说心里话)又开始了。以前总采取座谈式,我坐在中间,学生们围着我,谈天说地,彼此倒也收获不少,但我总觉得思维含量并不高。这次采取了"独立写"的形式,提出了允许交头接耳,最好用三言两语说一些真心话来"帮助帮助我们的大朋友"的要求,而且教室布置得也十分温馨,这样主要是为了减少学生的顾虑,让他们能畅所欲言。结果,两位学生的真心话给了我不少启迪。

一个学生写道:"你平时待我们像朋友,从不大声地斥责批评我们,但我实在有些怕您!"

另一个学生写道:"造句的感觉真舒服!我真喜欢您的用词说话课。"

乍一看到这两条一"怕"一"赞"的意见,颇为纳闷。平时我从未声色俱厉,学生何怕之有?何况我平时待他们还不错。造句又有什么好舒服的?接着,我回顾了这两个学生的学习情况,惊奇地发现前一个学生的成绩是每况愈下,而后一个却突飞猛进。何不找他们聊一聊呢?

于是师生间有了一次发人深省的谈话。

我先找了那个说"怕我"的学生。

"都是哪些地方使你怕了?"

"造句。"

"造句有什么可怕?"

"不可怕。"

"嗯?"

---

① 张向葵. 教育心理学[M]. 北京:中央广播电视大学出版社,2003:72 – 73
② http://gz2010. qlteacher. com/Article/view/51106,2010-12-18

"记得有一次用'发现'造句，我是这么造的：'我发现大母鸡在草垛边转。'您听后，微笑着示意我坐下，然后您轻轻地说了一句'一年级的孩子也造得出'，我感到您的笑是冷的。"晶莹的泪水已盈满了学生的眼眶。

"您不知道当时我是多么伤心，要知道这可是我的真正'发现'呀！"他说着泪如泉涌了，"以后……我就特别怕上您的语言课了。"看得出，这是他从心底流出来的泪水。当时我也许确实是无意的，因而已没有一点印象，但他却记忆犹新。

接着我又问了那个"赞"我的学生，他一点也不怕造句。我忙问其原因，他说，自从那天他用"发现"造了"我发现地球绕太阳转的现象"的句子，教师热情表扬他后，他学语言便有了一种神奇的力量，心中仿佛升起了一轮太阳，所以他说造句的感觉真舒服。

听完两个学生的叙述，我都大吃一惊，终于明白了这两个学生近期的语文学习成绩为什么一个每况愈下，一个却突飞猛进了。

这一"赞"一"怕"，促使我认真反思，让我顿有所悟……

强化理论是行为主义的重要理论。行为主义者认为通过强化可以增加刺激与反应之间的联结。该教师运用"正强化"，即表扬，从而让学生语文成绩突飞猛进，而由于错误使用了批评，从而使另一个学生的成绩每况愈下，这也是值得反思的地方。在教学中要正确使用正强化，较少使用批评，这样有利于学生的成长。

二、认知主义学习理论

认知主义学习理论认为学习是学习者内部心理的建构和改组，是学习者主动认知的过程。这种学习重视学习者的内心活动，注意启发学生的思维。这种学习理论认为学习是在原有基础上进行的，学习者要把知识纳入原有的认知结构当中。

认知主义学习理论重视学习者处理外部刺激的内部机制和过程，主张用 S-O-R(O 即大脑的加工过程)来代替 S-R 联结，认为人类的学习不是简单地观察刺激之后的反应，而是学习者的认知加工过程。认知主义的代表人物主要有布鲁纳、奥苏贝尔等。

布鲁纳认为，学习的实质在于形成一定的认知结构，而不是被动地形成刺激-反应的联结。学习者不是被动地接受知识，而是主动地获得知识，并且把新获得的知识和已有的知识结构联系起来，积极地建构其知识体系。布鲁纳主张学生的发现学习。所谓发现是指学习者独自遵循他自己特有的认识程序亲自获取知识的一切方式。布鲁纳反复强调教学是要促进学生智慧或认知的生长，他提倡教师在教学中要使用发现学习的方法。

奥苏贝尔学习理论的核心是有意义学习。在他看来,学习者的学习,如果要有价值的话,应该尽可能地有意义。奥苏贝尔将学习分为接受学习和发现学习、机械学习和意义学习,并明确了每一种学习的含义及其相互之间的关系。奥苏贝尔按照新旧知识的概括水平及其相互间的不同关系,提出了三种同化方式:下位学习、上位学习和并列结合学习。

奥苏贝尔同时提出了先行组织者策略。先行组织者是指在呈现新的学习任务之前,由教师先告诉学生一些与新知识有一定关系的,概括性和综合性较强、较清晰的引导材料,来帮助学生建立学习新知识的同化点,以有效促进学习者的下位学习。应用在教学上,是指教师要先呈现出和新知识有关的一些材料,这样有助于建立和新知识的联结。

教学案例

经线和纬线的学习①

女教师朱迪正在为六年级学生的"经线和纬线"一课做准备,如买一个大海滩球、找了一个旧网球、检查地图和地球仪等。

上课一开始,她让学生们指出在地图上他们所居住的位置,然后她说:"假如你在暑假旅行中结识了一些新朋友,你想向你的朋友们准确地描述你住在什么地方,你该怎么做?"

学生们提出了一些建议后,她问这些建议是否足够准确地指出他们所居住的确切位置。学生们经进一步讨论后得出的结论是"不能"。

她继续说:"我们遇到了麻烦。我们想告诉我们的新朋友我们所居住的准确位置,但我们还没有一个合适的方法。让我们一起看看能否通过画图解决这个问题。"

她拿出海滩球和地球仪,让学生观察和比较。学生们在海滩球上确定了东、西、南、北诸方位后,她围绕球的中心画了一个圆圈,学生们把圆圈认作赤道。学生们在网球上做了同样的事情。

朱迪继续在海滩球上的赤道两侧画圆圈,然后说:"现在,请大家比较一下这些线有什么共同点。"

"……它们都是平行的。"凯西自告奋勇地回答。

"继续说,凯西。你说'平行'是什么意思?"朱迪鼓励道。

"……它们没有互相交叉。"凯西边解释边用手做示范。

"好的。"朱迪微笑着点点头。

"还有别的共同点吗?"朱迪问。

---

① http://yjsy.nenu.edu.cn/wlkc/xinlixue/youzhidaodefaxianxuexial.html,2010-12-26

学生们又指出:"这些线都是东西方向的;当它们远离赤道时逐渐变短。"朱迪将这些共同点都写在黑板上后指出这些线叫做纬度线。

她继续用笔在海滩球上画上各条经度线,使海滩球布满了纵横交错的经纬线。

朱迪:"这些线与那些纬度线有何共同点?"

翠西亚:"……它们都是绕着球画的。"

朱迪:"很好。还有别的吗?"

伊里欧特:"长度都一样。"

托马斯:"什么的长度?"

伊里欧特:"自上而下的线和那些交叉的平行线呗。"

朱迪:"我们刚才把那些平行线叫什么?"

伊里欧特:"纬度线。"

基米:"我们刚才说过它们逐渐变短……那么,它们又怎么会是同样的长度呢?"

塔巴沙:"我认为那些线(手指着经度线)更长些。"

朱迪:"我们怎样才能检验这些线的长度呢?"

基米:"我们可以测量这些线,比如用磁带或绳或别的什么东西。"

朱迪:"同学们认为基米的想法如何?"

同学们都同意这是个好主意,于是朱迪帮助提供了一些绳子并将绳子的一点按住在球的某一点,让基米测量球上的线的长度。测量后让学生们比较。

切瑞斯:"这些线一样长。"拿着两根经度线的绳。

尼克:"这些线不一样长。"拿着两根纬度线的绳。

当查看了所有测量后的绳子后,朱迪让学生们两两一组去总结他们的发现。学生们得出如下结论。

(1)经度线逐渐远离赤道;纬度线与赤道的距离在各处都一样。

(2)经度线都是同样长度;纬度线在赤道以北和赤道以南逐渐变短。

(3)经度线在极地彼此交叉;经度线和纬度线在全球各处相互交叉。

朱迪继续问道:"现在,这些发现怎样帮助我们解决准确确定一个居住位置的问题?"在她的指导下,学生们得出结论说居住位置可以用线与线的交叉点来精确地标定。朱迪指出这是他们下一堂课要研究的主要问题。

认知主义学习理论强调在刺激和反应之间还有一个大脑加工

的过程,学习者是主动地获得知识,把新获得的知识和原有的知识结合起来,形成自己的认知体系。在这个案例中,教师引导学生通过观察和思考形成自己的认知结构,并且倡导学生的发现学习,这些都符合认知主义的学习理论。

三、建构主义学习理论

建构主义学习理论是 20 世纪 90 年代兴起的,皮亚杰和维果茨基被认为是建构主义的先驱。建构主义在吸收认知主义认知加工观点的基础上提出其对于学习的解释。建构主义者认为,学生在校学习,重要的不是学习人类已经留下来的知识,而是自己建构新的知识,这种学习理论更重视学习能力的培养。学生是建构学习的主体,提倡学生的自主学习。

建构主义所提倡的学习是教师指导下的学生学习。它既强调教师的指导作用,又看重学生的认知主体地位。在这种学习中,学生是知识的主动建构者,而不是被灌输的对象,教师是学生学习的帮助者而不是主导者。知识具有情境性和不确定性,学生对知识的理解取决于自身的经验和学习过程。学习是社会性的学习,通过自主建构知识,学生之间可以分享经验,共同讨论感兴趣的话题,促进相互学习。

建构主义学习理论强调以学生为中心,让学生自主进行学习,但这并不忽视教师的指导作用,教师是意义建构的帮助者和促进者,教师要适当地发挥引导作用。建构主义学习理论提倡情境学习,建构主义强调一定要设置与知识相一致的真实的情境,学生只有在这种真实的情境中才能理解所学知识的意义,这样建构起来的知识也才能在生活中得到运用。

教学案例

电烧水、煤气烧水,哪个更合算?[1]

某市煤气涨价,家长纷纷抱怨。一同学(小学六年级)在小学科学课后问老师:"妈妈说,煤气又涨价了,不知道现在烧一壶水用煤气合算还是用电更合算,老师,你说这个问题我们能研究吗?"

老师后来在班上赞扬并鼓励了这位同学,并请大家都来研究一下这个问题,可以自由组成小组回家后自己研究。同时提醒同学们要注意安全,务必请家长协助操作。但具体如何开展探究过

---

[1] http://www.studa.net/xueke/080606/14372233.html,2010-12-26

程,以及探究方法是什么,老师没有给予指导。

各小组探究后,教师组织同学们在班上交流,结果得出了不一致的结论。有的说烧一壶水,煤气省钱,有的则说用电省,争论不休。

教师:同学们,每个小组都得出了自己的结论,大家的结论并不一致,可是大家都觉得结论只能是一个,都觉得是自己的对。下面,我请同学们思考一个问题:我们仅仅这样争论下去,只是都说自己的是对的,能最终得出结论、判断出谁对谁错吗?

学生:不能。

教师:那么怎么办,如何对大家的探究结论正确与否进行判断或评价?

学生A:大家都说一说,你是怎样研究的,把研究的过程讲一讲。

学生B:每个小组都把计算的数据给大家说一下,让大家看一看有没有计算错误。

教师:对,大家都说得非常好,我们要讨论一件事,必须按照一定的规则进行,否则就是无规则、无原则的胡乱争吵,那是不会有什么结果的。大家刚才都说了,要公开展示各自的研究过程、方法和统计的数据,让大家一起来质疑,来评价。下面,咱们各小组一个一个地说。

(每个小组陈述完后,其他同学提问,该小组答辩。教师也参与讨论,不时地提一两句质疑或反驳的话,大多是同学们之间的交往、交流、对话、相互质疑和答辩。略。)

教师(总结):通过刚才各小组的过程、方法和数据展示,通过同学们自己一起来质疑、批评、讨论,同学们知道了,要公平地对比两种烧水方法的花费大小,必须注意一些探究的规则。哪个小组没有做好,自己总结总结,想好了就给大家说一说。

小组A:要注意烧同样多的两壶水。我们小组没有注意这一点,得出的结论就有问题了。

小组B:我们小组虽然注意到了这一点,但只记录和对比了烧水所用的时间,没有计算和对比这些时间内所花费的煤气费和电费各是多少,就得出结论哪个更合算,对比的实际上是不同方法烧水速度的快慢,而不是不同方法的合算程度。因此,探究结论也出了问题。

教师:无论是从成功的探究中总结的经验,还是从失败的探究中总结的教训,这次经历使得每位同学都有不少收获,这就是挫折和失败的教育价值。我们说"失败是成功之母",从自己的挫折和教训中得到的收获对自己的长进有时更有作用,更有影响,更有促进。体验并总结了失败经历,常常使我们长进得更快、更扎实。老师希望你们不要怕失败,要珍惜自己的教训,珍视自己各种各样的经历、感受和体验。

小组 A:老师,我们打算回去再做一次实验。

小组 B:我们打算根据电和煤气的价格,重新计算一下。

小组 C:只是重新计算还不行,煤气费是根据烧了多少格算出来的,电费是根据用了多少度算出来的,你们只记录了烧水的时间,还是不行。

教师:很好。下节课同学们再一次交流实验结论。这里我在同学们亲历探究的基础上讲点探究知识:咱们这种以比较为主要目的的探究实验,我们可以称之为对比实验,其中有一些方面、有一些变量(如水的多少),在两组相比较的实验中应该保持一样,我们称之为变量控制。刚才我们保持一致的变量就是水的量(体积或重量),或者说我们对水量进行了控制。这是同学们自己总结出来的第一点。如果对比实验没有控制变量,结论就要出问题了。

第二点,我们要对比的是两种方法烧水的合算程度。对于合算程度,不应该用烧水时间来计算,而应该用烧一定量的水所花费的钱数来表示,这一点,我们叫统计或实验的效度。刚才同学们也都已经分析出来了,如果忽略了这一点,实验效度就出问题了,得出来的结论也就不一定正确了。

同学们不必记住这些名词术语,在今后实验中只要注意这两个方面的探究规则就可以了。

建构主义是指学生自主探究知识,而不是被灌输,这个案例是以学习者为中心的,教师是帮助者,学生通过自主探究而得出结论,会使学生进步得更快,这样对于学生也是一种有益的锻炼。建构主义学习理论教会学生自己去探究新知识,这也有利于学生适应终身教育社会。

 扩展阅读

建构主义学习理论与行为主义、
认知主义关键特征之比较

现代建构主义作为"教育中的新认识论"问题,是学习理论中行为主义发展到认知主义以后的进一步发展。笔者试图与行为主义、认知主义相比较,来认识建构主义学习理论。

一、关于知识

对知识的不同看法成为隐藏在学习理论后面的基础,制约、影响着人们对学习的认识。对知识起源的两个对立主张——经验主义和理性主义——直到今天还影响着学习理论的研究。经验主义认为,经验是知识的主要来源。理性主义则认为,人的认识的普遍性是先天就有的,知识来自于心灵,根本不需要借助于感觉。

行为主义认为知识积累的关键因素是刺激、反应以及两者之间的联系。而认知主义则把知识视为一种心理表征的形式,因而就被特别地赋予了一种先验的特性,学习者获得与客观相一致的知识,那么学习就完成了。行为主义和认知主义的知识观主要都是基于客观主义的,即世界是真实的,存在于学习者外部的。教学的目标是将世界的结构与学习者的结构相匹配。

建构主义不再将知识看做是有关现实的知识,认为知识并不是对现实的准确表达,而是主体对客观世界的一种解释或假设,具有暂定性。知识是主体与客体相互作用的结果,主、客体相互作用的活动是一切知识产生的源泉,强调知识的内部生成,具有主观能动性。

二、关于学习的实质及其过程

学习的实质是什么及学习如何发生,这是任何学习理论都不可回避的根本性问题。

行为主义者认为,学习就是通过强化建立刺激与反应之间的联结。关键的因素是刺激、反应以及两者之间的联系,学习动力来自于外部强化。人们所需要考虑的是如何在刺激和反应之间形成联系,并使之得到强化与维持。学习由教师控制和负责,学习程序是固定的,知识的获得是快捷的。

认知心理学家探讨学习的角度则转向学习者内部思维过程的认识。他们认为,学习过程不是简单地在强化条件下形成刺激与反应的联结,而是由有机体积极主动地形成新的完形或认知结构。学习的实质就是获得符号性的表征或结构,并应用这些表征或结构的过程。知识获得被看成是一种心理活动,其中包括了学习者的内在编码和组织工作。学习结果的检验是靠最终的、外在的作业和考试实现的。

建构主义认为,学习的实质就是个体认知图式的建构,这种建构是通过个体与环境交互作用,在原有知识经验的基础上内化、建构的新的知识经验。建构主义者重新审视了学习者与客观世界、主体与客体之间的关系。他们既反对行为主义机械的反映论,同时对认知主义的客观经验主义不满。认为个体的知识既不是预成于内也不是完全来自经验,而是来自于主体与客体的相互活动中。建构主义将学习看成依据经验来创造意义,在活动中不断地修正自己内部的心理结构,当新的经验改变了学习者现有的心理结构时,建构学习就发生了。

三、关于学习的条件

学习的条件是指影响学习出现的各种因素,主要涉及学习者自身和学习情境。行为主义者对学习者和环境都很重视,个体只有在与环境进行刺激反应的过程中,学习才会发生,因此他们认为要给予学习者各种刺激或反馈。虽然行为主义者也重视机体的准备状态,把它看做是一类特殊的刺激,但是他们基本上无视学习者的意识对学习的作用。

像行为主义一样,认知主义者也强调环境条件在促进学习中的作用,但他们更侧重于学习者的心理活动,先前习得的性能便构成了学习必要的内部条件,这些内部条件通过一组转化过程而发挥作用。他们认为是个体作用于环境,而不是环境引起人的行为。环境只是提供潜在刺激,至于这些刺激是否受到注意或被加工,这取决于学习者内部的心理结构。因此他们重视意识在个体学习过程中的作用,认为学习者在进行一项新学习之前,其内部就存在一个心理结构,它会对后续的学习产生影响。

学习的条件包含如下几个方面。

学习者的认知结构——认知主义也强调学习过程中学习者的认知结构对当前学习事件的影响,但认知主义者只是把原有的认知结构作为一个知识的储藏室,只是在有必要的时候去提取,用来加工当前的知识经验,以便将其纳入原有知识结构中。建构主义者把学习者的认知结构解释为认识主体经验背景和知识背景的整合与内化,是人类个体学习和认识事物的内在条件。它是动作的一般协调结构及其同化的产物,是一个不断完善的整合体,并且这个认知结构具有自我完善的特性,随着主体活动的发展不断发展。

学习情境——建构主义批评传统教学使学习去情境化的做法,强调情境在学习过程中的条件性作用。知识是"情境化"的,来龙去脉决定性地影响着学习者建构和表征经验的方式,也影响着对知识的新的应用,而迁移则取决于各种不同的情境。建构主义认为,学习应在与现实情境相类似的情境中发生,以解决学习者在现实生活中遇到的问题为目标,学习的内容要选择真实性的任务,不能对其做过于简单化的处理,使其远离现实的问题情境。学习是基于情境的,是发生在社会环境中的一种活动。

学习者的活动——皮亚杰认为,智慧的发展本质上是一种主体活动。概括地说,活动才是个体学习的充分必要条件。当今的建构主义发展了皮亚杰的思想,重视学习者的社会性相互作用,合作学习、交互式教学在建构主义的教学中被广为采用。他们认为,每个人都在以自己的经验为背景建构对事物的理解,因此只能理解到事物的不同方面,不存在对事物唯一正确的理解。学习者要超越自己的认识,看到那些与自己不同的理解,看到事物的另外的侧面。只有通过合作和讨论、对话与协商,才能丰富自己的理解,产生更为复杂的意义,以利于学习的广泛迁移。

四、启示

通过以上对三个主要学习理论派别进行简单比较分析,可以得到如下三点启示。

1. 对人类学习的认知是一个不断深入的过程。

从行为主义—认知主义—建构主义这一连续的统一体逐渐右移时,我们可以看出,学习理论研究的焦点逐渐从外显的行为转向学习者意义的生成,从对简单行为操作学习的研究逐渐转向个人意义的建构与复杂问题的解决研究。行为主义用实验情境中对动物学习的研究成果来推断人类的学习现象和学习规律,注重学习过程中的强化作用;认知主义不满于行为主义这种学习无"意识"的研究,把对人类学习的研究转向大脑的思维过程,注重学习者的思维操作对学习的影响;建构主义将学习者看成是学习过程的积极主动的意义建构者,强调个人意义的获得。他们的研究成果反映了人类对学习认识的心路历程,体现了人类对学习理论知识的不断建构过程,而这个过程不会终止于某个理论。

2. 对各学习理论流派的评价应客观。

几乎不存在能够解释所有学习现象的学习理论。学习是一个复杂的心理现象,这些学习理论分别从不同的视角和方法来研究人类的学习,试图揭示人类学习的心理机制,以更好地促进人的发展。建构主义学习理论对人类复杂的社会性质的学习现象能够很好地说明。但是如果简单、低级的学习活动用建构主义来指导,显然费时费力,且效果并不一定好。实际上,人每天都在发生着不同层次的学习活动,单靠一种理论,是无法解释人类学习的复杂现象的。

3. 教学应灵活应用各派理论知识。

每一种学习理论在处理不同的学习任务时,都有不同的用处,要依据学习者现有的能力水平、学习任务的类型,以及在这一情境中达成最优学习效果的各种方法,来确定哪种理论在促进具体的学习者掌握具体的学习任务时是最有效的。一般来说,教事实的方法和教概念与教解决问题的方法肯定是不一样。因此,我们要根据学习者的具体情况来安排学习内容,设计教学过程。

(资料来源:叶增编. 建构主义学习理论与行为主义、认知主义关键特征之比较[J]. 远教导航,2006(3))

专题小结

学习理论流派纷呈,主要的学习理论流派有行为主义学习理论,认知主义学习理论和建构主义学习理论。行为主义学习理论强调学习是一种刺激-反应的过程,教师可以通过强化来促进学生的学习;认知主义学习理论强调学习是新旧知识整合以及在头脑中构建新知识的过程;建构主义学习理论强调学生是学习的主体,学生根据自己的需要来自主构建新知识。

思考与练习

一、填空题

1. 学习的本质是人类个体和人类整体的_____和_____。

2. 影响学习的因素除了学生、教师、学校以外,还有_____、_____。

3. 学习方式的变革包括自主学习、_____和探究性学习。

4. 作为教育支柱的四种学习指学会认知、学会做事、学会共同生活和_____。

二、名词解释

1. 学习　2. 学习方式　3. 合作学习　4. 探究性学习

三、简答题

1. 简述学会认知的含义。

2. 简述学会做事的含义。

3. 简述学会实现自我的内涵。

4. 简述认知主义学习理论。

四、论述题

1. 论述新形势下学习方式的变革。

2. 论述建构主义的学习理论。

第七章

考试制度

从古至今,无论社会怎样发展,都从未停止过对考试制度的研究和变革。在古代,科举制将中国古代考试制度推向顶峰;在现代,无论是应试教育还是素质教育,都无法忽视考试的作用,更无法撤销考试。考试作为一种重要的教育工具,在教育测量中发挥着巨大的作用,考试不仅能够检测学生学业成绩,激励学生更全面地发展,而且能够端正学校的办学方向,为教育决策提供有效资料。

本章首先阐述了考试的定义,考试的分类和意义,不同学者对考试制度的看法以及现代在国际上流行的标准化考试制度;然后介绍了关于考试原理的相关知识;最后则详细阐述了我国古今考试的发展历程。

 学完本章,你将能够:

(1)了解什么是考试及对考试模式的相关看法和研究;
(2)掌握考试的原理;
(3)了解我国古今考试制度的发展历程。

导 读

　　在素质教育改革的背景下,考试制度仍然是日常教学中经常提及的话题,并且诸多学者对考试制度的研究越来越深入。下面,我们将从多方面来了解关于"什么是考试"的问题。

思 考

　　你是如何理解考试的?

第一节 什么是考试

一、考试的定义

　　在现代教育理论中,关于教育学定义、教育原理、教育规律的定义的研究较多,然而对于考试制度的研究却相对较少,在已有的考试制度研究中,对考试定义的说法仍然众说纷纭。下面列举一些学者对考试定义的说法。

　　(1)顾明远主编的《教育大辞典》认为:"考试是检查、评定学业成绩和教学效果的一种说法,根据一定的考核目的,让被试者在规定的时间内,按指定的方式、要求来解答试题,并对其解答结果评等级、计分。"[①]

　　(2)朱德全、易连云认为:"考试是指教师凭借自己的经验进行命题和评分的一种测试,也就是传统意义上的考试。"[②]

　　(3)《辞海》上说:"考试是学校考核学生学业成绩的制度。"[③]

　　(4)廖平胜对考试的看法则是:"广义的考试……凡人类社会具有测试、考查、检验、评鉴和甄别人的德、学、才、识、体等个别差异性质的活动都属于考试范畴;狭义的考试,是由主试者根据一定的社会要求,在一定的场合,采取一定的方式方法,选择适当的内容,对应试者的德、学、才、识、体(诸方面或某方面)所进行的有组织、有目的的测定或甄别活动。"[④]

　　(5)贾非说:"考试依其应用范围而相应带来的内涵与外延的变化,可分为三个层次。第一层:考试是测定人的能力、知识、技能、性格等有无和程度的方式,即是一种考试测量。第二层:考试是搜集、利用多种测量信息,根据一定(教育)目的、目标,进行判断、评价的过程。第三层:考试是利用多种信息进行合格与否的判断,对通过者给予一定资

---

①　顾明远.教育大辞典[K].上海:上海教育出版社,1990:215
②　朱德全,易连云.教育学概论[M].重庆:西南师范大学出版社,2003:388
③　辞海编辑委员会.辞海[K].上海:上海辞书出版社,1979
④　廖平胜.考试学[M].武汉:华中师范大学出版社,1988:45

格和地位。"①

由此可见,上述有关考试的定义中,既包含了教育制度内的考试,例如对学生学业成绩的考核;又包含了教育制度之外的考试,例如各种证书考试。

在本书中,我们从实现教育控制的视角出发,只在教育制度内谈论考试。这样限定后,考试就可以如下定义:**考试是检查衡量学生掌握知识、技能或观点的程度的方法,旨在获取数据以实现教学反馈或教育分轨。**

二、考试的分类和意义

当前,素质教育的号角已经吹响,很多人认为对于考试制度的研究已经没有意义了,那么是不是素质教育就不需要考试,是不是应试教育就只是考试?现在,我们一直在学习美国的基础教育模式,认为美国的教育方式是有利于学生德、智、体、美、劳全方位发展的,但是我们也应该看到美国教育中也是有考试的,并且这些考试是基于标准化的、更加严格的考试。因此,我们不能够认为在素质教育的前提下,对考试的研究是没有意义的。

(一)考试的分类

有学者认为考试和测验的定义存在不同,但一般学者的考试制度研究往往不对两者做出区分,因此在这里我们也不做明确的区分。对于考试的分类,依据不同的标准,其分类也不同。

1. 依据考试的范围不同,可以分为校内考试和校外考试

校内考试通常被认为是作为教学反馈的考试,如期中考试、期末考试等。校内考试关注学生在学校教育中通过有指导的学习而获得的进步,例如知识的掌握、认知水平的提升、认知结构的改变。简单地说,校内考试所考的必须是学校课程规定的,教学中事实上所教且学生事实上学习过的内容,不能涉及学校课程中没有的或者学生根本没学过的内容,也不能涉及那些与学校课程教学无关或者很少相关的品质,如心理测试中的性向和先天能力等。

校内考试是一种教学反馈的手段。如果仅作为一种检测学习结果的工具或手段,校内考试也许就没有存在的必要,校内考试是教学、学习不可分割的一个组成部分。良好的教学建立在学生已有的学习水平基础之上,能够在当前的学习与已有的学习之间建立起有效的联系。学生作为一个需要进行自我调控的学习主体,也必须通过多种途径了

---

① 贾非.考试制度研究[M].成都:四川教育出版社,1995:40-41

解自己已有的学习,而考试就是学生了解自己已有学习并提供自我反馈的重要途径。

在当前出现的新的学生学业成就评估范式中,教学、学习和评估是一个密不可分的整体。在教学、学习过程中,评估不是隔离于教学之外的,而是作为教学的一部分存在。在作为评估的一个核心成分的考试中,能够镶嵌于教学过程之中的就是校内考试,而不可能是校外考试。校内考试从属于学校教育系统,是其中一个子系统。

校外考试通常被认为是作为教育分轨的考试,如我国的中、高考。校外考试主要是政府运用的一种管理手段,包括选拔性考试和认证考试或者检测考试。选拔性考试是分配有限的社会和教育资源的工具,因而是一种社会管理工具。选拔性考试直接影响学校教育,因而同样是一种教育管理工具。认证考试或者检测考试,管理的倾向就更加明显,都是政府为政治决策和教育决策寻求依据的工具。因此,校外考试归属于政府的社会公共事务管理范畴,本质上属于政府的管理权力。

2. 依据教学阶段的不同,可以分为单元测验、期中考试、期末考试

单元测验是对某一教学阶段的学生学业成就所进行的测量。在教师教学的过程中,对学生的单元测验是必要的,它可以较为公正、准确地检测到学生在某一阶段学习的成效。

期中考试是在学期中间进行的对学生学习测评的阶段性考试。学生通过考试对上半学期的教学内容进行复习、考核,进一步加深理解、巩固和系统化。[①]

期末考试是在学校统一组织下对某门学科进行一个学期的教学内容的综合考核。学校可以通过期末考试了解学生在本学期内是否达到教学大纲的要求。

不可否认,考试成绩不能完全代表学生学业成效的好坏,但它仍然不失是一种较为公正有效的考查学生学习成效的重要方式。

3. 依据考试目的的不同,可以分为测评考试和选拔考试

测评考试是学校对教师教学效果、学生学业成就进行评估的活动,是学校教学的重要环节。这里所认为的测评考试不只是传统意义上的阶段性测验,也包括日常作业、课堂问答、课前检验等。

选拔考试是以一定资格为前提的,由于受名额或特殊技能限制而进行的以选拔为目的的考试。选拔考试在各种考试类别中也是非常常见的,例如我国的中、高考,美国的 ACT、EPAS 考试等。由于高一级阶段的教学资源是有限的,为了充分利用有限的资源,国家或者教育机构通过考试的形式对优秀人才进行选拔,从而使相对适合的人进入高一级阶段学习。

---

① 顾明远. 教育大辞典[K]. 上海:上海教育出版社,1990:215

4. 依据考试的对象不同,可以分为个别考试和团体考试

个别考试是对某一单独个体进行测试的活动,例如英语口语考试、教师上课提问等。个别考试灵活方便,主观性也更强,通常以口头形式进行,也是一种较为有效的检验方式。

团体考试是利用相同的测试内容,在同一时间对多个人进行测验的过程。团体考试操作方便,对主考官的专业要求也较低,以书面考试为主,是现在考试中最常用的考试方式。

(二) 考试的意义

考试是评价鉴定学校教育教学的必要手段,是分析处理教育工作中各种数据资料的有效工具,是搞好学校管理、提高教育质量的重要保证。

1. 科学的考试是端正学校办学方向、全面贯彻教育方针的重要保证

基于我国目前的教育状况建立基于标准化的学生学业成就体系,可以促使各级各类教育,为社会发展和人的全面和谐发展服务,保证教育方针的全面贯彻执行。例如通过制定以教育方针和培养目标为依据的评价学校办学水平的指标体系,并以此作为学校办学质量的尺度开展评价活动,就能够促使学校全面贯彻教育方针,端正办学方向,树立正确的教育价值观和质量观。

2. 科学的考试是强化教育管理,实现整体优化和决策科学化的重要环节

通过科学的考试,可以较为准确及时地为学校领导、各级教育行政部门提供教育管理的反馈信息,及时调节,及时改进,不断完善,不断提高,实现教育管理的科学化。特别是通过形成性评价,使动态过程中信息反馈通畅,有利于目标管理的实施,有利于推进管理的民主化进程。多指标综合评价与目标管理的有机结合,有利于提高整体优化的管理效益。

3. 科学的考试能为教育决策提供重要依据

在教育教学活动中需要做出许许多多的决策,如哪些学生学习能力较低,应采取什么样的教育措施,这需要考试;一堂课的教学效果如何,以后应如何调整教学,也需要考试;课程怎样设置,如何改革,要在实验的基础上进行测量。考试有助于我们进行科学的决策。正因为如此,广大教育工作者必须要掌握关于教育测量(这里指考试)的科学方法。

4. 科学的考试是开展教育评价的重要手段

教育评价是通过信息的搜集和处理,对教育现象的价值进行判断的活动。主观的教育评价存在较大的随意性、片面性,很容易以个人的好恶、个人的意愿评价一个人、一件事,以致常常出现评价误差。客观的教育评价则根据一定的标准,进行科学的测量,无疑,这样的判断评价更具有可靠性、正确性。可见,考试和教育评价是不可分割的,教育评价离不开考试,教育评价需要考试的结果为其提供科学的数据信息。

5. 科学的考试有利于判定教育纷争

教育界经常发生这样或那样的论争,而且往往出现论争各方相持不下、莫衷一是的局面,解决这些纷争,可以做调查,可以做实验,但都需要教育测量。通过科学的测量,可以取得实际的结果数据,为判定争议结果和最终解决纷争提供最为有力的证据。例如,19世纪末,美国有过一场教育论争:争论的一方坚持学科训练的学说,教学方法上注重练习和背诵;另一方则力主改革,并主张应加入实用学科。这种主张受到前者的反对,他们说新的功课一加入,学生就没有时间去学习原有基本科目了。孰是孰非,一时难以判定。后来,莱斯想到运用测量的客观方法来判别。他选定50个字作为拼法测验,测量各校学生的拼字能力,并调查各校每周教授拼法的时数。结果表明,教授时间的多少与成绩的优劣没有什么关系。8年中每天15分钟学习拼法的学生,其成绩并不差于每天用40分钟学习拼法的学生。这一测量结果当时颇受教育界的抨击,但他用客观方法研究教育问题,却开了用教育测量方法判别教育纷争的先河。

6. 开展科学的考试是深化教育改革、大幅度提高教育质量的有效手段

学生的质量是衡量教育工作成效的基本标准,也是评价教育效益高低的重要标志。从世界教育发展潮流来看,教育也已由原来"选拔适合教育的儿童"转变为今天的"创造适合儿童发展的教育"。实施九年义务教育的目标也要求我们面向全体学生,大幅度提高质量。这就要求我们,要准确及时地掌握学生的知识、能力、非智力因素的发展状况,因材施教、分类指导,针对症结所在及时矫正补救,使每个学生都能得到实时合理的帮助和教育。但是,问题的关键是,怎样准确地了解学生上述各个方面的状况,具体地说,例如:怎样才能真正测得学生的知识掌握情况?不同科目或同科不同次考试的成绩如何分析比较?怎样测定和评价学生的能力?非智力因素对学生成败的影响以及对学生全面发展的意义已为大家所共识,那么学生的兴趣、态度、意志等智力因素的发展水平如何测量和评价?诸如此类的问题,都需要借助科学的考试和评价得以解决。

三、关于考试的不同观点

在素质教育改革的背景下,学者对考试制度改革的探索越来越深入,总体而言,对于考试的态度主要分为两大类:一类是提倡弱化考试在教育测量中的作用;另一类是把考试作为教育测量的重要手段。下面,我们将从以下方面阐述这两类观点。

(一)弱化考试在教育测量中的作用

在这类观点提出之前,不可避免地需要提出关于"学力评价"的相关概念。学力评价是教育评价中非常重要的一个方面,是教育评价理念中最活跃的因素。学力评价通常要评价学生的基础知识、学习方法,以及学习兴趣和习惯。[①]

众所周知,学习内容可以通过考试测评出来,但在学习过程中,学习方法、学习兴趣和学生的努力程度无法直接由考试测定,只能通过操作鉴定,用文字予以评价。在考试相关理论的研究中也有这样的假定:学习好的学生,通常都具有好的学习方法和浓厚的学习兴趣,养成了积极主动学习的习惯等。

目前,我国正在大力推行素质教育。评价作为应试教育向素质教育转轨过程中的一个突破口,发挥着重要作用。在素质教育下,如何进行中小学评价以及考试制度的改革成为教育部着重关注的问题,对此,教育部出台了《教育部关于积极推进中小学评价与考试制度改革的通知》(以下简称《通知》),在《通知》中明确了中小学评价与考试制度改革的原则,即全面贯彻党的教育方针,更好地提高学生的综合素质和教师的教学水平,评价内容多元化,评价方法多元化,不仅要注重结果,更要注重发展和变化过程,重视学生、教育和学校在评价过程中的作用,使评价成为教育行政部门、学校、教师、学生和家长共同参与的交互过程。关于对学生的评价,《通知》要求建立以促进学生发展为目的的评价体系。评价体系包括评价的内容、标准、方法和改进计划。评价标准主要包括基础性发展目标和学科学习目标两个方面,其中,基础性发展目标包括道德品质、公民素养、学习能力、交流与合作能力、运动与健康、审美与表现等。教师要在教育教学的全过程中采用多样的、开放式的评价方法(如行为观察、情境测验、学生成长记录等)了解每个学生的优点、潜能、不足以及发展的需要。小学生的学习成绩评定应采用等级制,不得将学生成绩排队和公布。

根据教育部的原则要求,各地各级各类学校进行了大量的评价改革试验。单就学力评价来说,这些试验的共同特征是:

(1)重视绝对评价,弱化甚至禁止相对评价;

(2)弱化学力评价,注重全人评价;

(3)轻视教学、学习成效,而更强调过程;

---

① 陈天星. 对教育评价理念更新的思考[J]. 学术交流,2003(1)

（4）把激励教师和学生作为主要目的甚至是唯一目的；

（5）减少纸笔考试，主要表现为考试次数减少、要求不严格、开卷或互相研究、允许重考、对成绩不很看重等；

（6）采用等级制，模糊考试成绩，主要表现为取消百分制、不排队、不公布成绩、将学科划分成许多项目考试或考查等；

（7）学生自己参与评价，主要是自评、互评、多方面自我展示等。

对此，有些学者认为，这种评价原则和评价方法是基于对"素质教育是一种人格养成教育，它要求为每个学生的发展提供最好的服务"的认识。因此，构建素质教育评价体系应遵循以下几个理念：

（1）素质教育的评价体系首先是促进学生发展的工具；

（2）素质教育评价应使每个学生都从评价中获得激励；

（3）素质教育应该用掌握和发展两把尺子评价学生；

（4）素质教育评价应是主体性的评价。[①]

（二）考试是教育测量的重要手段

由于长期以来我国推行应试教育，考试在应试教育中所发挥的重要作用也是不容忽视的，而且素质教育体系下也并非不要考试。因此，也有众多教师、家长和教育学者并不认同"学力评价"这种评价方式。

对于考试，有些学者认为，"考试是教学过程中的一个有机环节，是评价教育教学质量最有效的手段"。这种观点得到大多数人的认可。在现代教育制度中，我们尚未找到一种更有效的方式对学生学习成效进行评测。在考试中，对分数的界定，沈小碚认为，"分数是教育教学评价中不可回避的问题，长期以来由于对分数不正确的运用，使分数成了套在学生头上的一道紧箍，考试也就成为教师口中的咒语……分数观的不同，分数所产生作用的性质就截然不同。在实际的教育评价过程中，要绝对避免分数的消极影响是不可能的，问题在于如何尽可能地增加客观性、减少主观性，在一定条件下合理利用主观因素，以求得分数积极作用的充分发挥。使每个分数都具有教育意义，都成为学生前进的一种动力，这种崭新的分数观是我们应采取的唯一正确的态度"。[②]他这种对分数的解释，澄清了过去人们认为考试是对学生的摧残的观点，认为学生身心伤害并非考试本身的错误，而是由于对分数的不正确运用。李亚东认为，"教育评价具有多种功能，在传统教育里被强调的是选拔功能，是因为受经济条件的制约，社会不可能满足全体成员平等地享受同样水平的教育，教育评价也就自然被要求发挥选拔功能来公正

---

① 田杰．关于构建素质教育评价体系的几个理念问题[J]．贵州师范大学学报（社科版），2001（3）

② 沈小碚．教育教学评价研究的发展与问题[J]．西南师范大学学报（人文社科版），2001（4）

地决定谁更有资格达到顶点。如果抛弃了教育评价的选拔功能,现实中也会有其他甄别工具来替代它"。[1] 下面,我们将通过对理论物理学家、科学院院士何祚庥的观点的阐述来详细理解一下这类观点。

在中国科协 2003 年(沈阳)学术年会上,何祚庥在专题为《对教育如何"面向现代化,面向世界,面向未来"的反思》的大会报告中,就考试问题发表了自己的看法。他认为,考试是检测学生是否掌握科学文化知识的重要手段,同时,也能在一定意义上评价学生的学习能力、学习习惯、学习兴趣等。我们的现实生活中充满了各种各样的考试,甚至在企业中,选拔员工、升值考核等也都是以考试的方式进行,以证明选拔的公平公正性。考试当然不是评判人才优劣的唯一形式,但确实是在生活中常常出现的形式。至少在大规模选拔人才时,考试还是较能保证相对公平竞争的唯一可行的形式。现在,仍有很多人把素质教育同应试教育完全对立起来,认为素质教育就应该摒弃考试,这种观点实际上并未真正理解何为素质教育。社会主义市场经济本身就是竞争经济。如果说,我们未来的社会生活中充满了各种各样的竞争,那么,在学校中学习却淡化竞争、取消竞争,那是极其错误的。如果在学习阶段,不培养竞争意识,不弄清何为公平竞争,何为不公平竞争,在走出校门后,就无从适应社会! 如果在学校生活中一定要淡化某种竞争的话,最多在小学阶段可以采取这种方式。因为小学生年纪较小,尚不能适应紧张的学习生活,需要淡化一下竞争意识,以利于学生的全面发展,特别是有益于他们身心健康地发展。但是一旦小学阶段结束,进入初、高中阶段,我们知道,真正的学习时间是在初中、高中阶段,如果在这个阶段再采取淡化竞争、淡化考试的教学措施,那就会给教育造成不可挽回的损失。[2] 何祚庥作为一位科学斗士,他对考试的理解,反映了我国当前的教育现状,到底我们的考试制度应以一种怎样的趋势发展,仍然值得我们反思和探讨。

四、基于标准化的考试

(一)标准化考试的概念和特征

"基于标准化的学生考试"或者"基于标准化的学生学业成就测验"是目前国际上普遍使用的一种考试方法。

所谓标准化考试是对考试制定出的一套客观而规范的标准,在命题、实考、阅卷评分及计分的各个环节中都努力减少或控制各种误差,

---

① 李亚东等. 教育评价发展的历史轨迹及其规律[J]. 江苏高教,2000(3)

② 中国科协 2003 年学术年会. 大会报告汇编[G]. 北京:中国学术期刊(光盘版)电子杂志社,2003:158 – 159

从而测量出学生比较真实的成绩的系统过程。①

标准化考试有如下 5 个要素。

（1）要有考试大纲或考试指导书，用以规定考试的目的、内容、要求、题型、方式以及计分方法。

（2）要依据考试大纲制定出一个"命题双向细目表"。

（3）试题要经过预测或调试，以数量化要求来评估试卷和试题的质量。

（4）考试的组织实施过程要统一而规范，综合多科考试成绩时要用标准分数。

（5）提供为解释和评价考试分数用的常模（指考试集体的平均数、标准差等）和测量误差。

（二）标准化考试的基本条件

（1）制定具体的考试大纲。标准化考试必须具有考试大纲或考试指导书，以便用来规定考试的范围、内容、要求、方式、题型以及评分与计分方法。制定考试大纲的依据是教学大纲，但又不同于教学大纲，它不但具体规定了整个学习阶段的教学目标和教学内容，而且还具体规定考试的各种要求。考试大纲应由专家和有经验的教师共同拟定，并经教育主管部门批准及早公布，以使考生、教师、学校都明确考试的方向和要求，都向同一目标努力，以利于减少测量误差。

（2）保证试题的信度和效度。在考试进行前期，主要通过命题和试题调试来保证考试的信度和效度。在命题上，规范化命题考试的信度、效度、难度、区分度大都能明确地计算出来，避免命题过程中出现的缺乏明确的计划与标准，试题取样不当，与教学大纲要求不符，题量多少不均，知识覆盖面偏窄，题型单调等弊端。同时，作为考试大纲具体化和明确化的命题细目表，是命题的具体依据。根据命题细目表编制出成套试题后，还要将试题逐个分析和检查，看是否符合教学目标的要求。在试题调试上，首先主要通过预测来发现考生对试题各种可能的回答，以便制定相应的评分措施；其次具体计算出各题的难度和区分度，进而估计整份试卷的信度和效度。这样在编拟试卷时，才能按试题的难度从易到难地排列，并删去区分度太低的题目，使整份试卷的平均难度适中，使考生测试成绩呈正态分布。

（3）严格规范考试程序。严格控制考试实施条件和程序，要求被试者在同一时间、同一地点使用同一份试题，在统一指令下进行答题。明确规定考试进行过程中的各种操作程序，向考生介绍考试的目的、范围、题

---

① 华南师范大学考试研究中心．标准化考试理论及实践的若干问题[J]．华南师范大学学报（社会科学版），1988（1）

型、数量、作答方式和时间限制,以保证考生在考前充分了解考试程序。

(4)规范评分标准。在传统考试评分的过程中,阅卷者的主观因素较大,影响阅卷者评分的主观因素有身份、水平、态度、风格、偏好、情绪、心境、先后效应和对比效应等,正是这些主观因素的出现,使得学生学业成绩不能得到正确的反映。因此,制定统一的评分细则,阅卷者根据评分细则打分,才能减少阅卷者的主观性。当然,目前我国高校考试中实际存在的为了某种目的而加分、扣分、送分等不正之风,不在本文研究之列。

(三)实行标准化考试的特点和作用

传统考试的弊端主要是:经验命题、主观评分、题量少、覆盖面窄;不注意对试卷质量的数量化分析;评分误差大等。传统考试从出题到评分计分一般不会由同一个老师同时完成,由于没有统一的标准,大多老师都是基于一份参考答案对学生试卷进行计分,这种方式主观性较大。例如在高考中经常出现这样的状况,3个老师对同一篇作文进行评分,评分结果大相径庭,这都是由评分者的主观性造成的。斯达奇(Daniel Starch)曾经做过这样的实验:把同一份英文试卷,分别请142位本科毕业的中学教师评分,结果对这份试卷的给分有35种,从50分至98分高低不等;又把同一份几何答卷分别请116位本科毕业的教师评分,结果有60多种分数,最低为28分,最高为92分。(引自:[美]Daniel Starch:《教育心理学的实验》)

与传统考试相比,标准化考试的特点是:考查目标明确、稳定;试题取样范围大、数量多、覆盖面宽;试卷难度适中、区分性能好;试题回答简单、明确,评分客观、准确;注重在考试各个环节上减少无关因素的影响,考生得分可靠(如表7-1所示)。

思 考

你身边的学校用的是标准化考试模式吗?你怎么看待?

表7-1 标准化考试和传统考试对照表

项 目	标准化考试	传统考试
测量的学习结果及内容	测量一般的学习结果,内容适合于大多数学校,是一般技能和理解性测验,并不反映当地教材具体而独特的重点	良好的适应当地课程具体而独特的内容与结果,能适应各种教学单位,但有忽视复杂学习结果的倾向
测验题目的质量	题目质量一般较高。题目由专家编写,并经过预测,根据项目分析结果进行筛选	题目质量常常是未知的,一般比标准化测验低
信度	信度一般在0.8～0.95之间,常常在0.90以上	信度通常是未知的,仔细编造题目,则信度可以提高
实施与评分	实施步骤标准化,提供特定的量表	可能统一步骤,但通常实施与评分是灵活和不成文的
分数的解释	测验分数与常模比较,另有测验手册帮助解释测验结果	分数的解释与比较只限于本班或本校

(资料来源:曾桂兴.标准化考试的概念与标准[J].上海教育科研,1986(3))

通常,学校所进行的阶段性测验所实行的标准化考试是教学改革的内容,它是对传统考试方法的改进。严格按照标准化考试的形式组织实施考试,对保证教学质量、提高教学水平、促进学生努力学习和公正的考核学生都有积极作用。具体地可概括为以下几点。

(1)标准化考试有利于教学目标的完成。标准化考试的试卷测量目标最接近教学目标,试题的选择合理并具有随机性,覆盖面广,因此标准化考试能尽可能准确反映教学内容完成与否,这就促进了教师与学生认真对待教与学,保证教学质量。

(2)标准化考试是客观、公正、有效的教育测量方法。由于标准化考试在出题、测试过程和阅卷评分过程中具有严格的标准和程序,因此只有认真学习的学生才能得到较好的测验成绩,减少了猜题押题的现象和评分中的主观误差,公正地评价学生的客观学习情况,保证了考试成绩的真实性。

思 考

你持有哪种考试观点?为什么?

(3)标准化考试为评价教师教学效果提供了有效的依据。从标准化考试成绩中不仅可以横向比较教师是否达到教学目的,还能比较出教师所教学生是否真正掌握了规定的知识与技能。事实上,凡是经历过标准化考试的教师都能体会到:标准化考试不仅是对学生能力的考核,也是对教师能力的考核。

(4)标准化考试为教学管理部门宏观上掌握教学提供了有效的方法。通过标准化考试,可以明显地区分达不到教学目标、完不成教学大纲的教学和达到教学目标、完成教学大纲的教学,其成绩与问题都可以明显地反映出来,为教学管理部门制订计划、进行决策、调整教学提供可靠依据。

扩展阅读

俄亥俄州学生学业评价体系

一方面为了配合联邦政府的教育改革行动,满足问责的要求;另一方面为了检测州范围内的学区、学校和学生是否实现了设定的内容标准,从而改善学生的学习,俄亥俄州以法律的形式,规定了州层面的学生考试,建立了州学生学业评价体系。

州层面的考试主要是学生学业成就考试和诊断性评价。诊断性评价是为幼儿园到8年级的学生开发的,旨在为教师提供一个监控学生在迈向州内容标准的进步途中之学习情况的工具。学业成就考试包括年级学业成就考试和州毕业考试,其目的是为了检测学生在迈向州内容标准的进步途中所达到的程度,旨在促进更好的教与学,检测学校与学区做得有多好。这些评价与考试,由俄亥俄州教师、其他教育者、家长、委员会成员、俄亥俄州教育部和考试签约商,根据俄亥俄州内容标准进行开发。其实施根据年级水平与目的的不同采取多样的形式,并向不同的对象报告结果,为多种类型的决策提供信息。以下是 2006—2007 年根据年级排列的俄亥俄州州级考试,州级考试要求所有的学生都参加考试,有能力障碍的学生参加与学生内容标准相符的其他方式的评价或替代性评价,具体如下表。

年级	考试科目类型
3 年级	阅读和数学学业成就考试
4 年级	阅读、数学和写作学业成就考试
5 年级	阅读、数学、科学和社会学业成就考试
6 年级	阅读和数学学业成就考试
7 年级	阅读、数学和写作学业成就考试
8 年级	阅读、数学、科学和社会学业成就考试
10 年级	阅读、数学、写作、科学和社会毕业考试
11 年级	为通过毕业考试的学生参加特定学科的考试
12 年级	为通过毕业考试的学生参加特定学科的考试
K 到 2 年级	阅读、写作和数学诊断性评价
3 年级	写作诊断性评价
学前儿童	幼儿阅读素养评价
为有严重障碍的学生举行每一个年级每一个具体内容领域的替代性评价	
对所有 K 到 12 年级有英语语言障碍的学生进行英语语言熟练评价	

（资料来源:崔允漷. 基于标准的学生学业成就评价[M]. 上海:华东师范大学出版社,2008:51－53）

 ## 专题小结

考试是整个教育系统的重要环节,根据不同的标准,考试的分类也不同,正是这些多种多样的考试形式,才使学生的学力得到更全面的评价。标准化考试作为国际流行的考试形式,也日益在中国考试制度中占据重要地位。

第二节
考试制度的原理

一、影响考试制度的因素

考试制度作为教育制度内部的制度,不仅受政治、人口、传统文化

导　读

我国的考试制度为什么会是这样的? 如何设计一次完整的考试过程呢? 考试是一种评价手段,那么我们又该如何评价一次考试呢? 通过本节的学习,我们将了解影响我国考试制度的主要因素和考试的设计过程,掌握如何分析考试结果和考试的客观性原则,重点掌握考试质量的四个指标以及如何提高考试质量。

思　考

影响考试制度的因素有哪些?

等外在因素的影响,也受到教育系统内各种因素的影响。

(一) 外部因素

1. 政治因素

在影响考试制度的诸多外部因素中,给予考试制度更直接影响的莫过于政治制度。我国实行的是中央集权制,地方权力由中央赋予,下一级对上一级负责,这一点也直接体现在教育行政管理上。我国教育行政等级分明,学校受教育部门的统一管理,拥有的自主办学权相对较少。我国专门的考试服务机构都是教育行政机构内的子机构,并没有出现像美国 ETS 那样的私营考试机构,即便有些高校拥有的部分自主招生资格,也是由教育部授权的,并且对自主招生的比例有严格的限定。而在英、美等国实行的是地方自治制度,反映到考试制度上就是由行政体制外的专业机构组织考试,由各大学制定各自的录取标准。

2. 人口因素

我国的人口组成结构影响着我国的考试制度。

ETS:全称 Educational Testing Service(美国教育考试服务中心),成立于 1947 年,是目前世界上最大的私营非营利教育考试评估机构。该组织为个人、教育机构和政府部门提供服务,并在全球范围内开展各种考试,其中包括我们所熟悉的 TOEFL、GRE、GMAT 考试等。

表 7-2   2008 年各国高等教育普及率比较

	高等教育 适龄人口(人)	高校在校 人数(人)	每十万人中高等 学校学生人数(人)	高等教育 入学率(%)
美国	22 008 178	18 248 124	5912	83
日本	6 787 174	3 938 632	3092	58
英国	4 057 278	2 329 494	3825	57
巴西	17 298 508	5 958 135	3104	34
中国内地	117 642 131	26 691 696	2008	23

(资料来源:http://stats. uis. unesco. org/unesco/,2010-11-05.)

由表 7-2 可见,尽管中国的高校在校人数庞大,但是相对更庞大的高等教育适龄人口来说,我国的高等教育发展还是落后的,高等教育入学率比巴西还要低许多,高等教育资源匮乏。因此对于中国而言,考试更具有筛选和选拔的功能,而不是考核和推动教育改进的功能。

3. 传统文化因素

中国的传统文化对中国考试制度的影响不容忽视。中国历来就有重视教育的传统,以至于有"万般皆下品,唯有读书高"的说法。这与中国古代的文官考试制度有千丝万缕的关系。中国古代文官考试特别是科举制度确立以来,一个很重要的特点就是机遇均等,无论出身背景如何,只要通过考试,就能入仕为官。很多处于社会中下层的人就寄希望于考试来改变自己的命运前途。直至今天这些影响仍然是显而易见的。很多农村家庭,特别在边远地区,仍将考入大学作为改变命运的唯一办法,而目前最热的公务员考试也是一个证明。为此,中国考试的筛选和选拔功能更被加强。

（二）教育系统内部因素

1. 教学课程

在此,教学课程是专指学校课程,学校课程即是指学校为了实现培养目标而组织进行的有目的、有计划、系统化和制度化的教学活动,包括教学的内容和进程。课程的英文 curriculum,本义原指"奔跑,跑道",教育所需的课程设置无疑是为学生提供竞赛的"跑道",学生进入教学活动也就意味着踏上跑道开始竞赛。[①] 而这场竞赛(即教育)的目的是选拔精英,而考试,以其客观公正性和易操作性,成为竞赛选拔的基本途径。

在我国,由国家颁布统一的教学大纲和教学计划,规定统一的课程,使用的教材也相对统一,以所设课程为考试科目,尤其是在基础教育方面,而无论是基础教育还是高等教育,公立学校占有绝对优势。虽然高校课程相对基础教育课程而言,学校拥有一定的自主权,但是教育部 1999 年颁布的《高等学校本科专业设置规定》第十二条规定:高等学校设置、调整专业目录外的专业,由学校主管部门按规定程序组织专家论证并审核,报教育部批准。因此,无论是我国的教育大纲还是课程设置,都有利于我国实行统一标准的考试制度。

无论是统一标准的考试制度还是多样化的考试服务,考试内容都应是所设置课程的内容,换句话说,就是课程的内容决定考试的内容,因此,与课程无直接关系的内容就不应纳入考试范围。在考试评分上,与课程内容无关的项目也不应纳入评分范围,否则很容易造成评分混乱和不公平。例如,在台湾地区,高中会考成绩曾经是大学录取新生的唯一依据,但是近年来有些松动,采取多元录取的灵活方式,例如可以推荐,可以参考学校学习成绩及其他表现,还有承认种种校外获得的可享受加分的证书等。结果刚一实行,就引发诸多舞弊和不公,大学录取工作也受到影响。这种现象,在内地也是有的:2009 年的重庆高考文科状元的少数民族身份造假,曾经轰动一时。

当下还存在一种现象就是不是考试跟课程走,而是课程跟考试走,考什么就学什么。过去初中升入高中不用考体育的时候,体育课在初中课堂是可有可无的。后来,有些省市考虑到中学生的身体素质就要求中考增加考体育,并且学生要达到一定要求才能进入好的高中。这之后,校方对体育课有了些许关注,当然,也仅限于考试要考的体育项目。曾经有人说过:"如果中国高考考足球,中国的足球在世界上肯定能名列前茅。"这只是一个小小的玩笑,但也指出了考试这根指挥棒对教学的影响之大,说明了当下要想进行课程改革,便首先要对考试制度

---

① 苏启敏. 价值反思与学生评价[M]. 北京:北京师范大学出版社,2010:124

进行改革,不进行考试制度的改革,课改的内容在实际中很难落实。

2. 教学目标

教学目标是指在教学活动中教育者和受教育者所要达到的预期效果。考试是检查教学活动是否达到教学目标的一种重要手段,对评价教师教学质量和学生学习成果,激励学生,整合知识系统有着不可替代的作用。从教育的原初意义上说,"学以致用"应该是教育者所要考虑的第一位原则。为传播知识、传承文明而教;或为培养具有某种生产技能的劳动者而教;或为培养符合某种意识形态的国家公民而教。教学目标的不同,将会导致教学评价方式、考试形式和考试内容的不同。然而,随着考试制度的发展,我国经历了由"学以致用"到"学以致学"再到"学以致考"的蜕变。学生的学习不再是为了满足社会期望,而仅仅是以考试为目的;不少教师也不再为培养社会人才而教,而是为了追求升学率。

学校对学生的学业评价具体化为学业考试内容,过于注重学业成绩,而考试内容仅限于易于量化的学科知识和书本知识。纸笔考试是我国进行学生评价的主要方法,凭借着其形式和过程的客观、结果易于量化,一直以来都起着非常重要的作用,但这不应该成为排斥其他评价方法的借口。人们重视量化结果,认为这样评价活动科学客观,其实不然。随着社会的发展、教学内容的丰富,进行评价的方面和评价内容也丰富多样,仅以量化的方式来评定一个人的发展状况很有可能会出现僵化和表面化的情况,例如学生的品德、个性和努力的过程全部掩盖在一些数字之下等。这种为考而学、为分而学的教学目标巩固了这种已经僵化的考试制度,将综合素质独立于教学目标之外,不对学生的综合素质进行评价,而又希望可以培养出高素质的人才,这是不可能的。

思 考

一份试卷是怎么样设计的?

二、考试的设计

(一)确定考试目的

设计考试首先要根据教学目标来确定考试目的。每个阶段的教学内容和教学目标不同,考试目的的指向也不同。根据考试目的可以将考试分为:测评考试和选拔考试。

(二)确定考试内容

根据已经确定的考试目的对考试的内容进行选择。考试内容必须体现考试的目的和要求,又要符合考试对象的实际水平,在此基础上,还要考虑到底是考查考生的知识、能力,还是技能,进而明确考哪方面的知识、能力和技能。同时,考试内容的确定还要与教学大纲相适应,明确考试内容的范围,根据教学大纲的不同内容对学生的考查程度的不同,使重点掌握的内容突出,各内容所占比例恰当。确定考试内容是编制试题的基础。

(三)确定考试题型

根据出题者能否提供固定客观的答案,可以将考题分为客观题和主观题。

1. 客观题

客观题的特点是答案固定明确,评卷者可以根据这些答案客观地评分,不易受主观因素影响。客观题又可以分为选择型题和非选择型题。选择型题包括判断题、选择题(单选题、多选题、不定项选择题)、匹配题。非选择型题包括填空题、改错题、名词解释题等。一般来说,对非选择型题目的要求要高于选择型题目,所以非重点掌握的内容可以通过稍简单的选择题或者填空题来考核。

2. 主观题

主观题的特点就是没有固定明确的答案,只有相对的参考答案或评分标准,考生可以在一定程度上自由发挥,而评卷者也可以比较自由地掌控评分,容易受到其主观因素的影响。主观题包括简答题、计算题、证明题、分析论述题、写作题等。主观题主要用于考核需考生重点掌握的内容,分值一般较高。

(四)编制试题

编制试题是整个考试设计过程的关键环节,命题的质量直接决定了考试的质量。编制试题时应注意如下几点。

(1)为了保证考试题目具有代表性,提高考试的内容效度,要尽可能地扩大考题的知识覆盖面。在确保各章节都考查到的同时必须要突出重点,提高重点考查内容的分数比例。

(2)控制不同难度题目的比例。一般而言,为了实现考试的最大区分度,难题和简单题所占的分数比例都应该控制在20%左右,而中等难度的题目应占60%左右。

(3)题型尽量灵活多变,根据教学大纲对内容的要求,考查的题型也要有区别。例如,要求较低的可以用选择题或填空题,而要求较高的则用分析论述题。

(4)注意试题的组合。尽可能将同类型的题目放在一起,并且按照由简单到复杂的顺序排列好,这样可以节省考生的答题时间,使考生在答题过程中减轻焦虑、建立信心。

(5)制定好标准答案和具体的评分细则。客观题的答案必须保证准确无误,主观题的评分细则越详细越好,以约束评卷者,使考试结果更客观,信度更高。

(6)检查校对试卷,包括指导语的说明是否清晰,卷面印刷上是否有错漏等。

(五)实施考试

为了最终考试结果的客观和真实,提高考试质量,必须严格规范考试的实施过程。

首先,考试开始之前要保证考题无泄露,考场布置力求一致;在发卷之前向考生说明考试规则纪律;如果是笔试,在分发试卷的时候要注意快速和均等的原则,并提醒学生检查试卷。

其次,在考试进行过程中,监考人员要严格遵循考场规则,监控学生,防止出现作弊行为,按规则处理各种考场突发事件。

最后,在考试即将结束的时候要给予考生时间提示,确保考生考试时间的统一,笔试考试收卷时要快速并且遵循循环原则——最早发卷的也应最早收卷。

三、考试结果的分析

现代考试制度的原理基于概率论数学,先假定试题足以代表或覆盖所学学科全部内容,而及格分数一般为总分的60%,表明学生只需掌握所学知识内容的过半即可通过,这是对通过性考试而言的。对考试结果的分析是相当复杂的,正确分析考试结果,是对考试质量进行评价的重要环节。

(一)统计分析

统计分析指主要借助数理统计学来对考试结果进行的分析,也称为定量分析。分析的主要内容有:考试统计描述、总体考试成绩分布、集中趋势、差异程度等。定量分析主要侧重于对考试的数量化结果进行分析和解释并做出客观的事实判断,即根据被试团体常模或预期行为准则做出评断或诊断。[①]

考试统计描述是指对考试收集起来的数据进行整理并计算出各种能反映总体特征的综合指标。考试统计描述主要是对考试结果的宏观层面的统计分析,可以通过考试统计表和考试统计图比较直观形象地体现出来。

对于样本容量很大,即考生众多的考试,考生的总体考试成绩一般呈正态分布或者偏态分布。所谓正态分布,以平均数为中心,越接近平

---

① 凌云.考试统计学[M].武汉:华中师范大学出版社,2002:410

均数,考生人数分布越多;越远离平均数,人数分布越少。其分布曲线呈钟形,以平均数为中心,左右对称,在平均数时,曲线达到最高峰,然后向左右两侧逐渐均匀下降。而偏态分布(包括正偏态和负偏态)的两边是不均衡不对称的。分析总体考试成绩分布,就是检验其符合何种分布。

集中趋势在这里是指考试结果的数据向某一中心值靠拢的程度,它反映了考试结果数据中心点的位置所在。集中趋势测度就是寻找数据水平的代表值或中心值,一般包括平均值、中位数、众数等。

差异程度的分析是对所有考试成绩的离散程度、实际考试与计划存在的差异、不同水平的考生之间的差异等方面进行分析。

(二)逻辑分析

逻辑分析,也称为定性分析,亦称"非数量分析法",是对考试结果质的分析,是运用分析和综合、比较和分类、归纳和演绎等逻辑分析方法,对考试结果有关资料进行思维加工,为正确解释结果提供依据。[①]逻辑分析侧重于评价考试是否达到预期目的及其所达到的程度,主要是做出价值判断。逻辑分析对制定下一步的教学计划或者教学政策有重要意义。

逻辑分析主要是在统计分析的基础上进行的,对统计数据反映出来的有关问题进行探索。首先,根据统计分析提供的关于总体考试成绩的特征数据,结合试卷的题型、考核的内容和应考查的知识点,分析存在的各种问题,探索清楚问题的成因等;其次,可以根据考生每一道题目的成绩状况,深入分析考生对不同内容的不同掌握程度等。

四、考试制度的客观性原则

客观性原则,是指在进行教育评价时,必须具有客观、实事求是的态度,公正、准确地反映被评对象的性状和特征,不能主观臆断和掺杂个人感情。[②]考试制度是教育制度中的一个关键部分,考试是教育评价中最主要的方法,考试的任何一个环节的缺陷都有可能导致教育的不公平。因此,为了实现教育公平,首先要保证考试的客观性。评价工作是否客观、是否实事求是,不仅关系到评价结果是否正确,也关系到评价目的甚至教育目的是否实现。从某种意义上说,客观性原则是教育评价工作的根本原则,是做好评价工作的基本保证,也是考试制度得以存在的最重要的原因。要做到客观性原则应注意以下几点。

①　陈庆明,陈达辉,林文广. 考试研究方法导论[M]. 北京:北京大学出版社,2009:202

②　肖远军. 教育评价原理及应用[M]. 杭州:浙江大学出版社,2004:21

（一）坚持实事求是的态度和公平公正的原则

实事求是乃评价工作的指导原则，教育评价只有坚持实事求是，才能客观地做出价值判断，否则，将会给教育教学工作带来混乱，影响正常的教育教学秩序，并且对被评价者造成伤害。

表 7-3　教师封闭式问卷统计部分数据

序号	问题	选项	比例
1	你的考试目的是什么	通过考试考出学生的真实水平	601/625；96.16%
2	作为监考老师你对学生作弊的态度是什么	坚决反对	481/628；76.59%
3	阅卷时你是否有受到外界干扰，违心地将不及格判为及格的现象	是	126/625；20.16%
		否	499/625；79.84%
4	在你自己所参加的考试中，你是否有过考试不公平的经历	是	445/625；71.2%
5	你认为考试不公现象是否影响到了我国考试制度的良性发展	是	353/625；56.48%

（资料来源：马立涛. 考试评价体系的改革与完善［J］. 大众文艺（理论），2009（9）.）

由表 7-3 可看出，虽然大多数的教育工作者能够不受外界因素影响做出客观的评价，但仍有一部分是会受非考试考查因素，如评价者的个人喜好、主观意志等的影响做出不合理的评价。从大多数人认为自己有过考试不公平的经历可以看出，实事求是的原则并不能很好地被落实。

评价时必须坚持公平公正的原则，应平衡考虑各种不同情况，给予每个考生公正的待遇。但是在现实中，要做到对每个人公平公正是十分困难的。

一是我国实行统一的考试制度和录取制度，这样明显就会忽视由于全国各地基础教育办学条件的千差万别造成的起点不同。尽管在高考这样的考试中，每个省级行政区的录取标准会有所不同，但是即使是同一个省级行政区内，每个地区的办学条件也是有很大区别的，边远城市和省会城市的办学条件是无法相比的，造成区域间的不公平。

二是多数地方性大学为了提高本地的高校入学率，带有浓重的地方保护主义色彩，本地考生报考该校就能以相当低的分数被录取，而对非本地的考生的门槛则相应提高，包括好多国内颇具知名度的大学都存在这种做法。

三是大于 100% 的提档不符合分数面前人人平等原则，且易造成招生腐败，没有充分公开的理由说明为何选择放弃了那一部分人。

四是各种政策性优惠加分，与教育宗旨，即知识文化传承无关，对加分录取者和因此未被录取者都是一种歧视,违反联合国《世界人权宣言》和我国教育法中关于受教育者权利的相关条文,并且导致一些人钻政策空子而弄虚作假进行加分的丑闻。

五是对各种证书和荣誉的加分,常常使考生们舍本逐末,并且对那些没有条件参加各种竞赛的学生来说是不公平的。

下面这一段话就很好地说明了以上问题。

> 城市知识人总在抱怨中小学生负担太重,教学太单调,高考题式太死板……很少有乡村地方的学生与家长抱怨学习负担重,须知道乡村学生要考到与城市学生相同的分数是要付出更大的辛劳的,而且大城市学生的高考录取分数线比乡村地方的学生要低,也就是说乡村学生要想上大学实际上是要比大城市学生的考分高的,那负担就可想而知了,但他们并不抱怨学习负担……所谓的"全面发展"对他们来说乃是不折不扣的奢侈。即如城市知识人反复批评的高考题式死板的问题,如果从城市的角度来看批评得确实太对了,因为这种死板的考题不能发挥城市学生视野开阔、见多识广、阅读广泛的优势……高考命题打破陈套,给考生自由想象的空间当然是一件值得称赞的好事,但与此同时却剥夺了农村考生的许多正当利益。①

(二)以立法规范考试制度

在法制社会的今天,保证公平的最好办法莫过于法律制度。至今,我国尚未有关考试的专门的一部法律,不能很好地规范考试的管理、科研、命题、监考、评卷、录取、执法监督等环节。为何北京的高校对北京当地的考生门槛那么低?为何有些地方对省会城市的考生的评卷标准很宽松?这些,都需要通过法律的形式来引导。为此,要加快关于考试的立法工作,引导考试走向科学化、规范化。考试立法要注意以下几点。

(1)考试立法在严厉打击考试违规行为、加大对作弊行为的处罚的同时,也要注重保护考生的权利。由于没有法律依据,考试徇私舞弊的现象得不到有效的遏制,因此要加大对作弊行为的处罚,使作弊行为的成本增大,以减少作弊现象。另外考试立法也要保障考生的权利,没有无义务的权利,也没有无权利的义务。考生应享有知情、参与以及对处罚的申诉等权利。

(2)推行考试社会化和专业化。我国的考试从命题一直到录取的整个过程,都由政府及各级教育主管部门掌控着,这显然是"万能政府"

---

① 李书磊. 村落中的"国家"——文化变迁中的乡村学校[M]. 杭州:浙江人民出版社,1999:148-149

观念的一种体现。在推进考试社会化方面,我们可以借鉴美国的经验:各类大规模考试让位于专业化的考试机构,由它们负责试题库的建设与考试的组织实施,而政府的主要职责则是制定和规范考试的政策与测量标准并进行监督。

(3)在肯定考试的甄别选拔功能的同时,不能忽略考试对于改善教育质量和提高教学效能的反馈调控功能,实现以考统学,以考促学,以考带学,这样才能促进教育的发展和学生的终身学习。

(三)注重个体差异和个人性向能力的发展

在对考试结果进行评价时,要全面准确地考查学生各个方面的特征,不能用同一个标准衡量所有学生,忽视学生的个体差异和个性发展。

我国的高考制度设定了统一的筛选标准,这与1977年高考制度恢复之前的推荐上大学的制度相比,极大地提高了高校招生的公平性。然而随着社会的不断进步,人们对高考能否全面反映考生的真实水平提出了质疑:高考的录取无视考生的个体差异;采取总分录取的方式,不考虑考生的分数结构,不利于学生的个性专长发展。在同一考试中得到同样分数的考生,分数结构可能很不同,有的可能理科比较好,而有的文科得分比例更大。即使考生在同一科考试中取得同样分数,他们的能力也可能是不同的。例如,同是一次英语考试,同是130分,有的考生可能是听力得分高,有的可能是阅读得分高,而有的则是写作得分较高,如此等等。因此,学生在将其专业科目(文科或理科)学到一定程度后,就会将精力更多地投入其他科目以提高总分,缺乏深入探究的精神和兴趣,也使得某些专才由于总分达不到标准而失去深造机会,这也是中国在很多专业领域没法出现顶尖人才的原因之一。另外,只用考试结果来评价学生,忽视学生的学习过程,以一次考试的成绩来衡量学生十多年的学习效果,即一考定终身,难免会有失偏颇,不仅会给那些付出了辛劳但在一次考试中失利的学生带来极大的打击,还会导致极少部分人为了最后的结果不择手段,造假作弊,与考试的目的背道而驰。

为了解决存在的种种问题,考试制度自身也在不断改革,包括考试的内容、方式和试题的结构等,也包括近几年出现的高校自主招生。根据《国家中长期教育改革和发展规划纲要(2010—2020)》第十二章三十六条,对自主招生的说明是:对特长显著、符合学校培养要求的,依据面试或者测试结果自主录取。在自主招生考试中成绩优异的考生,在高考录取时,获得降低分数录取的优惠待遇。设置自主招生的最初目的,就是在高考之外开辟新途径,让"特长显著、符合学校培养要求的"学生进入高校。然而,自主招生究竟能惠及多少考生呢?拥有部分自主招生权的仅限一小部分高校,并且,每个学校的自主招生人数不得超过招生计划的 5%。而相关数据显示,近 2/3 的通过自主招生考试的考生,即使没有自主招生的降分优惠也能考入同样的大学。真正通过自主招生而进入高校的考生是少之又少。对于"特长显著"的考生,如艺术生、体育生,都设有不同于一般考生的艺术科考试和录取标准,而数理奇才则可以通过获得全国或国际奥林匹克竞赛之类的奖项来保送或加分。自主招生应该解决的问题是那些综合素质高但却在高考中不能充分发挥出水平的学生。从这个意义上说,自主招生所达到的效果与当初的设想是有偏颇的。因此,要让每个考生都有机会自主发展其专长,自主招生和高考制度都有待继续改革和完善。

总之,要做到真正落实客观性原则,绝非易事,甚至可能性不大。正如 ETS 的前总裁和命题负责人 Zicky 所说:"……没有一种普遍接受的方法可以决定一项测验是否公平,没有一种统计方法可以清晰明确地证明一个题目是否公平……简而言之,过去三十多年没有研究出任何分析方法可以表明公平或不公平,也没有一种清楚的程序可以避免不公平。"[①]

尽管现行的统一的考试制度存在种种缺陷,但是类似于高考、中考这样的考试仍然是目前人们发现的最公正的选拔测量工具,是一种必然的选择,其他办法,诸如推荐、缴费等,在中国讲究"人情"的社会中,将会有很多人通过关系纽带进入高等教育的门槛,有钱人通过"赞助"的方式获得准入资格,不仅容易滋生教育腐败,更不利于最广大的社会中下层,尤其是其中的弱势群体。因此,高考、中考及其他旨在选拔的考试存在的问题,在人们的思想没有达到一定高度,相应的监督管理制度没有完善到一定程度的时候,绝不应削弱或者取消,只能通过不断地改革来解决。

五、考试质量的分析

(一)考试信度

1. 信度的含义

信度是指测量结果的稳定性、可靠性、一致性,即是测量结果对测量对象的实际水平的反映是否可靠和真实。在这里,特指考试作为教育评价与测量的重要手段的信度。可以从以下三个方面来具体理解考试的信度。

第一,信度是指实际考试成绩与学生真实水平的相差程度。由于

思 考

考试质量的分析包括哪些?

---

① 谢小庆,王洋.关于考试公平性的一些思考[J].考试研究,2002(2):6

种种原因,学生的实际考试成绩很难完全等于其真实水平,两者之间存在一个误差,这个误差越小,信度就越高。

第二,信度是指统计量与参数之间的接近程度。[①] 统计量和参数是统计学中的两个基本概念。统计量是指样本数据的特征,如样本平均数和样本标准差等;参数是总体数据的特征,如总体平均数和总体标准差等。统计量越接近参数,说明样本的代表性越强,其信度就越高。

第三,信度是指相同对象的两次重复考试或等值考试之间的一致性程度。重复考试就是用同一种试卷对相同的对象进行两次或多次的评价测验。如果考试结果越接近、越稳定,那么这些考试结果的一致性程度就越高,信度也就越高。等值考试就是指先后用两份题型、题量、难度、区分度相等的试题,对相同对象先后进行的两次考试。如果对同一对象进行等值考试后,计算得到的两次结果的一致性系数越高,说明考试的信度就越高。

影响信度的因素是多方面的,一次测量结果的可靠性主要由两个方面的因素决定:测量工具的可靠性和测量实施过程的可靠性。因此,考试作为一种测量手段,其信度由试卷,即测量工具的可靠程度和考试实施过程的可靠程度决定。另外,评分是否客观对测验的信度是有影响的。因为信度系数是根据实得分数的方差计算得到的,若考试题目都属于客观性类型,评分的标准明确,要求严格,评分不易受评分者的主观判断的影响,有助于测验信度的提高。但对于论文式测验或主观性试题,各个评分者的度量标准不统一,易受其他心理因素的影响,致使评分不易客观,信度没有保障。

2. 提高考试信度的方法

针对三个影响考试信度的主要因素,我们提出以下几种提高信度的方法。

第一,设计试卷时,要适当地增加考试的题目数量,丰富考题的类型。考题数量越多,题目的代表性也就越大,测量出来的学生的成绩也就越可靠。考题的题型丰富,对学生能力的考查就全面,可信度自然就高。因此,一次考试的题目不能太少,题型不能太单一,但是也不宜太多太复杂造成考生答题困难,考题的难度要适中,尽量使最终的测验结果呈正态分布,这样不仅能提高考试的信度,还能提高考试的区分度,更能达到考试的目的。

第二,保证考试过程的统一。考试过程对考试信度有重要而直接的影响。考试过程的统一包括收发试卷方式的统一和考试时间的统一等。在组织考试和监考过程中,一定要同等对待所有考生,不允许徇私舞弊。考试时间应与试题的数量和难度相适应。考试必须有时间限制,但是如果安排的时间不够充分,导致考生无法完成试题,也就不能反映学生的真

---

① 扈中平. 现代教育理论[M]. 北京:高等教育出版社,2005:425

实水平。这样不但降低了考试的信度,也降低了其区分度,不管考生是否掌握这些知识,都没法回答考题。因此,考试时间必须控制好。

第三,评分客观化。首先,要制定具体、明确、可操作性强的评分标准。客观性强的考题,如选择题、填空题,甚至简答题等,比较容易遵循这些评分标准,不会出现很大误差。但是对于主观性测试,如作文、鉴赏理解式的考题,很难制定明确的评分标准,即使制定了相关标准,由于各个评分者的主观判断不同,会产生较大误差。其次,改进评分程序。例如说让多个老师同时评同一份试卷,对误差较大的,要进行复评。即便如此,仍然会发生较大误差。2007年江苏地区的一篇高考作文《怀想天空》就是一个很好的例子。这篇作文初审36分,二评42分,三评39分,综合判定为37分,在复查阶段,被江苏省高考语文阅卷组组长何永康发现后,终审分数是54分,比原审高了整整17分!在当时引起了相当大的反响。所以,最后要加强对评分者的培训,不仅要让他们明确评分标准,还要让他们之间互相交流,统一意见。

(二)试题难度

1.难度的含义

难度是指测验试题的难易程度,是试题对学生知识和能力水平的适合程度的指标。

难度是一个相对的概念,难度的高低与被评者的水平有直接关系,实际上,试题的难度所反映的是特定的一组考查对象回答该题的困难程度,而非试题本身所具有的特性。同一份试题对某一群考生来说是低难度,对另一群考生来说可能就是高难度。考试试题难易程度应当主要体现教学目标的要求,要求高的是难题,要求低的是简单题。因此难度系数是由参与考试的人的整体水平决定的,不能笼统地说某份试题的难度高或低,应该考虑到试题所面向的对象和试题所对应的教学目标的要求。

2.控制试题难度

试题的难度对考试分数的分布形态和考试目的(即区分度)的实现程度有重要影响,因此必须控制好试题的难度。

大多数题目的难度应该适中,少数题目可以是难题和简单题,并且难题和简单题所占的分数比例要相当。只有这样,才能使考试结果呈正态分布,才能使试题产生区分不同水平考生的最佳效果。目的不同的考试所具有的难度也不尽相同。例如,以选拔学生参加奥林匹克竞赛为目的的考试与选出需要课后补习的学生为目的的考试,两者的难度系数不可能一样,前者难度要比后者难度大得多。

影响试题难度的因素是多样的,包括:第一,考查知识的覆盖面,考查的知识越多,覆盖面越广,在其他条件一样的情况下,难度就越大;第二,所考查的能力的层次不同,例如考查考生判断能力的考题的难度一般要比考查分析能力的考题的难度小;第三,命题的技巧性,考查同一个知识点,用选择题的形式和用解答题的形式所具有的难度是不一样的。命题者可以通过对上述因素或其他因素的控制来确定考题的难度。

(三)试题区分度

1. 区分度的含义

区分度是指题目对不同水平的考生的区分程度。如果在某道试题上,得高分的考生实际能力水平也高,得低分的考生实际能力水平也低,那么,这道试题就具有较高的区分度。区分度是评价试题质量的一个重要指标。对试题的区分包括积极区分、消极区分和零区分三种情况。积极区分是指实际能力水平高的考生得到了高分,实际能力水平低的考生得了低分;而消极区分刚好相反,实际能力水平高的考生得了低分,实际能力水平低的考生得了高分;零区分说明试题无区分能力,实际水平的高低与得分之间没有关系。

2. 提高区分度

考试的目的之一就是区分不同能力水平的考生,因此,一份试题的区分度对考试的效果影响巨大。试题区分度的提高,对于提高测验的信度与效度,保证测验质量也有着重要的意义。为了保证考试收到预期效果,提高试题的区分度很有必要。

难度适中的题目其区分度更有可能达到最大,太难或者是太容易的考题都会导致区分度的下降。那些所有考生都通过或都没通过的题目,对区分考生的水平没有作出任何贡献,即零区分。因此,使整个考试难度适当是提高区分度的重要方法,保证学生的得分可靠,评分客观也是提高区分度的一个重要途径。

(四)考试效度

1. 效度的含义

在教育测量中,把考试结果能否准确地表明所要考查的特征或功能的程度,称为考试的效度。效度对于教育测量而言,显得尤为重要。我们可以从如下几个方面理解效度。

第一,效度是一个相对的概念,任何一种测量的效度都是对一定的测量目的而言的。要判断考试效度的高低,就是判断考试达到其目的的程度。如果某次考试,能够精准地测量出每个学生的真实水平,那么,这次考试的效度是高的;反之,就认为其效度是低的。由于每一份试题的测试目的不尽相同,不可能要求同一份试题在各种不同目的的考试中保持相同的效度,因此考试效度包含了考试考查其所要考查内容的程度和考查的内容反映考试目的的程度。

　　第二,考试的效度是由考试的结果决定的,效度是衡量考试质量最重要的指标,它比信度有更重要的意义。一份试题作为一种测量工具,只有根据经过实际应用得出的结果才能判断其效度。每一次测验都是具有一定效度的,只是效度的高低不同。只有当考试的结果真实地反映了所要考查的内容和特质时,我们才认为其是有效的或者效度是较高的。

　　由上述关于效度的含义可知,影响效度的因素包括考试内容反映考试目的的程度、考试结果反映学生真实水平的程度两个主要因素。

2. 提高效度

　　要提高效度,首先,要科学地编制好试卷。考试的内容要适合考试的目的;题目要表述清楚,没有歧义,由易到难排列,指导语不能带有暗示性;保证卷面印刷清晰,无错漏。其次,保证考试实施过程的客观、公正。所受的干扰小,考试结果才能更真实反映考试目标。再次,提高信度。虽然信度高的考试效度不一定高,但效度高的考试信度一定比较高,信度是效度的必要条件。在处理两者关系时,必须首先保证高效度。最后,适当增加考试题目数量。增加考题可以扩大考题的覆盖面,更易于全面考查所需考查的内容,从而提高效度。

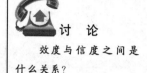

讨　论

　　效度与信度之间是什么关系?

扩展阅读

考试效度的类型

　　考验效度的方法很多,J. W. 弗伦奇和 W. B. 米歇尔根据测验目标把效度分为内容效度、结构效度和效标关联效度,这种分类被美国心理学会在1974年发行的《教育与心理测验的标准》一书所采纳,成为通行的效度分类方法。

　　第一,内容效度。内容效度(Content Validity)是指测验题目对所要测量的内容范围的代表性程度。一般来说,一个考试要具备较好的内容效度应该满足两个条件:一是要有确定的内容范围,并使考试的全部题目均落在此范围内;二是考试题目应是已界定的内容范围的代表性样本,且各部分题目所占比例适当。

　　实践中,常用的估测内容效度的方法有三种,一是用逻辑分析的方法估计效度,这种方法是专家在对测验题目与所涉及的内容范围的符合程度进行充分判断的基础上,确定内容效度。这种方法采用的是定性分析法,有一定的合理性,但存在的问题也较多。其一是如何将各位专家的定性评估结论加以综合,以转化为数量化的评价结果。其二是由于专家们对内容范围与教学目标要求理解不同,使得他们对内容效度的判断产生不一致,难以做到完全客观、准确。二是由一组被试者在取自同样内容范围的两个测验的得分的相关来估计内容效度。如果相关低则说明两个测验中至少有一个缺乏内容效度,但无法确定究竟哪一个缺乏内容效度。当相关高时,一般推论测验具有内容效度,但也可能出现两个测验有相同偏差的情况。由于这种方法需编制反映同一内容范围的两个不同测验,而且还需要对同一组被试者施测两次,因此,这种方法的可操作性存在问题。三是用比较两次测验结果估计效度的方法。这种方法所采用的两次测验间隔时间较长,其可行性同样不强,实际应用时采用得不多。

第二,结构效度。结构效度(Construct Validity)是指一个测验正确验证编制测验的理论构想和概念的程度。一套测验的编制,往往要对所测量的心理特性提出一种理论上的设想,依此编制测验,然后检验测验结果在多大程度上符合构想的理论。在这里,结构的含义是指心理学理论所涉及的抽象而属假设性的概念、特征或变量,例如学习动机、智力、情绪、意志、性格等。

由于结构效度所要研究的对象是非客观的难以评价的概念,因此,确定结构效度是一个复杂的过程。要确定结构效度,首先要构建理论框架,然后把抽象概念或结构具体化为外显行为。在测验中建立结构效度的大致过程是:①提出一个假说性结构,假设用它来解释测验表现;②从产生结构的理论中推导出关于测验表现的一个或几个假设;③用逻辑的和经验的方法对假设检验(Popham,1988)。如果测验结果出现了我们假设的行为,那么测验就是有效的,同时,我们的理论假设也得到了证明。

第三,效标关联效度。所谓效标关联效度(Criterion-Related Validity),是指测验结果能够代表或预测效标行为有效性和准确性的程度。效标即效度标准(Validity Criterion),是指衡量测验有效性的外在标准。好的效标应该具备有效性、可靠性、客观性和经济实用性。一般说来,考试与效标的时间间隔越长,效标的有效性就越差。

根据效标与测量结果是否同时获得可以将效标关联效度分为预测效度和同时效度。预测效度即是用测量结果与未来的一些指标的关联系数作为效度系数,同时效度是指测量结果与当前效标的关联程度。例如,用中学的学习成绩来预测大学入学考试的成绩就是预测效度,而用大学入学考试的成绩来检验中学的学习成绩则属于同时效度。

专题小结

我国考试制度受到政治、人口、文化等外部因素的影响,也受到教学课程与教学目标等内部因素的影响。设计考试包括确定考试目的、确定考试题型、编制试题和实施考试四个步骤。统计分析法和逻辑分析法是分析考试结果的两种方法,统计分析是用数理统计的方式对考试结果进行量的分析,逻辑分析则是用各种逻辑方法对考试结果进行质的分析。客观性原则是考试最基本的原则,要落实客观性原则就要做到:坚持实事求是的态度和公平公正的原则,以立法规范考试制度,在评价考试结果时注重个体差异和个人性向能力的发展。评价考试质量的四个指标分别为:信度、难度、区分度和效度。要提高考试质量必须认真提高这四个指标,效度与信度尤为重要。

第三节

我国的考试制度

导 读

中国考试的传统悠久而绵长,特色鲜明。历史上,中国的考试曾领先于世界各国,并对其他国家产生深远的影响。近代以后,中国的考试制度落后于欧美,但教育界的仁人志士一直致力于考试制度的改革。今时今日,我们要以史为鉴,学习西方优秀之处,更好地保证和体现考试的公平性、科学性和客观性。学完本节,我们将了解民国时期的考试制度,新中国成立以来我国考试制度的沿革,掌握古代科举制的发展历程,重点掌握科举制产生的影响以及当今考试制度的弊端及改革。

一、我国考试制度的发展历史

(一)中国古代考试的兴亡

1. 我国考试制度的起源

早在原始社会末期,许多部落首领的继承人都是通过严格的"试"而选拔出来的,考试则萌芽于此时。例如,《虞书》中记载:四岳举鲧治水,帝曰:"异哉!试可乃已。"而四岳举舜嗣位,帝曰:"我其试哉!"但这里,"试"的意思只是在实践中观察试用[①]。

西周时期的考试不仅有对学生学力的考核,也有对学生思想品德的考核;不仅对考核内容做了系统的安排,而且形成了定时进行考核的思想和制度。乡大夫及其属馆每三年举行一次大考,主要以"六德"(知、仁、圣、义、忠、和)、"六行"(孝、友、睦、姻、任、恤)、"六艺"(礼、乐、射、御、书、数)作为内容和标准,进而把乡中优秀的人才选拔出来。但西周后期,礼坏乐崩,礼、乐考试形式化,射、御考试不再强调结合实战来进行,考试本身所具有的督促和检查功效遭到破坏。

春秋战国时期,群雄并起,争霸天下,人才对于各个国家都是非常重要的。所以,那时的养士用士制都带有选士的成分,在选士方式上,有招聘、保举、自荐等,但其义都是为了得到能辅佐君王的贤能之士。秦始皇

---

① 李春祥等. 河南考试史. 郑州:中州古籍出版社,1993

一统天下后,基本保留了以前的仕进途径,但因为秦国是一个依法治国的国家,所以注重对法律的考核成为当时考试制度的显著特点。另外,秦朝当时推行文字改革,对书写的重视和文字的考察也成为当时考试的主要任务。

汉代的基本选官制度主要是**察举制和征辟制**。所谓察举,就是由州、郡等地方官,在自己管辖区内进行考察,发现统治阶级需要的人才,以"孝廉"、"茂才异等"、"贤良方正"等名目推荐给中央政府,经过一定的考核,任以相应的官职。董仲舒就是在汉元光元年(公元前134)以贤良方正连对三策而被录用的。所谓征辟,是由皇帝或地方长官直接进行征聘,皇帝征召称"征",官府征召称"辟"。东方朔本为一介平民,但却在汉武帝征召时通过上书自荐到武帝身边任职。**察举和征辟,对于原先实行的世禄世卿制来讲,是一大进步,是我国考试开始走向制度化、规范化的一个显著标志。**[①] 但是这一制度又带有诸多弊端,如举士和举官不分,选举和考课不分,与教育分离,没有选官的专职官员,先选后考等,给各级官吏在察举和征辟中徇私舞弊留下很多缝隙,所以到了东汉末年,竟然出现了"举秀才,不知书;举孝廉,父别居;寒素洁白浊如泥,高第良将怯如鸡"的怪现象。

魏晋南北朝时期,以**"九品中正"**为主线,辅以察举。九品中正制实际上是一种按门第高低论品取士的制度,上品为士族豪门,下品从寒门选出,下品不能升入上品。这种取士制度带有世袭的性质,造成了"上品无寒门,下品无士族"的腐朽局面,因此遭到了新兴地主阶级的强烈反对。

2. 中国古代考试制度的确立

隋唐时期是我国封建社会发展的鼎盛时期,考试制度至此也发生了根本性的变革,隋唐的科举考试时代开创了我国选士制度的新纪元(图7-1)。

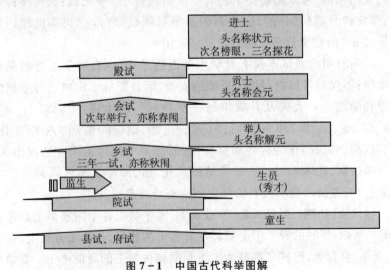

图7-1 中国古代科举图解

中国古代科举制度最早起源于隋朝。隋朝统一后,隋文帝为了适应封建经济和政治关系的发展变化,满足封建统治阶级参与政权的要求,加强中央集权,于是把选拔官吏的权力收归中央,废除九品中正制,开始采用分科考试的方式选拔官员。隋炀帝设立进士科,科举制由此产生。当时主要考时务策,就是有关当时国家政治生活方面的政治论文,叫试策。这种分科取士,以试策取士的办法,在当时虽处于草创时期,并不形成制度,但把读书、应考和做官三者紧密结合起来,揭开了中国选举史上新的一页。但进士科在设立之初时还远未制度化,特色也不明显,也没有创新考试方法和选拔出更多的人才。

科举制虽创制于隋朝,但却成熟完备于唐。在唐代,考试的科目分常科和制科两类。每年分期举行的称常科,由皇帝下诏临时举行的考试称制科。常科的考生有两个来源:一个是由京师及州县学馆送往尚书省的受试者,即生徒;另一个是不由学馆而先经州县考试,及第后再送尚书省的应试者,即乡贡。常科的科目有秀才、明经、进士、俊士、明法、明字、明算等五十多种。其中明法、明算、明字等科,不为人重视。俊士等科不经常举行,秀才一科,在唐初要求很高,后来渐废。所以,明经、进士两科便成为唐代常科的主要科目。唐高宗以后进士科尤为时人所重。唐朝许多宰相大多是进士出身。

明经、进士两科,最初都只是试策,考试的内容为经义或时务。后来两种考试的科目虽有变化,但基本精神是进士重诗赋,明经重帖经、墨义。所谓帖经,就是将经书任揭一页,将左右两边蒙上,中间只开一行,再用纸帖盖三字,令试者填充。墨义是对经文的字句作简单的笔试。帖经与墨义,只要熟读经传和注释就可中试,诗赋则需要具有文学才能。进士科及第很难,所以当时流传有"三十老明经,五十少进士"的说法。

唐代取士,不仅看考试成绩,还要有名人的推荐。因此,考生纷纷奔走于公卿门下,向他们投献自己的代表作,叫投卷。向礼部投的叫公卷,向达官贵人投的叫行卷。投卷确实使有才能的人显露头角,如诗人白居易向顾况投诗《赋得原上草》,受到老诗人的极力称赞,但是弄虚作假、欺世盗名的也不乏其人。

3. 中国古代考试制度的变革

宋代考试正处在我国考试发展的改革时代,考试制度以及与考试相关的教育制度发生了深刻变化。这开创了中国考试发展史上考试理论研究繁荣的新局面,是我国考试理论与实践协调发展的重要历史时期。

宋代科举,在形式和内容上都进行了重大改革。首先,宋代的科举放宽了录取的范围。由于扩大了录取范围,名额也成倍增加。唐代录取进士,每次不过二三十人,少则几人、十几人。宋代每次录取多达两三百人,甚至五六百人。对于屡考不第的考生,允许他们在遇到皇帝策试时,报名参加附试,叫特奏名。也可奏请皇帝开恩,赏赐出身资格,委派官吏,开后世恩科的先例。其次,宋代的科举,最初是每年举行一次,有时一两年不定。宋英宗治平三年,才正式定为三年一次。每年秋天,各州进行考试,第二年春天,由礼部进行考试,省试当年进行殿试。

从隋唐开科取士之后,徇私舞弊现象越来越严重。对此,宋代统治者采取了一些措施,主要是糊名和誊录制度的建立。糊名,就是把考生考卷上的姓名、籍贯等密封起来,又称“弥封”或“封弥”。但是,糊名之后,还可以认识字画。根据袁州人李夷宾的建议,将考生的试卷另行誊录,考官评阅试卷时,不仅不知道考生的姓名,连考生的字迹也无从辨认。这种制度,对于防止主考官徇情取舍产生了很大效力。

宋代科举在考试内容上也做了较大的改革。唐代进士科考帖经、墨义和诗赋,弊病很大。进士以声韵为务;明经只强记博诵,而其义理学而无用。宋代则更强调学以致用。宋代科举考试在改革的过程中也不时出现一些问题,但通过制定系统严密的防范措施,终使宋代科举考试成为历史上最好的考试制度。

4. 中国古代考试制度的废止

随着西方列强的入侵和西学东渐,中国被动地开始了近代化进程。科举考试已无法适应变化着的时代要求,于是不得不加以变革。最终未能逃脱被废除的命运,中国古代考试逐渐为近代考试所代替。

明代是一个封建专制主义盛行的时代,考试成为明政府实现“作养士类”政治目标的重要手段,考试的功能得到了充分的发挥。国子监中的升学考试以监生历事制度为措施,既沿袭了前代考试中的有益内容,又有所发展和创新,形成自己的特色。在科举考试方面,无论是三级考试制度的发展与完善、考试的规范化,还是考场的管理,以至通过考试获得出身后的待遇等方面,都较之前代更为严密,也更加制度化。

清代中后期,科举考试流弊加深,不能适应培养和选拔人才的需要。1898年戊戌变法时,维新派提出废除八股、改试策论、停止武举并开设经济特科等改革措施。1901年8月,朝廷下诏永远停考武科,而且乡试和会试等均试策论,不再用八股程式命题。同时,朝廷决定在考试中增加政治、历史、地理、军事等适应时代需要的科目。1904年1月,负责修订新学制的张之洞和学务大臣张百熙、荣庆上折提出,由于科举未停,所以新学堂的设立受到阻碍;而新学堂未能普遍设立,又使得科举不能立刻停止。因此,朝廷应该确立一个过渡期,使科举和学堂教育归于一途。这个奏折得到了清廷的认可。由此,科举便开始逐渐减少录取名额而转向学堂选拔人才。1905年9月,在日俄战争的重大刺激下,国人要求立即废除科举的呼声大为高涨。在这种形势下,袁世凯会同张之洞、周馥、岑春煊、赵尔巽与端方等地方督抚大员一起上奏朝廷,称

"科举一日不停,士人皆有侥幸得第之心,民间更相率观望",请立停科举,推广学堂。慈禧太后在时势危迫之下,也觉得递减科举名额的办法缓不济急,终于接受了立刻停止科举的意见。**清廷随后发布谕旨,宣布从光绪三十二年(1905)开始,停止各级科举考试。由此,延续了一千多年的科举制,在清末新政颁布后还不到五年便被彻底废止。**

5. 科举考试的影响

科举制度在中国实行了整整一千三百年,对隋唐以后中国的社会结构、政治制度、教育、人文思想,产生了深远的影响。

科举的最初目的是为政府从民间提拔人才,打破贵族世袭的现象,以整顿吏制。**相对于世袭、举荐等选才制度,科举考试无疑是一种公平、公开及公正的方法,改善了用人制度。**最初东亚日本、韩国、越南均效法中国举行科举。16～17 世纪,欧洲传教士在中国看见科举取士制度,在他们的游记中把它介绍到欧洲。18 世纪启蒙运动中,不少英国和法国思想家都推崇中国这种公平和公正的制度。英国在 19 世纪中至末期建立的公务员叙用方法,规定政府文官通过定期的公开考试招取,渐渐形成后来为欧美各国仿效的文官制度。英国文官制所取的考试原则与方式与中国科举十分相似,很大程度上吸纳了科举的优点,故此有人称科举是中国文明的第五大发明。今天的考试制度在一定程度上仍是科举制度的延续。

从宋代开始,科举便做到了不论出身、贫富皆可参加。这样不但大为扩宽了政府选拔人才的基础,还让处于社会中下阶层的知识分子有机会通过科考向社会上层流动。这种政策对维持整个社会的稳定起了相当大的作用。明清两朝的进士之中,接近一半是祖上没有读书或有读书但未做官的"寒门"出身。但只要他们"一登龙门",便自然能"身价十倍"。可以说,**科举是一种笼络控制读书人的有效方法,以巩固封建统治者的统治。**科举的影响主要有以下几点:

(1) 科举为中国历朝发掘培养了大量人才。一千三百年间科举产生的进士接近十万人,举人、秀才数以百万人。宋、明两代以及清朝汉人的名臣能相、国家栋梁之中,进士出身的占了绝大多数。明朝英宗之后的惯例更是"非进士不进翰林,非翰林不入内阁",科举成为高级官员必经之路。利玛窦在明代中叶时到中国,所见到的负责管治全国的士大夫阶层,便是由科举制度所产生。

(2) 科举对于知识的普及和民间的读书风气,亦起了相当大的推动作用。虽然这种推动是出于一般人对功名的追求,而不是对知识或灵性的渴望,但客观上由于科举入仕成为风尚,中国的文风普遍得到了提高。当中除少数人能在仕途上更进一步外,多数人都成为在各地生活的基层知识分子,这样对知识的普及起了一定作用。由于这些读书人都是在相同制度下的产物,学习的亦是相同的"圣贤书",故此亦间接维持了中国各地文化及思想的统一和向心力。

（3）科举所造成的恶劣影响主要在其考核的内容与考试形式上。由明代开始,科举的考试内容陷入僵化,变成只要求考生能造出合乎形式的文章,反而不重考生的实际学识。大部分读书人为应科考,思想渐被狭隘的四书五经、迂腐的八股文所束缚;眼界、创造能力、独立思考等都被大大限制。大部分人以通过科考为读书的唯一目的,读书变成只为做官,光宗耀祖。另外科举亦限制了人才的出路。到了清朝,无论在文学创作还是各式技术方面有杰出成就的名家,多数都失意于科场。可以推想,科举制度为政府发掘人才的同时,亦埋没了民间在其他各方面的杰出人物。清政府为了奴化汉人,更是严格束缚科举考试内容。清代科举制日趋没落,弊端也越来越多。清代统治者对科场舞弊的处分虽然特别严厉,但由于科举制本身的弊病,舞弊越演越烈,科举制终于消亡。

尽管科举最终被废除,但它仍然在中国的社会中留下不少痕迹。例如孙中山所创立的《中华民国临时约法》中规定五权分立,当中设有的"考试院"便是源出于中国的科举考试传统。另外,时至今日,科举的一些习惯仍然可以在中国内地的高考中得以体现。例如分省取录,将考卷写有考生身份信息的卷头装订起来,从而杜绝判卷人员和考生串通作弊,称高考最高分者为状元等,俱是科举残留的遗迹。

（二）民国时期中国考试制度的转型与重构

民国考试的产生和发展,既有其产生的渊源,也有其发展的归宿。从 19 世纪下半叶科举考试的改革和废除,到 20 世纪初文官考试的推行,教育考试的发展,经历了剧烈的变化。民国时期是中国近代学校教育制度由模仿日本到移植欧美教育制度最后逐渐本土化的转折阶段,孕育成长于这一时期的考试制度无疑会被打上深刻的时代烙印。

民国时期是我国政治、经济、文化新旧转型的关节点,因此,要对民国考试制度有正确的理解和深入的认识,不仅要从绵延千余年的科举考试制度中汲取文化资源和精神财富,而且要紧密结合民国独特的政治、经济、文化背景,特别是近代社会人才观和考试思想的嬗变。唯有如此,才能了解民国考试制度的内容。

1. 考试制度转型的背景因素

（1）鸦片战争后,中国社会被迫开始其艰难的近代化过程,科举的运行环境发生了很大变化。**科举及其产生的士绅阶层地位日趋困窘和尴尬。**虽然通过科举取得功名的传统士绅官吏仍然占据着社会中坚地位,但太平天国的新军人势力、商人、新知识阶层等都开始在社会地位结构中出现,新式教育和学校在探索中发展并源源不断地输送出新知识阶层的后备力量。而广大农村,人口虽因战乱剧减,但又迅速恢复并居高不下,流民和物业阶层人数大量增加,乡村士绅的权威和影响力都趋下降,传统的四民社会,越来越走到濒临解体的边缘。

(2)**学校考试制度置身于学制系统中**。20世纪初,迫于内外双重压力的清政府开始了所谓"新政",为学校考试制度的改革创造了前提条件。1902年《钦定学堂章程》的制定和1904年《奏定学堂章程》的颁布,标志着近代学校考试已走过萌芽尝试阶段,开始走向规范化和制度化;而1905年科举考试的废止,也客观上促使新式学堂考试转向了全面实施,走向健全。

(3)**近代人才观和考试观的变化**。近代的社会人才观和考试观发生了重要的变化,并成为孕育民国考试制度文化的思想资源。孙中山提出以"考试权独立"、"官员以考定资格"、"考与选互补"等为核心内容的考试思想,为民国考试制度的重构打下了深厚的思想基础。它是孙中山在择善吸收中国传统考试文化的同时,结合西方公务员考试制度实践进行的新创。戴季陶等人对孙中山考试思想不断进行阐释,也丰富了这一思想根基。南京临时政府和广州革命政府时期通过的考试法规和考试初步实践,是根据孙中山考试思想勾画出的最初蓝图,为国民政府推行考试制度打下了初步实践的基础。

2. 民国时期考试改革的内容——以文官考试制度为例

步入近代以来,以科举的革废为转折点,中国近代考试的内容发生了重大变化。在新的选拔目标引导下,近代专业教育和多种职业教育逐步取代传统的以四书五经为主干的经学教育,社会的主流知识体系由传统儒家知识体系向近代科学知识体系转变。民国成立后,近代科学文化在新的学校考试制度、文官考试制度推动下,迅速成为考试内容的主体,从而在文化上为中国考试制度在近代的转型创造了前提条件。下面主要就民国时期的文官考试制度进行分析。

(1)考试的标准

文官考试的选才标准与现代学校培养标准保持一致,纵然考试可以引导教育标准,但主要是从学校教育标准出发,确定自身标准。这对中国文官考试来说是一个巨大的变革,千余年来都是科举导引学校,学校成为科举考试的附庸,而进入民国后,实现了教与考关系的调整,正确认识了教育对人才培养和选拔的决定性作用,不能不说这是实践和认识上的双重进步。《中华民国高普考试制度》中写道,"现代教育发达,但各级学校均有一定的教育内容,亦即其课程,大抵均有一致的标准。而考试乃系配合学制,分为若干等级,高等考试各类科之试题,应以高等教育为衡量准则;普通考试则以衡量中等教育之程度为依归。"

(2)考试的科目和内容

在科目设置方面,文官考试科目需要与任用配合,不能与学校教育脱节,即民国文官考试还强调全才的选才标准。故不论是行政人员的考试,还是技术人员的考试,都设有共同科目,如国文、三民主义、历史等,以测验应考人员是否胜任公务;又设有特殊科目,分门别类以测验应考人是否具有某一专业的知识。

与科举考试的内容仅限于四书五经相比,南京国民政府时期的文官考试,跳出了陈腐的经学内容的框架,将近代社会科学知识和自然科学知识列为考试的主干内容,注重考察考生的实际能力。但是也并未完全抛弃传统,而是注重经典,甚至在国文考试中强调对四书五经的理解,并要求使用文言作文,因此又有"新旧杂陈"的特点。按照《高等考试普通行政人员考试规则》(1935 年 1 月 8 日公布),笔试一共考 19 科,考生考试科目很多,负担较重。

(3) 题型

民国时期文官考试笔试的题型十分单一,不光是第一届高等考试的题型,而且数届高等、普通考试的试题都是单一的论文式题目,即给出一道或几道问答式或论述式题目,请考生予以回答和论述,又称作论文考试。论文考试按作答形式划分,属于自由应答式考试,其优势在于,应试者可以充分利用所学知识,根据自己的理解和认识,自由回答主试者的质问;其劣势在于,一般试题量较小,测试内容覆盖面窄,评分工作量大,标准不易掌握。民国文官考试建立和发展时,正是西方在自然科学大力发展的影响下出现客观化标准化心理和教育测验理论的时期,而且这些先进的理论成果已传入中国,并在中国进行了一些试验,但是,民国文官考试却毫无反应,无所作为,这既与中国社会发展尚处于资本主义初始阶段的社会需要有关,又有中国考试发展的历史传统的原因,还与民国时期文官考试主持者的观念有关。

3. 民国时期考试制度的特点

(1) 守本开新

所谓守本开新,即民国考试制度的设立实践中,既秉持了传统考试文化中一些合乎规律的原则和方法,又吸纳了西方考试新文化,根据时代需要,采借和创造符合时代要求的考试新内容、新方法、新理论。以孙中山为代表的思想家和教育家们,植根于中国传统和现实的土壤,在中西文化剧烈碰撞的历史背景下,以等视中西、扬弃传统的胸襟,在开阔深远的理论视域中重新考量、阐发并刷新传统考试文化遗产,探索出极具特色的系统的考试思想体系,为中西考试文化的融合发展奠定了基调。

(2) 立法行考

先立法,后行考,建立一整套关于考试制度的法律、法规并依法设考,是民国时期考试制度,尤其是文官考试制度的一个显著特征。它构成了中国考试制度近代转型的一个重要标志。民国时期文官考试制度走上法制化轨道,是与民国文官制度相依相伴的。民国前期的文官制度基本上走了一条"西化"的道路。孙中山建立的南京临时政府,仿照欧美政治体制建立议会、组建内阁,制定了文官考试任用制度。北京政府成立后,继续筹建文官制度,相继公布了一系列法规,对文官的考试、任用、纪律、惩戒、俸禄及保障、抚恤等都做了具体规定,形成了一整套文官管理制度,并由统一的文官管理机构——铨叙部具体实施,标志着新型的文官制度初步成形,包含在其中的文官考试制度也正式确立。南京国民政府时期,文官制度改称公务员制度,各种法律、法规制定得更加严密,管理也趋于规范。

(3) 党化军治,派系干扰

这是军阀统治和国民党一党专制带给国民考试制度,特别是文官考试制度的一层"特色",是作为政治制度一部分的文官考试制度受制于整个国家政治体制而留下的烙印。它指的是国民党一党专制之下,实行军事独裁,通过意识形态和组织掌握等手段,试图控制国家文官队伍,将党员和军人转化为官僚队伍的努力。这破坏了民国文官制度,致使从科举到近代文官制度的转型受到严重挫折。

通过对民国考试制度的研究,可以看出,考试是促进社会与个人发展的重要机制。当考试制度符合社会发展要求、良性运行时,可以促进社会经济、政治和文化环境的优化,反之则带来消极影响。考试制度的成败在很大程度上取决于是否具备适宜其运行的客观条件和文化环境。考试可以促进教育的发展,但放大考试的功能反过来又会戕害教育。这些论断不仅是对历史经验和教训的总结,更是对当今考试制度设计与社会发展的有益启示。

二、新中国成立以来我国考试制度的沿革

1949 年 10 月 1 日,伴随着中华人民共和国的成立,中国教育事业结束了帝国主义一百余年来对中国文化的侵袭,收回了教育主权,改变了半封建半殖民地的旧教育性质。新中国成立以来的六十多年中,中国考试制度伴随着巨大的社会变革和多变的社会环境不断调整,反复变化,最终形成了符合我国国情和人民群众需要的考试制度,极大地促进了人才培养和社会流动。

1949 年,全国高等学校沿袭过去单独招生的方式,各大学自主招生,独立自主命题;1950 年,开始实施同一地区高校联合招生;1951 年,以全国大行政区范围统一招生;1952 年 6 月 12 日,**教育部发布关于全国高等学校暑期招收新生的规定,首次明确规定高等学校招生实行全国统一招生考试。**至此,实施近 40 年的高校自主招生政策宣告结束。

1958 年中共中央、国务院发布的《关于教育工作的指示》提出要兼顾全民文化水平提高与专门人才的培养,并试行全日制学校与半工半

232

读制度并存的教育体制。按照这一思路，考试制度必将进行相应的变革，即"淘汰式考试"与"合格式考试"并行，达到考查学业与选拔人才的有机结合。但由于缺乏建设社会主义教育的经验，1958年至1960年的教育"大跃进"，造成教育发展的大起大落。教育领域作为"文化大革命"的首发地和"重灾区"，教育机构和教育工作一度瘫痪，学校教学秩序遭到全面破坏，广大青少年学生的学习时断时续，无政府主义思潮和"读书无用论"思想一度泛滥。十年"文革"动乱中，"四人帮"一伙在教育战线中炮制"两个估计"，污蔑新中国成立17年来教育战线一直是"资产阶级黑线专政"，残酷迫害广大知识分子和教育工作者，并在1966年取消了高考，全国高校招生因此完全停止。1972年，虽然部分高校开始招生，但在招生过程中，"四人帮"一伙蓄意破坏，通过批判所谓"师道尊严"、"智育第一"、"白专道路"，利用"白卷事件"、"一个小学生的来信"、"马振扶公社事件"等，取消了文化考试，推行"推荐上大学"政策，仅有初中、小学文化的人同样被"推荐"上大学。这种"推荐"制度一直执行到高考制度恢复才被终止。十年浩劫的严重破坏和"推荐上大学"的荒谬政策，给教育战线造成灾难性后果：校园一片荒芜，人才出现严重断层。"工农兵大学生"也在此时出现，以贫下中农及单位的推荐代替考试，其主观目的是实现教育与生产相结合的目标，培养又红又专的人才，客观上却由于过分强调学生的政治素质，而忽视了其业务素质，而政治素质的高低往往依赖于推荐人的主观评价，由此带来了严重的社会后果，出现徇私舞弊和教育质量下降的现象。

"文革"结束后，国家面对百废待兴的混乱局面，急需拨乱反正。但是，由于种种教条的束缚，拨乱反正举步维艰。**1977年8月，邓小平在一次有四十多位教育界著名人士及官员参加的会议上决定：立即恢复高考。**恢复高考的决策大顺民心，高度凝聚了全国人民的思想，成为拨乱反正、国家振兴的突破口，具有划时代的历史意义。当年10月12日，国务院批准教育部《关于1977年高等学校招生工作的意见》（以下简称《意见》），正式恢复了高等学校招生统一考试的制度。为了保证质量，1977年恢复高考的《意见》规定，参加高考必须"具备高中毕业或与之相当的文化水平"，即是说，不具备高中毕业文化程度就没有报考权。这一规定使考生入学后在文化程度上能够与大学学习内容衔接，从而保证了大学的教学质量。与此同时，废除"文革"中实行的"推荐"办法，"实行统一考试，择优录取"，纠正了十年"文革"的错误，在全社会重新树立起尊重知识、尊重人才的观念，转变了对知识、人才不重视的局面。凡达到录取条件的考生不受诸如家庭成分、年龄、婚否等因素的影响。新的招生政策重建并兑现了平等、公正，真正体现了制度面前人人平等，为社会公信力的建立打下了基础。

1977年以后的考试制度仍然为升学教育服务，以淘汰式考试为主，不但小学升初中、初中升高中、高中升大学每一级都要经过选拔与淘汰,还有留级及高考的预选制度。20世纪80年代以来,社会的发展对普通劳动者知识、能力、技能等方面综合素质的要求越来越高,以淘汰大多数学生为代价来培养少数"英才"的升学考试模式已不能适应这一要求,因此在发展高等教育的同时也进行了大力普及义务教育的工作,在义务教育阶段以合格式考试为主,即使是高中教育也取消了高考预选而代之以合格式的毕业会考,合格式考试与淘汰式考试并行,以满足教育的双重要求。

考试在保证教育的公平与效率、激励社会成员提高文化水平方面起到了积极的作用。但现行考试制度是为实行现行教育制度的教育目标而服务的,后者的局限决定了前者的不足。在加强素质教育的教育改革浪潮中,现行考试制度面临着挑战。为此,我国先后制定并颁布了《中国教育改革和发展纲要》和《面向21世纪教育振兴行动计划》,进一步深化教育体制改革,即深入改革以往那种计划经济体制下高度集中的教育体制,《中共中央、国务院关于深化教育改革全面推进素质教育的决定》进一步促进我国教育进入国家推进、重点突破、全面展开的新阶段,并推动课程、教学及考试评价制度的改革。

2010年,《国家中长期教育改革和发展规划纲要(2010—2020)》颁布,提出以考试招生制度改革为突破口,不断完善中等学校考试招生制度和高等学校考试招生制度,克服"一考定终身"的弊端,推进素质教育实施和创新人才培养。按照有利于科学选拔人才、促进学生健康发展、维护社会公平的原则,探索招生与考试相对分离的办法,政府宏观管理,专业机构组织实施,学校依法自主招生,学生多次选择,逐步形成分类考试、综合评价、多元录取的考试招生制度。这一内容,为新时期我国教育考试制度提供了新的指针方向。

三、对当前中国教育考试制度的分析与展望

讨　论
　怎样才能更完善中国的考试制度?

(一)现行考试制度存在的弊端

考试是对人的知识与能力的测量,通过检测,发现被测人的不足及问题,进行必要的调整和改进。然而,现行考试制度存在以下弊端,背离了评价本身的目的。

1. 现行考试并没有真正体现教育目标的要求

在社会中,考试是通行的选拔人才的方式。在学校中,考试是进行教学评价的一种方式,目的在于衡量学生学习质量水平的高低,激发被评者的学习积极性,促进教学。可是大多数的学校,为了升学而考试,一切工作都围绕升学考试而开展,教师为考试而教,学生为考试而学,

考试成了左右教育方向的"指挥棒"。这种过分强调考试的淘汰选择功能，必然导致学生的片面发展，使学生对学习产生厌烦和恐惧心理，经过层层考试被淘汰的下一代难免有挫折感、失败感，自我轻视、自暴自弃，最后以失败者的心态进入社会。另外，形式单一，以笔试为主的考试也不能满足教育目标的实现。目前的考试，偏重于笔试，这种形式虽然便于操作和管理，但笔试的覆盖面窄、代表性差是其无法克服的缺点。笔试的题目大部分以知识的记忆为主，对学生的动手能力、实践能力和口头表达能力考查较少。

2. 考试缺乏客观性、公正性和有效性

首先是考题的问题，同一课程，由于任课教师的不同，对内容要求掌握的程度也不同，有的考题偏易，有的偏难，没有同一尺度，缺乏可比性和有效性；其次是考风的问题，考风日下，已成为社会广泛关注的问题，作弊行为屡有发生，违纪学生比例有所提高，这对在同一起跑线上参加应考的学生是不公平的；最后是教师的评分，有些教育因受所谓的"首因效应"和"暗示效应"心理影响，评分不客观，不公正，有很大的随意性。另外，存在"一考定终生"的思想，只进行终结性评价，并不考虑学生平常的学习态度、学习积极性和完成作业情况等形成性评价。

3. 考试是以教师为主的单边活动，没有形成教师和学生的互动作用

出题、监考、评分无一不是教师一手在操作，学生唯一能做的事就是被动考试。教师要求学生按既定的答案去解决问题，只有这样才能得高分，忽视学生创造性和个性的发展。评分时以教师评价为主，学生只能被动地接受，缺少学生的自评，打击了部分学生的学习积极性，影响或阻碍了学生的全面发展。

（二）考试制度的改革

教育的目的旨在人全面和谐的发展，我们的教学活动应围绕这一目标展开。考试具有选拔功能，同时更应强调它的教育功能、激励功能和反馈功能，要实现这些功能，必须改革现行的考试制度，建立合理的学习质量评价机制。要转变观念，明确考试的真实目的。思想是行为的向导，是左右人行为的内在力量。只有真正从思想上把考试从过去的"升学选拔的尺度"转变过来，使考试的目标由选择淘汰转为诊断与及时纠正，才能使之为学生的全面发展而评价，为促进教学教育质量的提高而评价。

对考试制度的改革，可以尝试从以下几个方面着手。

（1）严格命题的管理。考查的内容应以考查学生灵活掌握和运用知识、考查学生分析问题与解决问题的能力以及学生的素质为导向，应该改变过去那种单纯为考查学生学识水平，偏重记忆和空谈性的命题。题目要难易适中，增加试题的信度。

（2）采取形式多样的考试方法。考试过程就是学生解决实际问题的过程,应侧重于培养学生这种解决问题的实践能力。实行开卷考与闭卷考相结合,笔试、面试与口试相结合,进行实验操作与作业答辩,或撰写小论文、读书笔记等形式来作为测试学生实际能力的方法,引导学生养成勤于思考,勇于探索的良好习惯,同时也能增强考试的正面效应,减少负面效应。

（3）营造严谨轻松的考风。在考前应充分做好考试纪律的宣传工作,严密组织考试,实行巡考制度。对一些先进班级,可采用"免监考"形式,充分尊重学生、相信学生,摈弃过多过滥和视学生为敌人的考试,让学生自我监督、自我教育、自我管理。

（4）正确评价考试结果。评价方法应采用相对评价、绝对评价和内差异评价相结合的方法,不仅要激励学生之间的竞争,更应促进教育目标的共同实现,让学生看到自己的长处,充满信心。

（5）对考试的结果要及时反馈。一方面进行教学质量分析;另一方面进行试卷讲评分析。通过这两方面的分析,可以认识教学工作中的成与败,采用有效的教学措施与方法,纠正存在的问题,改进教学工作;还可以指导学生正确分析自己的学习情况,找出差距,改进学习方法,争取更好的成绩。

教学案例

小学一年级考试改革的尝试

一年级考试重兴趣。我们认为小学一年级的学生处于从幼儿园到小学的转折阶段,面临与幼儿园不同的学习环境、学习内容和学习要求。因此,对于一年级学生入学后的第一次考试,我们从形式到内容到评价都进行了大胆的改革,充分考虑学生的年龄特点和心理需求,注意保护学生的学习积极性,注重激发学生的学习愿望和兴趣,帮助学生掌握正确的学习方法和培养良好的学习习惯。主要做法如下。

——试卷名称的改革:我们把一年级语文、数学试卷称为"语文乐园"和"数学乐园"。以活泼的画面、有趣的形式取代了以往刻板的题目,有效缓解了学生考试的紧张情绪。学生们把考试当成一次趣味练习,提高了学习兴趣,培养了自信心。

——试卷内容的改革:我们注意将试卷与学生的生活密切联系,促使学生学以致用。如:数学试题中认识钟表的题目,出现了一幅一家人吃午饭的画面,图上有一个钟面,是12时,学生可以根据画面情境,写出钟面的时刻,更好地体会时间的概念;再如,在语文课中伴随学生们学习、深受学生们喜欢的冬冬和丁丁出现在"语文乐园"里,使学生倍感亲切、自然。另外,新颖有趣的题目吸引了每一个学生积极动手动脑。

——试卷形式的改革:"乐园"里有表格、卡通、图片等形式,直观形象,丰富多彩。如,语文生字的考查形式更加活泼,用"你愿意当个小魔术师吗?那就来变魔术吧"代替了过去的"看拼音写汉字"。生动有趣的试题形式,满足了多样化的需求,激发了学生的兴趣,学生们跃跃欲试。

——考试评价的改革:"语文乐园"下有 20 颗星,每道题目用两三颗星代替所得分数。只要累计得到 15 颗星,即为优秀。全区一年级学生轻松愉快地参加了考试,并取得了自己满意的成绩,使学生更对自己有了积极的评价,增强了自信心。如,连接词语是小学语文考试的常见题,在一年级"语文乐园"中,题目给出"小露珠"、"我"、"妈妈"三个主语,"在家里"、"在学校里"、"在绿叶上"三个状语以及"滚来滚去"、"看电视"、"做操"三个谓语,按照我们传统思维,标准答案应该是"小露珠在绿叶上滚来滚去"、"我在学校里做操"、"妈妈在家里看电视",可是有的小学生却连接出"小露珠在绿叶上做操"这样富有诗意、精彩的句子,兴奋之余的老师不仅给这些思维活跃、想象丰富的学生一个大大的对号,还奖励他们一个额外的"红五星"。①

扩展阅读

中美教育考试制度影响因素比较

一个国家的教育制度通常会受到多重因素的影响,其中政治制度和经济制度是主要因素。教育考试制度作为教育制度的一项子制度,不仅要受到外部的政治、经济等制度环境的影响,同时还要受到教育系统内部不同因素的影响。由于这些内外部因素的不同,导致不同国家教育考试存在差异,中美两国在这些因素方面存在着很大差异,所以中美教育考试制度也存在很大差异。事实上,当人们拿美国的教育考试制度来作为参照提出中国教育考试制度改革建议时,往往却忽略了这些差异,因此所提的建议就会"水土不服"。影响一个国家教育考试制度的外部因素有政治制度、总体法治精神、人口、劳动力市场、考试组织和管理模式等;影响教育考试制度的内部环境有教育行政管理、教育法律和法规、教育机会市场、学校产权、学杂费、教育大纲和教材使用等。本文就影响教育

① http://www.km14z.net/second/kcgeg/lltt/32/ts.htm,2010-11-23

考试制度的内外部环境因素来分析中美两国教育考试制度为什么会存在差异,以期从中得出一些启示。

一、外部因素对教育考试制度的影响

当人们在非议高考制度的时候,总是拿美国的高等教育入学考试制度做比较,我国为什么不能如美国那样,国家教育考试依赖于考试服务中介机构呢?这主要是国家教育考试制度的内外部环境因素不同所致。从外部环境看,国体不同、教育法制的制度与精神不同(教育立法、行政、司法不同)、教育行政管理形式不同;从教育系统内部看,教育大纲、课程设置以及教科书统一程度不一样,学校产权属性不同,等等。所以,导致教育考试制度和服务组织不同。从国家教育考试制度的外部制度环境看,政治制度、法治精神和教育行政管理、人口与中高级工作岗位都直接影响着教育考试制度。一个国家的政治制度直接地决定了一个国家的法制精神和教育行政管理。政治制度影响着政府的决策权力和政府的管理目标,我国的政府行政权力集中在执政党领导的“一府两院”一元化管理上,行政机构是一个线性金字塔结构,中央政府和地方政府的权力分布和西方国家的联邦制不同,是一个中央集权与地方分权相结合的一元化政党领导的国家,各级政府的权力在人民代表大会;我国的教育立法由人大立法,教育行政部门负责执行,中央政府具有绝对的权威,在行政执行的力度和速度上都具有不同于三权分离的效率优势,但是也存在着自掌舵自划船的局限,在监督和执行上由于没有分离制衡,职责难分。教育行政部门由于忙于服务,有时就降低标准甚至放弃了教育引导航向,会出现为了评估而评估,为了考试而教育的现象,在法律执行上容易出现执法不到位或者执法越位现象。相比较而言,美国的教育法治精神集中概括为四种:主权在民的民主精神,权力制衡的宪政精神,律以致用的实用精神,法律至上的平等精神。从教育法治的主体来看,“主权在民”和“权力制衡”主要表明权力应该掌握在谁的手中,而“律以致用”和“法律至上”主要阐明了教育法治的核心和理念;从教育法治的客体来看,“主权在民”和“权力制衡”主要表明应该由谁来制定教育法律,而“律以致用”和“法律至上”主要表明应该制定什么样的教育法律以及教育法律怎样来执行。“律以致用”的实用精神使美国的教育法律都是在解决具体问题而不是法律的理论系统性构建。这就导致美国的教育法律几乎是拨款法案,它总是通过授权联邦或地方政府为教育发展提供一定的经费或物质来促使教育改革与发展得以顺利进行。美国国会从1785—1995年的210年间仅就联邦颁布的教育及其相关的主要法律达到87件,没有一件是针对国家教育考试的法律。就教育法律而言也没有涉及教育考试制度,例如,《1965 年美国高等教育法》文本内容结构,总计 8 篇 41 章都是涉及联邦给"教师、学生、一般高校、特殊高校"等提供什么资助项目、资助的标准和怎样获得资助。美国教育发展权在州政府不在联邦政府,所以除了教育拨款法案之外,全国性的教育行政管理制度是不存在的。我国虽然到现在也没有一部完整的"国家教育考试法",但是有散见于各种教育法律、法规之中的国家教育考试制度的规定。如,《中华人民共和国教育法》第二章第二十条"国家实行国家教育考试制度"、中华人民共和国教育部令第 18 号《国家教育考试违规处理办法》等。

二、内部因素对教育考试制度的影响

从教育系统内部环境因素而言,就教学大纲的统一性、课程情况和学校属性来考察。我国有比较统一的教学大纲和课程设置,教材使用也相对统一,无论是基础教育还是高等教育,公立学校占绝对优势;基础教育学校全国有基本统一的教学大纲和教学要求,公立高等学校在专业设置上,教育部 1999 年颁布的《高等学校本科专业设置规定》旨在推进高等学校依法自主办学进程,但是设置专业第十一条规定:"高等学校依据高等学校本科专业目录,在核定的专业设置数和学科门类内自主设置、调整专业。设置、调整核定的学科门类范围外的专业,由学校主管部门审批,报教育部备案。"第十二条规定:"高等学校设置、调整专业目录外的专业,由学校主管部门按规定程序组织专家论证并审核,报教育部批准。"因此,在课程设计、大纲的制定上就缺少私立高校的自由度和灵活性。所有这些都有利于国家设立统一的教育考试制度。相比之下,美国在教育大纲、课程设置和教材使用上的多样化,私立学校与公立学校共治等都有利于选择多样化的考试服务,难以实行统一的考试制度。同时高校的教育机会市场供给充足,社区学院实行开放式招生制度,美国的高等教育机会市场教育供给相对充裕。"美国学生所需的只是高中毕业证书,然后便可以直接进入劳动力市场或进入一般的大学,只有一小部分学生——不到 20%——希望进入选择性的大学。""绝大多数美国学生没有动力在学校里多学点东西,他们只要在学校里露露面,学习上勉强过得去就行。"高等教育是美国上下"最不负责"的社会公共机构之一。部分是由于这个原因,即大学的录取标准存在很大的缺陷。因此,雷·马歇尔、马克·塔克在《教育与国家财富:思考生存》中提出要建立一套由标准驱动的体系,呼吁建立一个全国考试制度,"由国家教育标准委员会制定标准,建立符合这种制度的考试准则"。

我国的考试组织机构和考试管理模式都主要是国家统属,中央与地方分工管理的形式。无论是教育考试的管理权还是教育考试的服务权都集中在政府手中,还没有独立经营的专业机构对考试进行管理或者提供服务。有高校自主招生资格的学校也是教育部授权的少量选拔性教育考试,不存在市场选择的问题。要改革考试管理与考试服务制度,就要实行组织制度创新,我国的教育考试制度创新离不开社会经济发展的制度环境,从计划经济到市场经济转型是我国的总体特点,教育考试制度的创新也要适应市场经济改革的需要。从四级政府管理而言,只能假定在现有的制度环境中去调整教育考试制度,而不能要求社会政治经济制度的改革来适应教育考试制度的改革与创新。不同层级的政府教育行政部门对教育考试制度的创新应该各负其责。

(资料来源:童宏保. 中美教育考试制度影响因素比较[J]. 教育学术月刊,2010(01))

 ## 专题小结

考试制度的形成和发展是人类社会进步的标志,然而却又陷入重重矛盾之中。作为价值观念中的"公平尺度"的考试制度,是维持社会某种平衡的"装置",可是它的社会性功能又诱使人们把应付考试当做竞争的直接目标,考试本身已具有一定的教育性,可是"公平"象征的社会意义又使考试不得不以"知识为中心","坚持分数主义",在很大程度上又抵消了自身的教育性。要想解决或减少考试竞争所带来的消极影响,只有不断改革考试的内容和形式,但不应幻想取消考试制度。中国的文化国情决定了中国必然要相当倚重考试,而且总体而言考试对中国历史和现代社会是利大于弊的。

思考与练习

一、填空题

1. _____认为考试是_____学业成绩和教学效果的一种说法,根据一定的_____,让被试者在规定的时间内,按指定的方式、要求来解答试题,并对其解答结果评等级、计分。

2. _____是对考试制度制定出的一套客观而规范的标准,在_____及_____的各个环节都努力减少或控制各种误差,从而测量出学生比较真实成绩的系统过程。

3. 影响我国考试制度的外部因素包括_____、_____和_____;内部因素包括_____和

_____。

4. 考试设计的四个步骤分别是 _____、_____、_____ 和 _____。

5. 民国考试制度的特点是 _____、_____、_____。

6. "文革"后正式恢复了高等学校招生统一考试制度时间是 _____。

二、名词解释

1. 考试　　　　2. 校内考试　　　　3. 校外考试

4. 统计分析　　5. 考试效度　　　　6. 察举制

三、简答题

1. 科学的考试的意义是什么？

2. 简要阐述校内考试的含义。

3. 如何才能真正落实客观性原则？

4. 宋代考试制度较之前发生了哪些形式和内容的改革？

四、论述题

1. 你认为在素质教育的发展中，是否应该深化标准化考试模式？为什么？

2. 就如何提高考试质量说说你的观点。

3. 科举考试制度的历史意义和现实意义。

参考文献

[1] 北师大等. 在职攻读教育硕士专业学位、全国统一(联合)考试大纲及指南[M]. 北京:北京师范大学出版社,2003

[2] 边守正. 实用教育学[M]. 北京:北京图书馆出版社,1998

[3] 陈静,孙道德. 教学质量评测指标的分析研究[J]. 安庆师范学院学报(自然科学版),2004(1)

[4] 陈理宣. 教育学原理——理论与实践[M]. 北京:北京师范大学出版社,2010

[5] 陈庆明,陈达辉,林文广. 考试研究方法导论[M]. 北京:北京大学出版社,2009

[6] 陈天星. 对教育评价理念更新的思考[J]. 学术交流,2003(1)

[7] 陈扬光. 浅析课程编制目标模式[J]. 外国教育研究,1989(2)

[8] 陈振华. 掌握学习模式在数学概念教学中的运用[J]. 上海教育,1997(6)

[9] 辞海编辑委员会. 辞海[K]. 上海:上海辞书出版社,1979

[10] 崔允漷. 基于标准的学生学业成就评价[M]. 上海:华东师范大学出版社,2008

[11] 代蕊华. 西方课程编制模式及其启示[J]. 高等师范教育研究,1997(6)

[12] [德]凯兴斯泰纳. 工作学校要义[M]. 刘均译. 上海:商务印书馆,1935

[13] 丁锦宏. 教育学[M]. 南京:南京大学出版社,2002

[14] 董飞轮. 中国教师·中小学教育[J]. 2010,S1

[15] [法]埃米尔·涂尔干. 社会分工论[M]. 渠东译. 北京:生活·读书·新知三联书店,2000

[16] [法]卢梭. 爱弥儿——论教育[M]. 上海:商务印书馆,1978

[17] 方春耕. 学习指导:当今教改新趋向[N]. 教育时报,1997(5)

[18] 傅道春,李勇,施长君. 教育学[M]. 黑龙江:哈尔滨工业大学出版社,1999

[19] 顾敏. 初中语文应重视情感教学[J]. 语文月刊,2009(3)

[20] 顾明远. 教育大辞典[K]. 上海:上海教育出版社,1990

[21] 国际21世纪教育委员会向联合国教科文组织提交的报告. 教育——财富蕴藏其中[M]. 北京:教育科学出版社,1996

[22] 韩江萍. 关于课程改革中学习方式变革的几点思考[J]. 课程教学改革,2003(11)

[23] 韩延明,李如密. 课堂教学艺术通论[M]. 济南:山东大学出版社,1993

[24] 韩延明. 新编教育学[M]. 北京:人民教育出版社,2006

[25] 何学海. 谈谈中学英语教学[J]. 玉溪师范学院学报,2006,4

[26] 胡向东. 民国时期中国考试制度的转型与重构[D]. 华中师范大学,2006

[27] 湖北教育学院现代远程教育教材编委会. 现代教育理论[M]. 武汉:华中科技大学出版社,2002

[28] 扈中平. 现代教育理论[M]. 北京:高等教育出版社,2005

[29] 华南师范大学考试研究中心. 标准化考试理论及实践的若干问题[J]. 华南

师范大学学报(社会科学版),1988

[30] 黄济,劳凯声,檀传宝.小学教育学[M].北京:人民教育出版社,2007

[31] 黄济,王策三.现代教学论[M].北京:人民教育出版社,1996

[32] 黄萍.现行考试制度的弊端与改革的对策[J].理工高教研究,2001(3)

[33] 黄新宪.中国考试的历史发展及其主要特色[J].中国教育学刊,1992(6)

[34] 贾非.考试制度研究[M].成都:四川教育出版社,1995

[35] 教师资格认定考试编写组.教育学[M].北京:北京师范大学出版社,2008

[36] 靳玉乐,李森.现代教育学[M].成都:四川教育出版社,2005

[37] 李俊.考试制度研究[J].北京联合大学学报(人文社会科学版),2004(1)

[38] 李书磊.村落中的"国家"——文化变迁中的乡村学校[M].杭州:浙江人民
出版社,1999

[39] 李亚东等.教育评价发展的历史轨迹及其规律[J].江苏高教,2000(3)

[40] 联合国教科文组织国际教育发展委员会.学会生存——教育世界的今天和
明天[M].上海师范大学外国教育研究所译.上海:上海译文出版社,1979

[41] 梁仪.泛读教学应是高中外语课堂教学的主要内容[J].兰州教育学院学
报,2003

[42] 廖平胜.考试学[M].武汉:华中师范大学出版社,1988

[43] 廖哲勋,田慧生.课程新论[M].北京:教育科学出版社,2002

[44] 列宁选集(第四卷)[M].北京:人民出版社,1995

[45] 列宁.哲学笔记[M].北京:人民出版社,1974

[46] 凌云.考试统计学[M].武汉:华中师范大学出版社,2002

[47] 刘海峰.中国考试发展史[M].武汉:华中师范大学出版社,2002

[48] 刘继武.现代教学方法概论[M].青岛:青岛海洋大学出版社,1991

[49] 刘克兰.教学论[M].重庆:西南师范大学出版社,1988

[50] 柳海民.现代教育原理[M].北京:人民教育出版社,2006

[51] 罗明东等.教育学——当代教育一般性问题概论[M].昆明:云南大学出版
社,2006

[52] 罗殷.试论我国古代考试制度的演变及启示[J].考试周刊,2008(23)

[53] 马克思恩格斯全集(第16卷)[M].北京:人民出版社,1972

[54] 马立涛.考试评价体系的改革与完善[J].大众文艺(理论),2009(9)

[55] 潘洪建.课程编制模式的知识论透析[J].当代教育与文化,2009,1(4)

[56] 齐梅.教育学原理学科科学化问题研究[M].北京:中国社会科学出版
社,2007

[57] 全国十二所重点师范大学.教育学基础[M].北京:教育科学出版社,2002

[58] 全国十二所重点师范大学.课程论[M].北京:教育科学出版社,2007

[59] 沈剑平.课程编制的目标模式和过程模式述评[J].课程·教材·教法,
1988(6)

[60] 沈小碚.教育教学评价研究的发展与问题[J].西南师范大学学报(人文社
科版),2001(4)

[61] 施良方.课程理论:课程的基础、原理与问题[M].北京:教育科学出版社,
1996(2004年重印)

[62] 石欧.教育学教程[M].长沙:湖南师范大学出版社,1998

[63] 石世权.英语课堂教学中的几个问题[J].安徽教育,2004,8

[64] 石中英.公共教育学[M].北京:北京师范大学出版社,2008

[65] 宋乃庆.中国基础教育新课程的理念与创新[M].北京:中国人事出版

社,2002

[66] 苏霍姆林斯基选集（第一卷）[M]. 北京:教育科学出版社,2001

[67] 苏启敏. 价值反思与学生评价[M]. 北京:北京师范大学出版社,2010

[68] 孙培青. 中国教育史[M]. 上海:华东师范大学出版社,2008

[69] 唐斌. 教育学教程[M]. 苏州:苏州大学出版社,2007

[70] 田慧生,李如密. 教学论[M]. 石家庄:河北教育出版社,1996

[71] 田杰. 关于构建素质教育评价体系的几个理念问题[J]. 贵州师范大学学报（社科版）,2001(3)

[72] 王本陆. 课程与教学论(2版)[M]. 北京:高等教育出版社,2009

[73] 王道俊,王汉澜. 教育学[M]. 北京:人民教育出版社,2006

[74] 王萍. 小学自然课"问题-探究-建构"的教学模式[J]. 教学经纬,2006(10)

[75] 王守恒,查晓虎. 教育学教程[M]. 合肥:安徽大学出版社,2003

[76] 王天一,夏之莲,朱美玉. 外国教育史（下）[M]. 北京:北京师范大学出版社,2007

[77] 王之强,王洲. 青年教师[J]. 2007,4

[78] 魏书生. 教案、教学纪实选[M]. 沈阳:沈阳出版社,2000

[79] 沃尔夫冈·布莱岑卡. 教育科学的基本概念——分析、批判和建议[M]. 胡劲松译. 上海:华东师范大学出版社,2001

[80] 吴承祯,何丽华,林立群,吴琼华. 试卷质量分析方法及其应用[J]. 中国林业教育,2008(3)

[81] 吴也显. 教学论新编[M]. 北京:教育科学出版社,1992

[82] 吴宗海. 关于我国考试制度的浅析[J]. 江苏大学学报（高教研究版）,1984(1)

[83] 夏瑞卿. 教育学[M]. 合肥:安徽大学出版社,2003

[84] 肖远军. 教育评价原理及应用[M]. 杭州:浙江大学出版社,2004

[85] 谢小庆,王洋. 关于考试公平性的一些思考[J]. 考试研究,2002(2)

[86] 徐继存. 教育理论的性质及其结构考察[J]. 课程·教材·教法,1994(3)

[87] 阎光才. 教育评价的正当性与批判性评价[J]. 北京师范大学学报（社科版）,2003(2)

[88] 杨绍志. 中国教育考试制度的形成及演化[J]. 河北理工大学学报（社会科学版）,2009(2)

[89] 杨小微. 中小学教学模式[M]. 武汉:湖北教育出版社,1990

[90] 叶增编. 建构主义学习理论与行为主义、认知主义关键特征之比较[J]. 远教导航,2006(3)

[91] 易菊香. 试论我国考试制度的历史沿革[J]. 沧桑,2007(1)

[92] 于信凤. 考试学引论[M]. 沈阳:辽宁人民出版社,1987

[93] 余同春. 构建以素质教育为特征的上评课标准[J]. 湖南教育,1998(16)

[94] 余文森. 现行校内考试制度的弊端及其改革[J]. 黑龙江教育,2003(3)

[95] 张焕庭. 西方资产阶级教育论著选[M]. 北京:人民教育出版社,1964

[96] 张凯. 关于结构效度[J]. 语言教学与研究,1998(4)

[97] 张向葵. 教育心理学[M]. 北京:中央广播电视大学出版社,2003

[98] 章荣庆,吕福松. 教育学[M]. 武汉:武汉大学出版社,2003

[99] 赵祥麟,王承绪. 杜威教育论著选[M]. 上海:华东师范大学出版社,1981

[100] 赵中建. 教育的使命[M]. 北京:教育科学出版社,1996

[101] 中华人民共和国教育部. 基础教育课程改革纲要（试行）. 2001

［102］钟君泉. 素质教育与教育素质［J］. 上海教育,1997(4)

［103］周成平. 中国著名教师的精彩课堂·初中语文卷［M］. 苏州:江苏人民出版社,2007

［104］朱德全,易连云. 教育学概论［M］. 重庆:西南师范大学出版社,2003

［105］朱智贤. 心理学大辞典［K］. 北京:北京师范大学出版社,1989